武乡红色文化文丛

主　编　陈建祖
执行主编　梁爱如

太行魂
——圣地武乡

王　敏　乔　娜·著

中国文史出版社

图书在版编目（CIP）数据

太行魂：圣地武乡 / 陈建祖主编；王敏，乔娜著. -- 北京：中国文史出版社，2024.6
ISBN 978-7-5205-4671-3

Ⅰ.①太…　Ⅱ.①陈…②王…③乔…　Ⅲ.①革命史—武乡县　Ⅳ.① K292.54

中国国家版本馆 CIP 数据核字（2024）第 094038 号

出 品 人：彭远国
责任编辑：秦千里

出版发行：中国文史出版社
社　　址：北京市海淀区西八里庄路 69 号院　邮编：100142
电　　话：010-81136606　81136602　81136603（发行部）
传　　真：010-81136655
印　　装：山西人民印刷有限责任公司
经　　销：全国新华书店
开　　本：16 开
印　　张：19.75
字　　数：310 千字
版　　次：2024 年 7 月北京第 1 版
印　　次：2024 年 7 月第 1 次印刷
定　　价：90.00 元

目　录

第一编

一方水土

独特的地理与人文

"北上太行山，艰哉何巍巍！羊肠坂诘屈，车轮为之摧……" 206 年，一代枭雄曹操在出滏口陉征伐高干途中写下了这首雄浑苍凉的《苦寒行》，道尽了太行山的巍峨险峻与艰险难行。

太行山平均海拔在 1200—1500 米之间，其山纵贯南北，延绵千里，上接燕山，下连秦岭；其势高峻幽深，易守难攻，被清代地理学家顾祖禹誉为"天下之脊"。故古代中原王朝统治者往往依太行山建都造城，得太行山而得天下并非虚言。位处太行西麓的武乡自古以来便是兵家必争之地，后赵皇帝石勒曾在此处屯兵起家成就天下霸业。抗日战争时期，武乡作为华北抗日的指挥中枢，八路军总部、中共中央北方局、八路军第一二九师司令部、抗日军政大学等重要机关都曾长期驻扎在武乡，朱德、彭德怀、邓小平等老一辈革命家在此战斗、生活，部署和指挥了百团大战等大小战役，这里被誉为"八路军的故乡，子弟兵的摇篮"。

◎ 巍巍太行山

为什么是武乡呢？

本编以"武乡的自然环境与历史人文"为专题进行编排，第一章从区位、地形、资源等多角度详细剖析武乡独特的战略地位与军事优势。第二章从远古时代的神话传说讲到今日成功脱贫的革命老区，从骁勇善战的尚武之乡谈到辉煌灿烂的民俗文化，展现武乡悠久厚重的历史与辉煌灿烂的文化。第三章从历史文献中选取了一些武乡名人，通过对其生平、经历等的介绍，表现武乡儿女的精神风貌与品格气节。

本编作为一个专题，有利于我们从地理、历史、人文多角度走进武乡，解答武乡何以能成为"八路军的故乡，子弟兵的摇篮"等疑问。

第一章　山环水绕　资源丰富

"一方水土养育一方人"，自然地理环境对人类历史发展进程有着重要影响。美国当代学者贾雷德·戴蒙德在其成名作《枪炮、病菌与钢铁：人类社会的命运》中提出了"历史进程的地区差异"①之概念，并论证了大陆环境对人类不同文明历史进程的影响。即使不是地理决定论者，也必须承认地理对历史莫大的影响。武乡所处的上党是干旱的黄土高原上难得的富水地区，漳河、沁河、丹河纵流其间，水量充沛，植被茂密，动植物种类丰富，东以太行山与河北、河南阻断，南有太行、王屋与中原堵塞，西横中条与晋南相隔，北有太行太岳诸峰与晋中盆地分离，表里山河地肥水美，上党盆地平畴沃野，既可丰衣足食，又可以此为资争夺天下，"得上党而望中原"绝非虚言。毛泽东主席在重庆谈判时提起上党："太行山、太岳山、中条山的中间，有一个脚盆，就是上党区。在那个脚盆里，有鱼有肉，阎锡山派了十三个师去抢。我们的方针也是老早定了的，就是针锋相对，寸土必争。"奇高绝险，可以通天通神；资源丰饶，可以成就事业。地处上党盆地的武乡地势居高望远，自然禀赋浑然天成，拥有得天独厚的优越地理条件，八路军总部驻扎于此并非偶然。

---

① ［美］贾雷德·戴蒙德著，谢延光译：《枪炮、病菌与钢铁：人类社会的命运》，上海：上海译文出版社，2016年，第1页。

第一节　居于上党　战略要地

上党盆地战略位置与历史演进

在走进武乡前，我们先了解一下其所在的上党盆地。上党盆地坐落于山西东南部，穿过盆地中心顺南北纵向与东西横向画一个"十"字。南北纵线过太原至洛阳，东西横线穿临汾至邯郸。可以看出，以上党盆地为中心，向北，经盆地北大门武乡南关，可过汾河谷地直入太原，再北可经大同至内蒙古；向南，经盆地

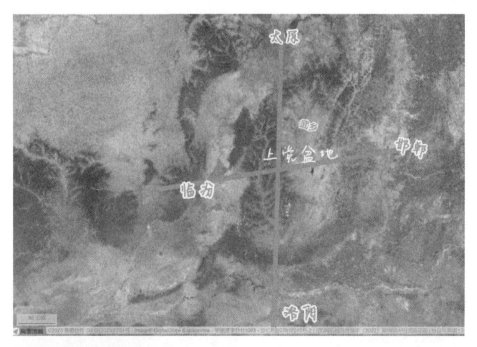

◎ 上党盆地十字大剖面图

南大门泽州，可过黄河直通洛阳，再南可经南阳、襄阳到整个江南地区；向西经盆地西大门上党关，越太岳山脉到临汾，再顺汾河谷川过黄河，可至关中平原和北部黄土高原；向东过盆地东大门东阳关，经滏口陉至邯郸、邺城，可望齐鲁大地、渤海之滨。靳会昌[①]在其《上党天下之脊赋》中写道："联秦晋为指臂，气涵瑶界三千，跨燕赵为腰肢，形拟碧城十二，尔其泰华作屏，黄河为带，面日下之长安，指云间之吴会。"自古以来便为兵家必争之地，从武王伐纣到秦赵长平之战，从北方游牧民族南下逐鹿中原到晋商由南而北开辟万里茶路，从石勒屯兵上党建立后赵到刘邓大军东出太行挺进中原，上党盆地与我国历史进程息息相关。

再环视盆地外围，可以看到盆地周边分布着密集的古都群：东有邯郸、安阳；南有千年古都开封、洛阳；西有华夏文明滥觞地禹都安邑（今运城）、尧都平阳（今临汾）；北有九朝古都太原。太行山脉纵贯北地燕云边陲至中原河洛腹地，乃守护安阳、洛阳、开封等京畿重地的首要屏障，上党恰又据太行之巅，所谓"上党"者，"天下之党也"，得上党则古都兴、国家旺，失上党则古都衰、国家弛。"两晋南北朝时期，各方争相夺取上党，先曾为后汉刘渊、刘聪所占，并以上党为据，进逼洛阳。刘渊父子或下山进攻河南、河北，或退据上党据险自守，而晋因无法夺回上党制高点，只能消极防守，于316年为后汉所灭"[②]。可见，上党盆地在中国古代史上拥有着至高无上的战略地位。位于上党盆地北部边缘的武乡，也正是基于上党盆地的重要战略位置参与到中国历史的演进中的。

武乡战略位置与历史演进

武乡县，因境内有武山、乡水而得名。隶属山西省长治市，位于太行山西麓、长治市最北端，东邻黎城县、左权县，西界祁县、平遥县，北与榆社县毗邻，南与沁县、襄垣县接壤。

---

① 靳会昌（1792—1832），字泰阶，号云屏，清代山西潞安府（今山西省长治市）潞城县，清嘉庆十九年登进士。
② 裴玲：《上党地理环境初探》，《长治学院学报》2007年第3期，第59页。

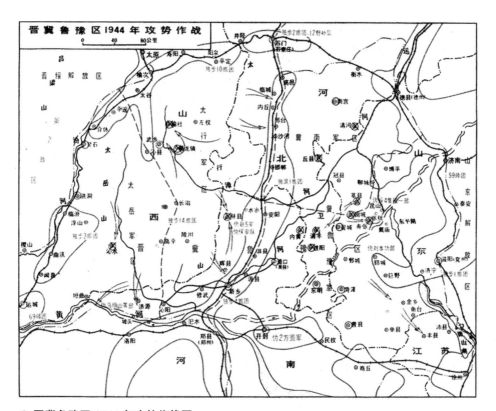

◎ 晋冀鲁豫区 1944 年攻势作战图

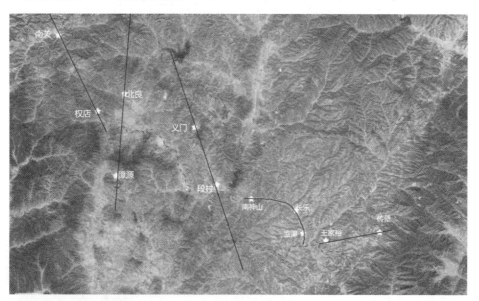

◎ 武乡五大剖线位置图

从战略上讲，武乡地处晋冀豫交界处，反动统治和侵略者力量最为薄弱，便于长期驻守，积蓄力量。从晋冀鲁豫区1944年攻势作战图可以看出，武乡区位优势绝佳，便于开展游击战争，我军可以在武乡、黎城、辽县（今左权县）、涉县灵活地转移和打击敌人，同时退可固守太行，广泛发展游击战争，进可北入河北、南下河南，东到山东。

从武乡内部看，可以沿着五条剖线，了解这个比例狭长、状若如意的半步之乡（古代六尺为一步，半步为武）是如何成为历代兵家必争之地的。

剖线一：南关至权店

沿着南关经分水岭至权店画线，即为影响武乡千年命运的平洛古道。平洛古道山绝路险，直至21世纪初，仍是汾河谷地进入上党地区的唯一通道，亦是连接晋南与洛阳盆地的捷径。太行山有八陉，其中南端第一陉轵关陉、第二陉太行陉都在平洛古道上。如今豫晋两省交界处还保留着

> **小知识**
>
> 平洛古道：太和十七年（493）秋，孝文帝拓跋宏率大军以南征为名离开平城（今大同），经肆州（今忻州）穿过太行山，一路南下迁都洛阳，所经过的路线。

一段古羊肠坂，其上有碗子城，是万里茶道上"南通伊洛""北达京师"的醒目标志。

南关位于武乡西北端，宋代置关，明代扩修，是上党四关之一，为上党盆地的北大门。这里山路绝险，四面巉岩陡峭，唯有山腰蜿蜒一孔道，是上党通往晋中平原的交通要塞，古称"冀南之门户，潞泽之咽喉"，历为兵家扼守上党之绝隘，乾隆《武乡县志》所载武乡古十二景之一"南关锁钥"便位于此。

丹崖倒浸一溪影，碧叶抽花十里香。最是闽中留客处，不知春尽度辽阳。

——明陆深《入晋南关》

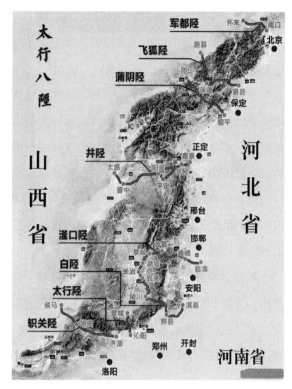

◎ 太行八陉示意图

　　五代时李纲救太原先克南关；北宋时金兵南侵，亦由此袭入上党陷潞州。1939年春，日军侵占上党，先占南关，拆除关隘，后沿平洛古道修筑白晋铁路，又据此凭险修筑车站，成为日军在晋冀豫三省最大的物资转运站之一。1940年5月，八路军总部在王家峪指挥了著名的白晋线破袭战，特别是一二九师主力部队在刘伯承、陈赓等指挥下三战南关，成功夺取了这一要地。南关大捷，大大鼓舞了八路军的士气，成为百团大战的前奏。

　　剖线二：北良至漳源

　　由权店东行十余里，进入武乡古十二景之一"故城都会"。故城，西周时期，为武王姬发之弟姬度的封地蔡，蔡亡后，赤狄氏分支皋狼氏发展起来，就成为皋狼城邑。战国时期，称涅。据《战国策》记载："智伯说，又使人之赵，请蔡皋狼之地，赵襄子弗与。智伯因阴结韩、魏，将以伐赵。"后赵襄子与韩、魏秘密结盟，反戈一击灭智伯，致三家分晋。皋狼之争缘何成为春秋进入战国的导火索？这就需要我们来到穿越故城的纵向"剖面"：由北良经故城至漳源。

由故城向北约四公里至东良村，地势便缓缓爬升；由故城往南至涅水便有险峻的华山与晋南阻隔；由故城往西被太行太岳支脉呈南东、北西向围固与晋中盆地阻隔；由故城向东，经北卧龙、南烂柯两山夹峙中的一条涅水河谷，与外界相通。可以看出，故城正是处于一块三面环山，相对独立的盆地之中，经由涅水河谷与外界保持联系。独特的地形使其成为由古道进入上党盆地后第一个进可攻、退可守的战略要地。故城盆地的重要战略位置是促使皋狼之争成为三家分晋导火索的重要原因。[①]

故城盆地面积虽然不大，但在千沟万壑、丘陵密布的武乡县内却已是最大的平川。又因其紧邻涅水，古官道多沿河谷修建。故西汉时期在此置涅县。北魏永安二年（529），涅县改称为阳城县，此后县城一直都在此地。得益于其优越的地理位置，故城一直以来都是武乡对外交流的前哨所。沿上党盆地的南北大剖面上商贾百姓络绎不绝，为故城带来源源不断的信息流与文化流，形成了一条由故城逐渐向邻近的浊漳河北源下游和西源下游输出渗透的文化传播带。五四运动后，武乡大批进步革命青年由太原返乡，在故城创办《武乡周报》等进步书刊，马克思主义的火种首先在故城播撒，再蔓延向武乡大地，为八路军总部进驻武乡奠定了坚实的思想基础。

剖线三：义门至段村

由故城顺涅水往东南方向而下，就进入第三"剖面"所在的马牧河流域。段村（今武乡县城）是武乡四大古镇之一，马牧河、涅河交汇于此，又从城南顺浊漳而下，是晋东南通往晋中的必经之路，交通便捷，贸易繁盛。段村位于武乡中部，地理位置极其重要，东可扼守武东煤铁基地，西可控白晋线。1937 年 11 月 14 日，八路军总部首次驻扎武乡，就是在古镇边上的东村。当晚，朱德总司令就

---

① 刘进红：《半步之乡——之涅水》，家乡之音公众号，2022 年 3 月 15 日。

赶到段村，向牺盟会游击队、青年抗日救国公学师生和广大人民群众作了激动人心的抗战演讲，鼓舞了武乡人民的斗志与抗战决心，为此后根据地的开辟打下了基础。

1938年4月10日，八路军总部第二次进驻武乡，由沁县小东岭村移驻到了武乡县西北7.5公里处的马牧村，4月14日晨，为安全计，总部转移至义门村，4月16日，总部在义门指挥了长乐村战斗，打赢了反"九路围攻"关键一役，粉碎了敌人消灭我根据地的阴谋，后总部又由义门移驻在了寨上村，大部队驻扎于寨上及其周围的马牧、里庄、南沟等村，并在4月20日于寨上召开了粉碎日军"九路围攻"的祝捷大会。在此驻扎期间，八路军总部和所辖机关领导人最多，近200户人家的寨上村，几乎家家住着八路军。

1940年夏，段村为日军所占，敌人在段村设置了武乡县内最大的据点，将武乡分割成武东、武西两部，为适应对敌斗争需要，武乡县分成武（乡）东抗日县和武西抗日县。1945年段村解放，又成为共产党守卫上党，阻击阎军北上，进军太原的大本营。

剖线四：南神山过长乐至监漳

第四"剖面"进入到武乡古十二景之一的"漳水回澜"与"南山锦浪"。南山亦称南神山，因西晋高僧佛图澄在此修道场、行善举、弘扬佛法而知名。1935年4月26日，武乡党组织借当地一年一度的南神山庙会之机，在密林中选定会址，召开了秘密会议。南神山会议在武乡县建党史上具有重要的历史意义，此次会议标志着武乡党组织开始纠正初期党组织发展中冒进、不注重隐蔽与吸收成员成分驳杂、信仰不够坚定等"左"的问题，自主探索适合武乡情况的革命斗争方式和党组织的活动方式等重大问题，开始稳步发展。

过南神山，沿浊漳河东行四五公里，路边的长乐村战斗纪念碑矗立在浊漳河河畔。1938年4月4日，日军为寻找八路军总部与一二九师主力，纠集3万余人分9路对我根据地进行围攻。4月13日，日军一一七联队占领县城（今故县），4月15日夜，日寇纵火焚烧了这座有着1300多年历史的古城，沿浊漳河东去，八路军沿浊漳河两岸平行反击。4月16日晨，一二九师第七七二团追至武乡以东时，发现巩家垴有敌侧翼警戒部队 400 余人，朱德随即命令七七二团主力先隐蔽集结，另派该团第二营向巩家垴以北迂回。当第二营进至巩家垴以北时，发现日军大队人马、辎重正沿公路向长乐村方向行进。七七二团团长叶成焕当机立断，打了日军一个措手不及。作为八路军抗战史上罕见的急袭战，长乐战役是八路军总部进驻武乡后指挥的第一场大战。"长乐村战斗是粉碎日军'九路围攻'中具有决定意义的一仗，日军在这里遭到歼灭性打击后，其他各路纷纷撤退，八路军取得反'围攻'作战的胜利。此战也是八路军 8 年（全面）抗战中单次作战歼灭日寇最多的一次战斗。"① 此后，八路军乘胜追击，一举收复了武乡、辽县、黎城等 18 座县城，为开创以太行山为依托的晋冀豫根据地奠定了坚实的基础。

漳水过长乐后，转而向南，就进入东乡河谷中最开阔的"米粮川"——监漳镇，因魏晋时期，官设检监测浊漳河北源机构驻扎于此而得名。1941 年，太行第三专署专员刘亚雄视察监漳时，发现监漳滩虽平坦开阔、地肥土厚，却因干旱缺水而产量极低。于是，她亲自带队勘探选址，组织战士们与当地民兵一起开凿了一条约 8 里长的"八路渠"②，将由古镇西边汇入漳水的七星河水引入监漳滩，提高了当地粮食产量，极大地改善了根据地军民的生活。

剖线五：王家峪至砖壁

西晋永嘉三年（309）石勒率部挥师太行，帅帐就设在东部的山谷中（今王家峪）。"剖线自王家峪沿山谷向东爬升，至山顶，豁然开朗，原来这里藏着一个完全不同于涅水、漳水山谷的世界，'今日太行平似砥，九霄初倚入云梯'。石勒此前曾登临高台，收服了驻守东、西堡的羯胡武装。他选择西营、王家峪一带扎营，正是基于结拜兄弟所占据的高台作为退守的战略依托。"③

直到 1939 年以后，这块如砥高台的军事价值终于得到了充分挖掘与彻底发挥。"依托这块三面临崖、东南依山的四方高台，八路军总部才在第三次进驻武

---

① 王晋飞，李文忠：《长乐村急袭战：粉碎日军九路围攻的关键一仗》，《山西晚报》2015 年 7 月 1 日。

② 刘进红：《半步之乡——之漳水》，家乡之音公众号，2022 年 3 月 16 日。

③ 刘进红：《半步之乡——之洪水》，家乡之音公众号，2022 年 3 月 17 日。

乡时，'从容'地在高台的东西两端砖壁、王家峪之间'闪转腾挪'，成功指挥了第二次反"九路围攻"战斗和抗日战争中八路军在华北地区发动的规模最大、持续时间最长的进攻战役——百团大战。"[①]这一时期，砖壁村成为八路军总部转战史上驻扎次数最多的村庄。砖壁村南、西、北三面临崖，仅通过一条峡谷小道接通内外；东靠大山，经两道天然壕沟，可进入崇山峻岭之中，最大化保障了总部的安全。

拓展 阅读

武乡古景

明万历年间，朝廷诏令天下，呈报各地"八景"。于是，"八景"文化在全国范围内得到推广，武乡的古"八景"也是从这时开始的。

较早倡导武乡"八景"的县令是张五美。张五美，明万历十三年（1585）举人，三十四年（1606）任武乡县知县，三十七年（1609）主持修编成万历《武乡县志》。曾任武乡鞶山书院主讲、沁州铜鞮书院院长的道光十二年（1832）举人魏守经，曾写过武乡十景诗，诗前有序曰："凡郡邑《志》列十景八景，如春山秋水、晚照积雪等名目，相沿相袭，几于依样葫芦。又题咏多用七律，言山则仰攀泰岱，言水则远扼江湖，排比铺张，殊多粉饰。武邑《志》自明万历年张公更定，亦有八景，后复增为十景。"由此可见，武乡八景为万历年间由县令张五美选定的，原八景为：鞶山耸翠、漳水回澜、南亭烟雨、东沼风荷、南山锦浪、龙洞灵湫、崇城岩险、故城都会。后又由邑人进士程启南、魏光绪，贡生魏鳌等人续补北漳夜月、皋狼牧雨二景，成为康熙版《县志》上的武乡十景。

到乾隆五十五年（1790）修编《县志》时又增为武乡十二景，新增三景，羊径樵云、南关锁钥、麻池古迹，而皋狼牧雨景色萧条而被减去，所以武乡十二景又成为：鞶山耸翠、漳水回澜、南亭烟雨、东沼风荷、南山锦浪、龙洞灵湫、崇城岩险、故城都会、北漳夜月、羊径樵云、南关锁钥、麻池古迹。

---

① 刘进红：《半步之乡——之洪水》，家乡之音公众号，2022年3月17日。

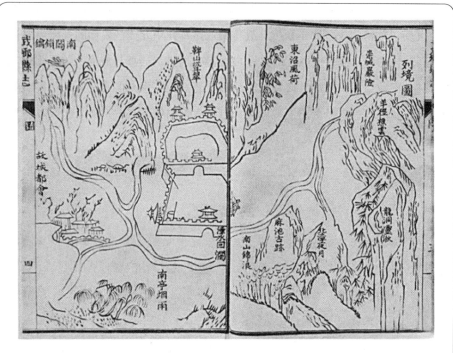

◎ 乾隆版《武乡县志》武乡古十二景

鞏山耸翠

鞏山位于武乡县城（该文内县城均指原县城，今故县村）之北。初名北原山，后因石勒改名鞏山。后赵皇帝石勒出生在北原山下东河沟村，幼年北原山放牧时，常听到耳畔有鞏铎之音。后来石勒起兵，屯兵于北原山，在此修筑兵寨，招兵买马，操练武术，感悟童年北原山劳作耳闻鞏铎音的缘故，说"北原山乃鞏山也"，后北原山便更名为鞏山。

这里面临漳河，雄踞北原山，南低北昂，水绕山环，西有八角山，东靠先农坛，两山如鸟翅，美名凤凰城。城郭之上，建有龙门、石勒行宫、尊经阁、文昌阁、凉河楼等，古松参天，翠笔云霄，雄伟壮观，堪称胜景。清朝诗人程步堂有词云："空翠著层峦，秀色堪餐。望来浑有画来难。近视不知何处所？只好遥看。终古恁回环，无始无端，峨峨不是雨烟鬟。赢得岚光常满郭，城挂鞏山。"

漳水回澜

漳水回澜位于县城之东南三里许的漳河湾，与南神山相距百丈。浊漳河是武乡的母亲河，由榆社发源，入武乡境与涅河汇合东流，每到雨后水涨难以骤泄，遇到南神山阻隔，激荡回旋，汹涛回澜，甚是壮观。相传，明代进士魏云中和程启南少时在南山书院读书，一日相约到附近浊漳河游玩，恰逢上游暴雨，河水奔涌而下，但神奇的是，洪峰来到南神山脚下，却突然不再奔流，激起数丈洪峰倒流，形成十分罕见的"漳水回澜"奇观。此时，书院先生正在午睡，梦中河神匆匆到访，说有两名"星宿"挡了河水去路，请先生帮忙。先生醒后，急忙走出书院，果然见他的两个学生在河道中玩闹。先生大声疾呼，让学生回返。这时，那激起的数丈洪峰，才轰然而去。后来，魏云中和程启南于万历二十九年（1601）联捷同榜进士。自此每逢漳河发大水，洪峰经过南神山时，总要在此处停留片刻，形成倒流之状。这便是名传古今的"漳水回澜"由来。

南亭烟雨

北魏太和十五年（491），武乡县城（当时称乡县）及乡郡从榆社城徙治于南亭川，永熙三年（534）乡郡升为南垣州，不久州治迁到阳城县治之地，也就是今天的武乡县故县村。这里一直是武乡县城，直到1947年又迁至段村，这里改名故县村。此景不在村而在村前之川，北有石勒寨，南有南亭川。石勒寨正南隔河相望便是一马平川的南亭川，所谓南亭烟雨，就在武乡县城对面之漳河南岸，南亭川连绵数里，可容千军万马。

正对白虎山之处的南亭川之地，有一古老点将台遗址，即为石勒点将台。在南亭川与石勒寨之间漳河自西缓缓而来，蜿蜒向东，犹如玉带缠腰一般。这里四山叠嶂，匹练中横，村树园林互其南，城墉廛居缭其北。小雨迷离，炊烟笼罩，轻雾腾起，如诗如画；春夏秋冬，四时皆尔，初秋边阴，景更为佳。真可谓坐于北方武乡古城，四季可观江南春色。明人魏以宁有诗赞曰："风柳毵毵径草青，淡烟疏雨入南亭。烟生天作琉璃海，雨霁山联翡翠屏。十里桑麻遥带郭，千家楼阁半开扃。何人贯酒旗亭下，日上阑杆酒未醒。"

东沼风荷

位于县城之东里许，旧有魏侍郎莲花池。魏侍郎即魏云中，字定远，号震彝，万历二十九年（1601）进士。辞官返乡后，修有私家花园，其北有一泉，谓之珍珠泉，其泉喷出如珠，泉水汇之莲花池，池边亭榭对列，夏时莲荷盛开，红英满目，香风扑面，观者云集，成为一处胜景，乡党士绅，酒客骚人，常汇集于此，谈天论地，留下许多诗词歌赋。可惜到清中期此景已不复存在。武乡县令、永年张五美公曾有诗赞曰："青草池塘水自移，天光云影浸涟漪。三千宫女拥罗盖，十二阑干映玉肌。露滴花心红霭霭，风吹水面绿差差。采莲声过鸳鸯浦，乱惹清香醉客知。"

南山锦浪

南山亦称南神山，位于县城之东南三里许，是佛教、道教圣地。西晋时期，西域高僧佛图澄为度化石勒，见此地山色明秀、清泉四溢，景致独特，赏心悦目，为弘法道场，在此居茅棚，面石壁，良行善举，普度众生。此地因之声名远播。川有普济寺、南山神庙、海渎龙王庙、真武庙等内十院，还有南屏堆锦，北阁观澜，双松拂云，两池映月等外廿四景。山形如辰，花木丛杂，每至秋深，林叶霜染，烂若堆锦，掩映于漳波之上，吞吐于云雾之间，犹如青女抛机而蜀湛蓝新濯，此景为南山锦浪，可以说巧夺天工，处处奇妙，般般生情。引无数骚人墨客，游览观光，避暑纳凉。明末清初山西学者傅山曾隐居于此，作"读罢楞严闲听鸟声啼茂竹，烧残麝脑静观花影步苍苔"之名联。

龙洞灵湫

焦龙洞位于县城东百里之深山中。据《县志》记载：万山重抱，洞有神湫，深黑难测，寒气逼人，每雨后水流出洞，虎豹常饮其侧。相传风雷将军焦龙神居此，龙神在南洞读书，北洞布雨，专司行云施雨之职。北洞路况曲折，需经门圪洞、门前石、小牛口、大牛口、上刀山、奶虎石、上天梯、通天柱、下天梯、磨豆腐圪、地心石、将军骨、乱石滩、风道、雨道、反水井、天仙桥、横河，这就是著名的取雨神道。

焦龙洞内四壁水滴淋漓，冰冷彻骨。前行，回旋盘折，曲径通幽。附壁蜗行，洞之幽深处有渊流横之于前，其声贯耳，其深莫测，乡人俗称"横河"，至此前路被阻，不得再进。"龙洞灵湫"即指此而言。

皋狼牧雨

皋狼即今故城一带，在县城西六十里处。武乡是西周武王姬发五弟姬度的初封地，为蔡州国，后因参与武庚叛乱，将蔡叔度流放郭邻（今河南上蔡一带），叔度死后，其子姬胡重受封蔡。蔡州因此消亡，而赤狄氏分支皋狼氏做大，就成为皋狼国属地，皋狼城即今故城镇。

皋狼城景，非常优美，四周一马平川，山远地阔。春秋雨季，细雨蒙蒙，如雾似烟，红日隐云，远山潜行，六合太阴，上下不分，天地间浑然一体。历代以来，不少文人墨客慕名前来，留下了脍炙人口的诗句，为皋狼悠幽典雅的独特风光增添了无穷色彩。清人程步堂作《皋狼牧雨》赞曰："云气荡虚空山色鸿蒙，倒骑牛背任西东。短笛无腔时一弄，笑煞樵童。十里杏花红，卷画偏工，蓑衣箬笠旧家风。遥指踏青人未返，屐半泥融。"

崇城岩险

崇城山位于县东墨镫村东南。山中绝壁万仞，悬崖千寻，危岩凌汉，巨石悬空，情势绝险。山口有"太行天险"石匾，入山有一线鸟道，只可辗转回环，蚁附而行。崇城寨位于鸟道回环处，上覆巍峨之嵌岩，下临不测之深谷，凭栏而望，令人头晕目眩。此地称"岑彭寨"，对面另有"马武寨"。相传汉将岑彭、马武在此安营扎寨，各占一方，常带兵于山下对抗。刘秀到此见二人骁勇，即派邓禹游说归顺，如虎添翼，最后夺了王莽政权，做了东汉皇帝。寨东一处遗迹"高欢避暑亭"，据史志："魏大丞相高欢击尔朱兆于武乡，尝憩于此。"此处悬崖覆顶，日照不及，盛暑凝寒，疑有千年余雪积于谷中。

崇城山地势险要，历代皆在此设寨，"有事防守，则用以窥敌之情状；无事登眺，由因以撷山水之菁华"，故名"崇城岩险"。

故城都会

今故城镇为皋狼古都，历史悠久，古来为兵家必争之地。战国时期，此地改称涅，城邑未变，由于战略位置的特殊，涅先后被魏、赵、韩争夺，直到秦统一中国，天下分为三十六郡，在晋东南一带设置上党郡，涅称为涅县。此后西汉改涅氏，东汉恢复涅县，十六国时期改为阳城，县名更迭，但城邑依旧，千余年中，这里一直是繁华的都会所在，街道两旁店铺林立，酒肆香飞；青石道中人来客往，车马辚辚。程步堂词赞："极目望平原，车马喧喧。无情涅水任潺湲。流尽古今兴废事，剩有城垣。笑语杂人言，市井田园，河山巩固晋阳藩。共说皋狼名胜地，风日晴暄。"

北漳夜月

县东有上北漳村，"北漳夜月"之景源于此地。村有通玄观，居于村中，众山屏列，民居行布左右，此观由道人杨志玄所创。通玄观建筑豪华，中轴线正分天王殿、钟鼓楼、东西配殿，巍峨壮观。观下东南有一泉，泉深丈余，阔不及三尺，小小泉水，却十分神奇，史料有记，"每当月夕，不必月与泉对，而泉先得月"，明月倒映泉中，煞是优雅，故名"夜月泉"。

每当月中，文人墨客、贵族乡绅都小住观中，明月初上，香茗琼酿，小叙长饮，赏景望月，兴致多诗，唯余半夜泉中月，得来全是天上景。真有"不知天上宫阙，今夕是何年"之感，故而成为邑之胜境。明隆庆岁贡、香河县令魏鳌曾赋诗曰："银汉无声夜气冲，冰轮飞上海门东。碧潭露冷光初满，玉宇星寒影正中。冷浸楼台看皎洁，清涵宇宙自玲珑。坐来三弄桓伊笛，几欲乘槎泛月宫。"

羊径樵云

羊径山，在县东百里，也就是板山大井盘一线。路若羊肠，崎岖缠绕，曲曲弯弯，为越太行之径，古亦称为羊肠坂。这里是晋冀要道之咽喉，地势险要，易守难攻，历来为兵家必争之地，具有重要的战略地位。这里长年云腾雾卷，如幻如仙，雾霭缭绕，樵夫迷踪，板山群峰壁立，绝壁千仞，大自然的鬼斧神工，奇峰异石，造就了太行的千姿百态。明岁贡邑人魏点曾作《羊径樵云》诗，"叠嶂嵖岈石径斜，山樵无计锁烟霞。西风起处迷归路，一枕寒云入梦赊。"

南关锁钥

南关在县之西北，距城一百二十里，北接祁县，西临平遥，四面残岩陡峭，山绝路险，是上党通往晋中平原之孔道，古称"冀南之门户，潞泽之咽喉"。扼守上党之绝隘，古为西北雄关，历称"南关锁钥"。

五代时李纲救太原克南关，唐氏叔琮出关攻晋阳，这里均至关重要。北宋时金兵南侵，金国国相完颜撒改长子粘罕率部从云中府一路到达关前，见两峰对立，地势险峻，雄关当道，易守难攻，真的是南关锁钥，上党咽喉。粘罕不敢冒进，只好派探哨侦察，没想到宋国根本没有设防，于是粘罕立于关头，仰面长叹："关险如此，而使我过之，南朝可谓无人矣。人言都茫无险可守，不知随地皆有险也。"于是粘罕几次带兵南下，均从武乡过之，制造了靖康之祸。岁贡生、修职郎程先民《夜宿南关镇杂感诗》中道："南关自古号岩关，何故金人过是间？骑虏长驱从此下，翠微急去竟难还。南朝天子终为小，北地诈臣敢抗颜。师道曾思河上扼，忠言不用泪空潜。"

麻池古迹

县东三十里有麻池沟村。武乡羯人石勒幼时，曾以种植桑麻为生，勒"十四岁行贩洛阳"，主要贩卖货物即是麻皮与蚕丝。石勒青少年时期，和邻居李阳在三台岭一带山地种植黄麻，黄麻丰收，而可供沤麻的池塘较少，为争夺池塘适时沤麻，两人常常厮打得鼻青脸肿。后来石勒做了后赵皇帝，请乡友前往襄国同饮。李阳因争夺沤麻池与石勒殴打，故不敢来。石勒说："李阳是个壮士，争沤麻池一事，那是我当平民百姓时结下的怨恨。我现在广纳人才，怎么能对一个普通百姓记恨呢？"于是急速传召李阳，同他一起饮酒，还拉着他的臂膀开玩笑说："我从前挨够你的拳头，你也遭到了我的痛打。"随后任命李阳做参军都尉。因为有此故事，麻池古迹便广有流传。

清康熙年间武乡知县高镒在游历麻池沟曾有诗为记："石李相争地，传名亦自古。大哉兼容言，不愧一方主。"

（节选自郝雪廷老师所写《武乡古景》）

19

第二节　山脉起伏　地势险要

武乡四周多山，东以高大的太行山与河北、河南阻断，南部有太行山的支脉遮蔽，西部北部有太行太岳支脉呈南东、北西向围固与晋中盆地分离。地势呈东西高、中间低的马鞍形。太行、太岳两大山脉将武乡自然围堵成一个相对封闭的区域，地形特点可概括为"高峻""封闭"两点。仅在县境西南方向有一缺口，浊漳河北源从这里流出。由于武乡地理环境特殊，三面环山，战时易守难攻，因此自古以来，就是兵家必争之地，后赵雄主石勒便是在此处屯兵起家进而争夺天下的。

境内群山环列，深沟陡坡，山大林密，地形复杂，符合军事条件。县域西北部的南关村，北接太原，南通上党；地处县境中部的昂车关，是通往榆社的隘口；石门地为东部锁钥；南端的高岭，是去襄垣的门户。在漫长的封建社会里，由于各王朝统治阶级相互争夺、兼并、割据，这些关隘山峰，均为军事要地。抗日战争爆发后，八路军与当地民兵曾多次利用地形优势，给日本侵略军以致命的打击。

武乡比较著名的山峰有板山、双峰山、王城垴、崇城山、皇岩垴、云盖山、尖子山、虎头山、烂柯山、南神山等。

崇城山，俗名棚棚寨，古时亦称进士岩，距县城约70公里，悬崖半壁，有一天然半圆形石洞，洞内有一水眼，泉水外溢，常年不枯，相传古为避兵之地，素有太行天险之称。

云盖山位于县西分水岭乡南关村1公里处，山中怪石嶙峋，植被稀疏，古代曾设有藏兵窝铺、烽烟台，抗日战争敌占南关时，白晋线（今为208国道）绕山而过，敌我双方为争夺此山，多次发生激战。

◎ 崇城山

皇帝垴，原名黄纪垴，是县境东部山脉的主峰，位于蟠龙镇安乐庄村之东，距县城 45 公里，山顶呈乳头形，地面开阔。东南为悬崖绝壁，有十八盘栈道，东为深沟陡坡，历代为兵家所重[①]。

虎头山，因山势若虎而得名，东、北、南三面为深谷，西面有五道漫山梁像虎爪一样伸向 208 国道，形成优越的军事要塞位置。

板山，位于武乡县城东部洪水镇一带，平均海拔在 1800 米以上，从山底曲径盘环而上，到达顶峰，两侧山峭，如巨门之板，故得名板山。板山群峰壁立，植被茂密，是武乡通往黎城黄崖洞的咽喉要冲，中间天然壑口直通黎城黄崖洞天险。抗战时，八路军在此建立了华北最大的兵工基地，日军多次进攻，屡遭惨败。

追寻抗战时期八路军在武乡的足迹，你会发现，不论是总部驻地砖壁，还是大型战斗所在地关家垴、黄岩垴，均是地势险要之地。如砖壁村，三面临崖，背靠大山，经两道壕沟，可进入崇山峻岭之中，进可攻、退可守，是一块天然的军事防御要塞。再如黄岩垴，旧称花儿垴，为武乡最高峰，登山远望可纵览太行群峰，北侧有黎武公路盘山而过，山腰森林茂密。

---

①　武乡县县志编纂委员会办公室编：《武乡县志》，太原：山西人民出版社，1986 年，第 50 页。

◎ 武乡板山

普鲁士著名军事家克劳塞维茨在《战争论全集》写道："山地对作战的影响是很大的，因此这个问题在理论上非常重要。这种影响是一个能减缓军事行动进展的因素，所以它首先对防御有利。对相对抵抗来说，山地是极为适宜的，它能极大地增强抵抗的力量……小部队在山地具有强大的力量。不言而喻，在相对抵抗起决定作用的一切场合，这种小部队会带来决定性的利益。相对抵抗一般说在山地比在平原地能发挥更大的力量，如果这种抵抗是由小部队进行的，那么它所能发挥的力量可以达到相当巨大的程度。"[1] 抗战时期，八路军主要是依托敌后根据地开展游击战，武乡多山的丘陵地形极为适宜游击战与小部队作战。

① ［德］卡尔·冯·克劳塞维茨著，陈川译:《战争论全集（第 2 卷）》，北京:商务印书馆，2019 年，第 423 页。

第三节　河谷纵横　资源丰富

水源丰富　农业发达

武乡地处三面环山的山间盆地，形成了潮湿、多雨，无霜期偏长的小气候。北有浊漳河，东有洪水河，西有涅水河向盆地中部聚汇，在中部涌泉乡一带多有泉水喷涌。按其流域归属分为黄河、海河两大流域，归汾河、南运河两条水系。其中，昌源河属黄河流域汾河水系。其余河流均为海河流域的南运河水系。县境内流域面积为1525平方公里，占全县总面积的94.7%。在南运河水系中，属清漳河的桐峪河流域面积为23平方公里，属浊漳河的流域面积为1502平方公里。[①]武乡主要的河流有以下几条：

浊漳北源，古称武乡水，亦称关河，属浊漳河三源之一，为全县第一大河。发源于武山（今名八赋岭，在榆社县北），由榆社北流向东南，过关河水库后，折向东南流至襄垣县小山交村，和浊漳南源汇合为浊漳河，境内全长30公里，流域面积620.8平方公里。沿途有涅河、南亭河、贾豁河、大有河、活庄河、监漳河等支流汇入。[②]沿岸村庄密集，有广阔的河滩地和阶台地。

涅河，古称涅水。位于武乡西部，属浊漳北源的支流。是浊漳北源的一级支流，发源于武乡县西部分水岭乡的五里铺村，流经武乡的权店、南沟、程家沟、东寨底、北涅水、东村等村镇，在关河水库下游约1公里处汇入浊漳北源。河流

---

① 武乡县县志编纂委员会办公室编：《武乡县志》，太原：山西人民出版社，1986年，第52页。
② 同上。

流经地多为丘陵山区中的河谷平川，河道平缓多曲折，涅河沿途从右岸接纳的主要支流有西汤河、南涅水河、松村河，从左岸接纳的主要支流有高台寨寺河、涌泉河、马牧河等。沿岸土地平坦，资源丰富。

蟠洪河，古称洪水河，位于县境东部，为浊漳北源较大的一级支流。其上游分为左、中、右三源，三源主流向均为由北向南。左源自武乡县洪水镇岩洼村，流经墨镫、马堡、新村、白和等村。中源自左权县的神凹村，经左权县三教、三架沟、佛口村进入武乡，又经武乡县洪水镇玉石沟西、北台、南台等村，在白和村西南与左源合流，流向洪水、寨坪。右源源自榆社县甲堰沟，经营村、驼骆、上石墙等村进入武乡洪水镇后，又经下石墙、上黄岩、广志、东沟、西河等村，在西河村南、寨坪村北与左、中二源合流。三源合流后，蟠洪河向西南方向经寨坪、东庄店、中村、蟠龙、型塘、下北漳等村，出武乡境后在襄垣西营镇南漳村西归浊漳北源。河道全长 40 公里（神凹—河口），流域面积 525.61 平方公里。蟠洪河沿途有广志河（古称黄岩水）、窑湾河、石门河、陌峪河汇入。河道开阔，坡度较陡，冲刷严重。

另外，武乡境内还分布着许多小泉水，如南沟上升泉、暖水头泉、北良泉、板山泉等，极大地便利了人民的生产生活。尽管处于干旱缺水的黄土高原，武乡境内却河流众多，水源丰富，为发展农业提供了天然优势。

武乡县境东部的大部地区海拔在 1400 米以上，最高峰花儿墕海拔 2008 米。西部地区海拔在 1300 米左右，最高峰子金山海拔 1809 米。北部和南部的大部分山岭海拔在 1000—1300 米之间。中部和浊漳北源主要支流沿岸的地势比较平缓。最低处监漳滩至西川一带海拔 800 米。从盆地中心向边缘山区，由河流冲积滩地、黄土丘陵到山坡牧场、边山林地，地貌类型齐全，农、林、渔、牧均可发展，是一个理想的人类生存栖息地。据考证，早在 4000 多年前已有人类居住。根据地形的不同，全县可分为石质山区、黄土丘陵区和较平川区。[①]

石质山区的面积共 472 平方公里，为总面积的 30%。其特点是山峰林立、石厚土薄，气候寒冷，交通不便，人口稀少，不适于农业生产的发展，是比较理想

---

① 武乡县县志编纂委员会办公室编：《武乡县志》，太原：山西人民出版社，1986 年，第 43 页。

的林牧区。

黄土丘陵区的面积有918平方公里，为全县面积的一半有余。主要包括县境北部、南部、蟠洪河、涅河、马牧河流域的广大地区。其特点是沟壑纵横、丘陵起伏，土层厚，植被差。大部为鱼鳞式梯田，是粮食作物的主要产区。

较平川区的面积有221平方公里，为总面积的13%。主要包括浊漳北源、涅河中下游流域和马牧河、蟠洪河沿岸的局部地区，以故城、丰州镇周围和故县、监漳滩为主。这些地区的特点是，地势平缓开阔，村庄稠密，人口集中，土地肥沃，气候温和，有一定灌溉条件，适于农业生产，部分地区可以种植水稻等高产作物。

民国初年《山西通志》记载："武乡仅特一夫数亩，日三餐以为常，食品以高粱为大宗，麦次之；邑产尽可藉以自给，不假外求。"据乾隆五十五年《武乡县志》卷二《贡赋篇》记载，农作物分布全境，主要种植谷、宿麦、春麦、草麦、莞豆、扁豆、稄子、黍子、稷、粱秫、荞麦、豆子、麻子等。从1937年11月开始，八路军总部机关先后5次进驻武乡，八路军总部、中共中央北方局在东村、马牧、义门、寨上、王家峪、砖壁等村共驻扎536天。在当时敌人的严酷封锁下，不具备口粮自给自足能力的地区，是无法成为军队的驻地的，最终"小米加步枪"战胜了"面包加大炮"。

资源丰富　支援抗日

武乡矿产资源主要有煤、铁、白云岩、石灰石、大理石、铝矾土、硅藻土等。在抗日战争时期，武乡丰富的煤铁资源为根据地的建设、抗战的胜利作出了巨大贡献。

武乡煤炭资源丰富，素有"煤乡"之称。据《武乡县志》记载："一九五七年华北煤田地质勘探局探明煤田主要分布于县境东部山区。北起墨镫，向西南延伸，经洪水、广志、窑湾、蟠龙、石门、东沟、监滩、韩壁等九个公社、七十多个大队地下有煤，南北长四十余公里，东西宽约三点二公里，含煤面积一百二十八平方公里，占全县总面积近百分之八。"①可见其煤炭资源储备之丰，更值得一提的是武乡煤田共含煤九层，六层均为可采煤层，有三层为优质煤，结构稳定，采掘方便。既有优质动力燃料煤，又有主焦煤，是冶炼工业的优良原料。武乡境内煤炭工业历史悠久，早在宋、元时小煤窑土法开采已相当普遍。明、清年间，出现井筒窑（竖井），部分已挖到相当深度。清乾隆四十四年（1779），进士李端撰文《市炭行》载："吾家旧在皋狼东，乱山一册石玩瑰，炭窑相距百余里，凿石取道通蚕丛……"②可见清乾隆年间，武乡不仅有炭窑，而且已有炭市了。抗战开始后，县抗日政府非常重视煤炭工业的建设。"1938年，八路军七六九团在白和筹建矿井，1942年投产，共用工60余人，可日产煤25吨左右。1944年，该部又接管了阳油煤矿，有工人45名，日产煤20吨左右。"③

煤既是基本燃料，开采的煤炭解决了军政机关的燃料问题。同时又是煤焦工业、医药品工业、颜料工业、火药工业及其他化学药品工业的直接和间接原料，丰富的煤炭资源为其他工业的发展提供了重要燃料，对于炼焦、炼铁以及其他各种化学工业的创办发展都起到了重要的推动作用，也正是由于根据地各工业的逐步发展，才为抗战提供了必要的物资需求。可以说，武乡的煤炭生产，保证了武乡周边根据地军民生活和工业生产的燃料需要，有力带动了根据地其他工业的发展，服务了根据地经济建设，有力地支援了抗战。

武乡铁矿主要为山西式铁矿，产地有洪水镇河神烟村、蟠龙镇柳沟、马岚头、庄底村等地。矿床赋存于奥陶系顶部石灰岩和石灰系地层之接触部位，一般呈窝子状、扁豆状，矿石以褐铁矿、赤铁矿为主，有害杂质硫、磷含量均不高。此外，洪水河西侧祥良等地二迭系地层内尚有三至五层铁锰矿。矿床呈薄透镜体，矿石呈黑色，成分有硬锰矿、软锰矿、赤铁矿、褐铁矿、石英、黏土等矿物

---

① 武乡县县志编纂委员会办公室编：《武乡县志》，太原：山西人民出版社，1986年，第140页。

② 同上。

③ 武乡县县志编纂委员会办公室编：《武乡县志》，太原：山西人民出版社，1986年，第141页。

组成。①1918年，窑申王旭林与韩壁魏筱三、西堡李堂、监漳暴元庆、寨坪张思忠、马堡李云、郑峪赵晋祥、榆社魏城镇张度兰、黎城石板村杨四孩等八家大地主在柳沟合办"开源公司"铁厂，这是武乡第一家铁厂，主要生产庙钟、炉条、磬儿、犁铧等产品。

1937年冬，为保证抗日，在八路军工作团的领导下，由工人抗日救国会出面，经县政府批准，筹建小型兵工厂。主要负责人有杜生旺、贾志厚、王化南等。厂址先在县城（今故县）西门外的城隍庙；后因敌机轰炸，搬到魏家窑关帝庙；又因地小，迁至松庄附近的佛爷滩。厂房是利用一座"白龙洞"大庙，工人就住在附近民房里，生产设备是靠发动群众就地取材自制而成。开始叫"武乡抗日武装自卫队铁工厂"，后因县政府所在的故城背靠鏊山，故更名为"鏊山工厂"。1938年，日军"九路围攻"晋东南根据地，4月13日，日军占领县城，工厂被迫停产。4月16日，我军长乐大捷，缴获了大批敌人的武器与物资，为鏊山工厂提供了军火样品和原料。战士们与工人一起把敌人留下的枪支、炮筒运回工厂，这时工人由原来的37人增加到100余人。因工人增加，佛爷滩亦无法容纳，工厂又搬到枣岭与深泽滩之间的白龙洞。不久，工厂又召集了一部分乡间铁匠充实力量，工人发展到150人，并请原来在太原无烟药厂的工人李盘明、籍三满、魏福珍等来厂指导，提高了技术水平。1938年夏，为解决武器原材料问题，工厂搬迁至煤铁资源丰富的柳沟、马岚头一带，与当地的开源公司、成城铁厂和永恒铁厂，以集资入股的办法，合股生产。新厂合办不久，几家地主不愿合股生产，抗日县政府就将铸造厂买了过来，开始生产大刀、长矛。同年11月，工人开始翻砂，制造手榴弹、地雷。此后规模不断扩大，至1938年底，该厂已有工人260人，每天可以生产手榴弹7000多个，地雷650多个。1939年4月，为加强兵工生产领导，经朱德总司令亲自到厂协商，决定由八路军总部第六科接管鏊山工厂，改名为"八路军总部柳沟铁厂"。从"八路军总部柳沟铁厂"的建立发展，可见武乡的铁矿资源对于八路军武器弹药供应乃至整个抗战胜利的意义。

---

① 武乡县县志编纂委员会办公室编：《武乡县志》，太原：山西人民出版社，1986年，第77页。

◎ 柳沟兵工厂旧址

本章问题探索

1. 简要阐述武乡的重要战略位置。

2. 武乡的地理环境有何主要特征？在军事作战方面有何优势？

3. 试从地理位置、地形环境、水文特征、资源条件多方面阐释八路军总部为何要选址在武乡。

第二章　历史悠久　厚土民魂

　　明万历年间，朝廷诏令天下，呈报各地"八景"，即一地的自然山水或历史文化。清程步堂在武乡八景的基础上衍生出了"十景"，其中一景便是"皋狼牧雨"——"云气荡虚空山色鸿蒙，倒骑牛背任西东，短笛无腔时一弄，笑煞樵童。十里杏花红，耋画偏工，蓑衣箬笠旧家风。遥指踏青人未返，屐半泥融。"想象这悠幽典雅的美丽风光，你是否有想去一览风采的冲动？武乡不仅有静谧飘逸的景色，翻开它厚重的历史，两千年前这座偏僻的"山右小邑"诞生了浪漫绮丽的四大远古神话，八十多年前这里是抗战过程中发生血雨腥风战事的真实战场，如今武乡成为锚定"创新"砥砺奋进的革命老区，自然风光、人文底蕴和红色内涵共同构成了今日武乡。本章简要回顾武乡走过的历史征程，带你领略被誉为"八路军的故乡，子弟兵的摇篮"的千面武乡的炼成经过。

第一节　远古神话　鸿蒙远影

武乡位于上党地区。上党，山岳巍巍，太行之巅，天之党也，意为山势高险。远古先民在这里创造出至今耳熟能详的女娲补天，神农尝百草，精卫填海，大羿射日，愚公移山等诸多神话故事，使上党成为中国上古神话的发端之地。据考古发现，至少在一万年前，上党地区已有人类繁衍。上党地区分别在春秋战国时期、五胡十六国时期、北魏时期出现过三次民族融合潮流，文化交流和生活方式融合给这里的汉文化注入了勃勃生机，为神话故事的发生和发展，提供了独特的文化沃土。"（长治）这一座小城，竟然奢侈地拥有那么多中国史前时期的传说版权……"这是2004年长治荣获十大"中国魅力城市"时的颁奖词。一代代在上党生活的人们累积的生存经验、质朴天真的语言形式、集体无意识的心理方式创

知识 链接

长治古称上党、潞州、潞安府等。"长治"原为潞安府府治所在县名，得名于明嘉靖八年（1529），取长治久安之意。秦王政二十六年（前221），秦统一六国后，实行郡县制，分天下为三十六郡，上党郡即为其中之一。上党地区之名的由来与其地形地貌以及地理位置密切相关，《太平寰宇记》卷四十五载："上党郡，按《释名》云：'上党，党，所也。在于山上，其所最高，与天为党，故曰上党。'"马端临《文献通考》卷三百一十六载："上党所治在山上，其地极高，与天为党，故云。"据《潞安府志》记载，"潞以水名，其称上党，谓居太行之巅，地形最高，为天之党也。"除地势异常险要，更突出其所处位置的重要性，其地易守难攻，对于国家稳定、社会繁荣具有至关重要的战略意义，故古人美其名曰"上党从来天下脊"。今天所称上党，亦即"晋东南"，其范围主要指"上党盆地"。

◎ 2023 年山西文博会长治馆标语

造了这一文学艺术形式。神话故事的萌芽、发展、变异受到不同时代民俗风情和地域文化影响，构成了晋东南地区宏大完整的神话图谱。不论是女娲炼石补天拯救人类于水火之中，还是禹历经数年治水成功，抑或是精卫殒命东海，从发鸠山衔木石以填东海，让人类免遭磨难。这些著名神话内核的顽强抗争精神、勤劳勇敢的个体品格及为民众负重前行的大局意识，都与几千年以后征战在这片土地上的一群人——八路军遥遥呼应。而上党为何会被选为上古神话起源地，从武乡的史前历史中可能会找到答案。

早更新世时期，武乡一带浅水湖泊广泛发育，气候湿润温凉，属草原季风气候，森林动物在这里活动。在张村等地发掘的孢子、花粉、植物化石，证实当时武乡大地上覆盖了以落叶阔叶林植被为主的暖温带植被。经历整个更新世时期的山脉抬升、风力侵蚀和土壤沉积等地质变化，武乡在长治盆地沉降堆积过程中一齐运动，形成山区、丘陵和平川。

武乡地下贮藏着大量古脊椎动物化石，这些古生物化石在世界享誉盛名，有距今两亿年前的中国肯氏兽为主的动物群化石，也有几百万年前以三趾马为主的哺乳类动物化石。

◎ 山西鳄想象图

　　1956年，在武乡发现一具凶猛的动物骸骨，有大而多孔的头部、强壮的颌部、长而尖锐的牙齿，俨然"精灵异兽"。

　　1964年，有"中国恐龙之父"之称的中国地质学家和古生物学家杨钟健，鉴定其为新属新种[1]，将其命名为"山西鳄"，所以，这一专业术语源自武乡。它的发现证实了中三叠世时期，中国肯氏兽、山西鳄等类群在山西组成一个稳定而庞大的动物群，即驰名中外的"中国肯氏兽动物群"，使山西成为中国古生物学发源地和重要研究地之一。1965年5月，山西省人民政府公布武乡楼则峪、石北、张村一带及武乡全境的古脊椎动物群化石遗址为山西省第一批古脊椎动物化石重点保护单位。1984年，山西省考古研究所在武乡县石门乡牛鼻湾征集到石磨盘和石磨棒，形制与磁山文化遗址出土的同类器物十分相似，明显属于磁山文化基本范畴，又基于牛鼻湾位于漳河上游浊漳河流域，地理位置与磁山文化分布连成一

---

① 史建儒，王锁柱，续世朝:《山西山西鳄的前世今生》,《化石》2018年第3期，第42—43页。

片，足以说明仰韶时期漳河上游属于磁山文化分布区域^①。2004年，在武乡县东村遗址发现一批庙底沟二期文化时期的遗存，有陶器、石器、骨器及动物骨骼等，这一集中连片的龙山文化时期古代人类活动遗址，为研究山西省中部地区在这一时期的人类活动提供了新的材料。

武乡近50年来的考古发现对长治盆地乃至晋东南地区新石器时代考古都意义重大。直接说明早在新石器时代，武乡就有人类居住，距今已有7800多年，而且已经创造了发达的农耕文化。这使神农尝百草、女娲补天和大禹治水的故事有了主角——人的存在。1984年，在牛鼻湾征集到的一批新石器工具表明，上党地区属于新石器早期农业最为发达的地区之一。神农可尝百草的另一前提是农耕部落的产生，上党地区二十四节气分明，气候宜人，土地肥沃，历山至今依然有大片原始森林，这是神农遍尝百草，踏陟七十二座名山，从中发现五谷，创制医药，发展农耕的必要条件。这些对于印证上党远古神话传说有重要价值和意义。上古上党的自然禀赋忠实而永恒地诉说着华夏先民在上党地区最早实现农耕文明的信息。

神话故事中闪烁的人性光辉和浪漫主义，在上党的土地上熠熠生辉，英雄神话的赞歌遍布山野，这里蕴藏着上党人拼搏精神的源头。

---

① 郭生铉编著:《文明寻踪历史卷》，北京：北京燕山出版社，2005年，第21页。

第二节　建制沿革　疆域变迁

武乡县名变迁

在古代夏商时期，甲骨文对武乡无记载，对当时的境界和名称无从考证，但春秋战国后人在《尚书·夏书·禹贡》的想象中，大禹创夏，将古代中国疆域划为"九州"，分别是冀、兖、青、徐、扬、荆、豫、梁、雍。武乡属冀州之域，具体在"衡漳"一带，"衡"即"横"，意为漳水横流入海，郑玄亦云"横漳，漳水横流"，武乡水是漳水上源之一，"武乡在冀州"说法在"九州"地理概念中是成立的。

西周时代，武乡地区为皋狼之地，据清乾隆五十五年（1790）《武乡县志》载"周春秋时晋蔡皋狼"，"《战国策》中智伯瑶求蔡、皋狼之地于赵襄子即此"。《资治通鉴》作为我国第一部编年体通史，开篇就是"三家分晋"，而导致"三家分晋"的原因，除了司马光点评智伯的"才胜德也"，直接导火索便是"智伯求蔡皋狼之地于赵襄子，襄子弗与"，这才"智伯怒……以攻赵氏"。相传南关和故城先后为皋狼城邑遗址，但关于皋狼之地究竟位于何处，从唐至今一直存在争议，有武乡说、沁县说、临县说，这里暂且取用"武乡说"。"皋"读作 gāo 时意为水边高地，"皋"读作 háo 时意为呼号，不论是水边高地上的狼，还是号叫着寻食的狼，都可见当时的武乡生存环境稍差。"环邑皆太行之麓，而清漳迳其中，群峰重远，众壑汇流武，虽僻壤而兼大山大川之观"，县志中"僻壤""大山大川"二词将武乡环境勾勒一二。战国时代，武乡称涅，相传"涅"一字的由来同汾、沁、潞、泽等相同，都是当地先人给家园所起的名字。涅城邑在今故城镇，

35

知识 链接

关于避讳，古人有着许多严格而烦琐的规定。避名讳，即人们在言谈和书写时如果碰到君主尊亲的名字，必须用各种方式加以回避以示尊重。这是造成后人阅读古书的主要文字障碍之一。另一种是曲笔，即记载历史事件时讳去一定史实，或作歪曲记载，强调"为尊者讳、为亲者讳、为贤者讳"。这是封建史学的消极传统，与秉笔直书这一优良传统完全对立，也给后人了解历史真相增加了难度。由于避讳要涉及相当多的事物名称和日常用语，改来改去十分麻烦，所以古代帝王在取名时尽量使用单名和冷僻字，以尽量减少犯讳的字。以现代观点来看，避讳制度自然是一种需要摒弃的封建糟粕。

先属韩，后属赵。秦代属上党郡。西汉置涅县，治今县西北故城镇，当时的涅县所辖区域比今天的武乡大很多，包括今武乡、榆社、和顺、左权全部及沁县北部和祁县东南部地区。西晋武帝泰始年间，涅县分为三县，分别为涅县、武乡、轑阳，从此开始便有了"武乡县"。

这片土地在北魏延和二年（433）又有了新的名字，名为"乡县"。朝代更替，斗转星移，武乡境界屡屡变迁，经过170余年的区域整合、分置，时间到了隋义宁元年（617），乡县的境界已与今天的武乡规模相当。天授元年（690），武则天称帝，开启武周代唐。这一年，"乡县"变回"武乡县"，据说与则天皇帝有很大关系，她以"武"为地名，不避讳，乡县非常幸运地恢复成武乡县旧名。神龙元年，中宗复位，撤换"武"字地名，又称乡县。景云元年（710），唐王朝在"乡县"与"武乡县"的名称中反复抉择，选择了后者。至于县名的来历，主要有两个说法：一是当时政区名匹配河流名的需要。武乡水的名约始于东汉时期，北魏延和二年（433），武乡郡作为政区名去"武"改乡郡，但"武乡"作为河流名称却没有改动，而是逐渐流传了下来。据《元和郡县志》《太平寰宇记》的有关记载，武乡水至唐宋时仍名"武乡"。二是因境内民风尚武，以尚武之乡而闻名。大量的史料记载和民间传说中可以看出，武乡是"武德之源"，从后赵皇帝石勒、北魏大将军宇文金殿、北周大将军宇文显和、宇文神举……总之，在唐朝神龙元年（705），武乡县再度去"武"改称乡县，加之此后武则天的地位得到唐朝后续帝王的认可，乡县在不久之后便重新恢复武乡县的县名，一直延续使用至今。

五代十国时期，武乡县先后属后唐、后晋、后汉的潞州，后属北汉。北宋，武乡县属河东路潞州。太平兴国三年（978），武乡县属威胜军（治所在铜鞮县乱柳石围），辖铜鞮、武乡、绵上、沁源四县。熙宁七年（1074），辽州废，榆社县又并入武乡县。元丰八年（1085），复置州。元祐元年（1086），再分置榆社县。

元代行政体制为行省制，武乡县属中书省河东山西道晋宁路沁州。至元三年（1266），由于连年征战武乡县人口锐减至700余户，遭裁撤全境并入铜鞮县。元贞二年（1296），因人口增加，复置武乡县。明初，武乡县属山西（省）布政司冀南道沁州。万历二十三年（1595），废沁州，武乡县属汾州。万历三十二年（1604），复立沁州，武乡仍属沁州。清代，武乡县属山西省冀宁道沁州。

纵观古代历史，武乡建置级别最高是郡。319年历史上唯一一位奴隶皇帝石勒建国称王，升武乡为郡，后为乡郡，到隋开皇三年（583）始废，武乡设郡时间为264年。建制最为败落之时，当属元代因户数不够被并入他县的那30年。

表1 西周至民国武乡建制沿革一览表

朝代/时期	县名	范围	上级区划	备注
西周				为皋狼之地。相传今南关镇和故城镇先后为皋狼城邑遗址
春秋			属晋	仍为皋狼之地，属晋，也有甲氏国之称
战国	涅		先属韩，后属赵	城邑在今故城镇
秦代			属上党郡	

朝代/时期	县名	范围	上级区划	备注
西汉	置涅县	包括今日武乡、榆社、左权全部及沁县北部、祁县东南部	属于并州上党郡	县城在今故城镇
东汉	涅县		属并州上党郡	
三国时期	涅县		属魏并州上党郡	
西晋武帝泰始年间	分为武乡、𬍛阳、涅县	榆社县和今武乡中东部地区	属并州上党郡	从此有武乡县，县城在今榆社城北15公里的社城镇
十六国时代	武乡县	沾、涅、武乡、𬍛阳	武乡县、涅县先属前赵（汉）后属前燕、前秦、后燕	石勒319年建立后赵，置武乡郡，郡治随武乡县城
北魏延和二年	乡县		并州乡郡	太平真君九年（448）县城由今社城镇迁南亭川
东魏	乡县		南垣州（又称丰州）	
隋	乡县		上党郡	经过一系列分置和迁移，乡县的境界形成武乡县现在的规模
唐	历经变化，终成"武乡"		先属河东道韩州，后属潞州	几经改变，景云元年（710）恢复武乡县名至今
五代十国	武乡县		先后属后唐、后晋、后汉的潞州，后属北汉	

续表

朝代/时期	县名	范围	上级区划	备注
北宋	武乡县		属威胜军	
金			改威胜军为沁州，属河东南路沁州，后沁州升为节镇，称义胜军	
元			中书省晋宁路沁州	至元三年（1266）武乡并入铜鞮，元贞二年（1296）复置武乡县
明			明初属山西布政司冀南道沁州，后属汾州，后属沁州	
清			山西省冀宁道沁州	
民国			民国19年裁道，直属山西省	

根据《武乡县志》整理

为战争服务的武乡政区

抗日战争爆发后，毛泽东发出"整个华北工作，应以游击战争为唯一方向"的指示[①]。遵照此指示，1937年底，八路军总部及一二九师来到太行山区的武乡县

[①] 中共北京省委党史研究室：《中国共产党北京历史》（第一卷 1921—1949），北京：中共党史出版社，2021年，第271页。

开辟建设抗日根据地。在武乡地方党组织和牺盟会的密切配合下，八路军积极组建各种抗日救亡团体。太行革命根据地创建时期，处于山西、河北、河南三省交界地区，称晋冀豫抗日根据地，所辖正太路以南、平汉路以西、同蒲路以东、黄河以北地区，包括70余县。当时尚未建立统一的行政领导机构。1939年7月，日军侵占白晋路，晋东南抗日根据地被分割为太行区和太岳区，武乡县属太行抗日根据地。初属三专署第二办事处，后改称太行三专署。专署、军分区等单位长期流动于本县大有、蟠龙、中村、洪水一带。1940年1月，晋冀豫抗日根据地以白晋路为界，分成两个战略区：东为太行区，西为太岳区和晋豫区。1940年7月，日军侵占段村。为适应对敌斗争形势的需要，武乡县分成武乡（东）县和武西县，两县均管辖着白晋路以东沁县的村庄，同时将本县西北端的贾封、石门、庞家会等33个村划归平遥县。1940年8月，冀南、太行、太岳行政联合办事处成立，太行区成为联合办事处的直辖区，下辖冀西专区、太行第一办事处、太行第二办事处、太南专区、漳北办事处，自1940年8月至1941年8月，武乡（东）及武西属于太行第二办事处。1941年9月至1945年11月，武乡（东）及武（乡）西均属晋冀鲁豫边区政府太行三专区。

1945年8月15日，日本宣布无条件投降后，阎锡山把山西省政府从晋西迁回太原，政府主席由阎锡山担任，8月27日，段村解放。9月，武乡（东）、武西两县合并，恢复武乡县建制。解放战争期间，太行行署成立。从1945年10月起，武乡县属晋冀鲁豫边区太行行署第二专区。1947年秋季，县级机关由旧武乡县城迁来段村（即今县城），将旧武乡县城改名为故县。1948年5月，武乡县属华北行政区太行行署二专区，专署驻左权。

1949年10月中华人民共和国成立后，武乡县属山西省长治行政专员公署管辖。1958年，长治行政区改为晋东南专区，专署仍驻长治。1958年1月，榆社县和武乡县合并，称武乡县，属晋东南专区。1959年7月，榆、武再次分治，榆社仍属晋中专区。1971年夏季，山西省革命委员会将武乡县的分南公社划归祁县，石盘公社划归榆社县，墨镫公社划归左权县；将襄垣县的龙王堂公社划归武乡县。1972年春季，又将上述4个公社划归原县至今。

武乡村镇故事

武乡现辖 6 乡 6 镇，269 个行政村。勾勒其中几个代表乡镇的历史故事、战时贡献以及今日发展，能清晰地看到这座曾经封闭偏远的小城是如何成长为英雄的武乡、辉煌的武乡、红色的武乡。

丰州镇

丰州镇是今天县城所在地，因在南北朝时武乡曾设丰州而得名，是全县政治、经济和文化的中心。抗日战争前称段村镇，因创村始祖为段氏。1947 年武乡县城迁居于此，改为城关镇。2001 年 1 月实行撤乡并镇时将原曹村乡并入后，改称丰州镇。2021 年故县乡并入。

丰州有着光荣的革命历史，"大革命"时期，是进步青年的活动地，最早点燃了武乡革命的星星之火。1921 年 5 月，武灵初等一批在外求学的进步青年回到家乡，进行革命宣传，提倡科学与民主，开展反帝爱国运动。1932 年冬，武华、段宏绪等革命青年先后回到段村镇，积极筹备成立了反帝大同盟支部。1933 年 8 月，武乡县第一批加入中国共产党的史怀璧、武三友等人在段村镇，建立了中共武乡中区党支部。抗日战争时期，八路军总部及所属机关曾驻扎在距段村不远处的马牧村，研究部署了反日军在晋东南"九路围攻"的战役。丰州镇境内的魏家窑、松庄等地创办八路军兵工厂。新民主主义革命时期，党在这里的革命活动和实践，形成了许多承载着革命精神的纪念地和标志物。

墨镫乡

墨镫乡位于武乡县东部山区，是本县通往左权与涉县的交通要道。相传，女娲采玉石补天就来源于玉石沟。"墨镫乡"名字来历有两种说法，一种说"墨"为文，"镫"为武，村名寓意文武兼备、传承后世；一种说凤凰在附近殒命，血流如注，血水流经墨镫，已成黑色，所以称"墨"。2021 年并入洪水镇。

抗日战争时期，八路军第一二九师师部及三八五旅十四团曾在境内的马堡村驻扎。当百团大战进入第三阶段，一二九师野战医院也转移到境内较为隐蔽的地方，积极救治伤员，支援抗战。太行三分区武委会兵工厂也曾在这里生产手榴弹、地雷、石雷等武器，源源不断地送往前线，支援八路军抗击敌人。

洪水镇

洪水镇位于武乡县东北部，北与榆社县接壤，南与黎城县毗邻。在传说中，洪水镇是女娲补天故事里天塌地陷砸下的"天凹"；也是青面獠牙的水怪作威作福，大发洪水的地方。洪水镇有历史名人踏足的记忆，汉高祖刘邦曾经过武乡，在板山花儿垴留下"纱帽圪台"；据《唐史》记载，唐武宗派遣大将李德裕讨伐叛军，曾会兵于此地。

抗日战争时期，八路军第一二九师及所属部队和机关、太行第三地委、太行第三专署、太行第三军分区、抗大六分校、野战卫生部、八路军兵工厂等单位曾在境内许多村庄长期驻扎，留下了弥足珍贵的革命遗址、遗迹。遍布全镇的26处革命遗址，真实地记录了中国共产党领导八路军为民族解放事业而顽强奋斗的艰难历程和光辉业绩，从侧面生动反映了中华民族不屈不挠的伟大革命精神，是各级党组织资政育人的宝贵财富和不竭动力，同时也是发展地方经济的红色文化资源。在深化改革、加快转型发展的新时期，当地党委、政府对革命遗址高度重视，倍加珍惜，加大了保护力度。

蟠龙镇

蟠龙镇位于武乡东部山区。相传，今天蟠龙的陌峪村就是后稷撒百谷留下的"百谷村"。曾经的"蟠龙"有另一个名字叫作"古永丰"，但这个名字只有老一代人记得，没有任何史料记载。当地传下来一首顺口溜，或许解释了名字从何而来、因何而变——"蟠龙原名古永丰，龙落法云改蟠龙。翔龙降村震天下，黎民代代是传人"。因为有龙的传说，这个村庄里有许多关于龙的故事和建筑。

抗日战争时期，朱德、彭德怀、左权、刘伯承、邓小平、杨尚昆等率领中共中央北方局、八路军总司令部和一二九师及所属党政军机关和学校，长期在境内驻扎。与此同时，晋冀豫区党委、太行三地委、武乡县委、县政府等党政机关也转战于境内许多村庄。在这块热土上，八路军部署指挥了百团大战中的关家垴歼灭战、黄崖洞保卫战、解放武乡县城等多次重大战斗，创建了晋冀豫根据地，创办了黄崖洞、柳沟抗日兵工厂。尤其是震惊中外的百团大战，被日军司令部称作"恐惧的挖心战"，就是在这里吹响了进军号角。八路军总部在这里，领导广大军民浴血奋战八年，发扬光大了我党我军从井冈山到延安形成的革命传统，在血与火的洗礼中，孕育了底蕴浑厚的红色文化，凝铸了可贵的太行精神。

韩北镇

韩北镇位于武乡县的东南部。

抗日战争时期，这里是指挥华北抗战的重地。八路军总部、中共中央北方局等高级党政军领导机关长期在此驻扎。朱德、彭德怀、刘少奇、左权、刘伯承、邓小平、徐向前等党和军队的领导人都曾在这里生活和战斗，领导和指挥了华北各抗日根据地的游击战争和政治斗争，留下了众多的革命遗址。1961年3月4日，国务院将境内的八路军总司令部王家峪旧址公布为第一批全国重点文物保护单位，2001年8月20日，江泽民同志曾亲临八路军总部王家峪旧址视察，挥毫写下了"发扬老八路光荣传统，为中华民族的伟大复兴而奋斗"的光辉题词；2005年7月29日，胡锦涛同志在王家峪总部旧址亲切会见了当年的抗日老战士、老民兵、老支前模范代表，并发表了重要讲话，强调要继承光辉传统，弘扬民族精神，为中华民族伟大复兴而奋斗。

监漳镇

监漳镇位于武乡县中部，据史书记载，监漳村是武乡县千年古村庄之一。关于镇名的由来，没有历史记载，只有人们的推测——汉末至三国时期，为保护邺城，设监漳亭，而得名。监漳有四大景观，分别是大立石、五龙山、石牛漪、会仙观。

抗日战争时期，鲁迅艺术学校在这里创作出版了一批大众化文艺作品；中华文艺界抗敌协会在这里成立了"晋东南文艺抗敌分会"，有力地推动了敌后新文化运动的开展；太行第三专署在此动员群众兴修水利，发展生产，踊跃支前，专员刘亚雄同志为水渠石匾题写的"人力胜天然"的大字熠熠生辉；八路军第一二九师野战医院驻扎期间，当地群众满腔热忱帮助医务人员抬担架，洗绷带，煎草药，救治伤员，展示了革命老区军民鱼水情的深切情感。

大有乡

大有乡位于武乡县中部，有上千年的历史。宋赵匡胤时期（960—976），大有乡还叫作"皋阳"的时候，皇上偶然得知皋阳村有一大户人家私养龙驹宝马，便下令将其满门抄斩。百姓们听闻此事，感念那位大户人家平常对他们的百般照顾，认为他是受到了冤屈，便将村名改为"大屈"。到了清同治二年（1863），县太爷途经此地，听闻村名由来，感念百姓善良，将"大屈"变"大有"，从此一直未变。

抗日战争期间，以魏名扬为首的革命青年积极组建抗日游击队，掩护群众转移，配合八路军主力部队打游击。游击队员在八路军的帮助下，加强政治教育和军事训练后，编入决死纵队和八路军主力部队，曾受到朱德总司令的表扬；民兵英雄王来法组织当地民兵在蟠武公路上掩埋地雷阻击敌人进犯，在太行首届群英会获"地雷大王"称号；太行第三地委、第三专署，武乡县委、县政府，决死第三纵队，太行第三军分区，八路军第一一五师三四四旅六八七团等曾转战于大有乡境内与敌迂回；太行第三军分区司令员郭国言等革命英烈在阻击战中光荣牺牲，英魂永远留存于这里，在人民心中树起一座不朽的丰碑。

贾豁乡

贾豁乡位于武乡县中北部。相传"贾豁"一名是由本村清末举人高先生所改，取义有讲究。"贾"可读作"gǔ"，买卖之意。"豁"为开放。二字联合，便是贸易畅通，生意兴隆。

抗日战争时期，八路军第一二九师、第一一五师、平汉纵队、决死纵队等所属部队曾转战于境内的宋家庄、贾豁、凤台坪等村庄，刘伯承、邓小平等老一辈革命家曾在这里战斗与生活，留下了光辉足迹和珍贵的革命遗迹。从侧面生动地反映了中华民族不屈不挠的伟大革命精神，是各级党组织资政育人的宝贵财富和不竭动力，同时又是发展地方经济的红色文化资源。

故县

故县是武乡县的旧县城。从北魏孝文帝太和十五年（491）由榆社县社城迁来建立县治，至1947年县城迁至段村为止，已有1456年的悠久历史。县城迁至段村后，改名故县。故县原是一座美丽的城镇，南临漳河，背靠鼙山，西有八角山，东靠天农坛，水绕山环，景色优美。城南广阔的漳河滩，土地肥沃，古称"南亭川"，古代很多武乡人称自己是南亭居士。这里也是武乡著名的产粮区。整个城池，南低北昂，形如簸箕，东西两山，状如鸟翅，故有"凤凰城"之称。

故县是武乡革命的策源地，这里曾是进步青年的聚集地，也是武乡党组织的诞生地。抗战前夕，本县进步知识分子李逸三、高沐鸿、武光汤等，在这里发起创办了《武乡周报》，组织"武乡通讯社""石印合作社""流通图书馆"开始传播马克思列宁主义思想；1933年8月，武乡第一批党员代表在这里进行宣誓，成立了中共武乡县委员会；里庄滩一带发生了著名的长乐急袭战，为粉碎日军"九路围攻"起到了决定性作用；1939年7月，中共武乡县第一次党代表会议在境内的郝家庄召开。

1938年4月15日夜，故县第一次遭日军纵火焚烧。1940年，日军对故县又进行了一次大"扫荡"。1943年，日军侵占蟠龙后，对这里又多次践踏，使这座古老的县城变为一片废墟。1945年，段村解放后，共产党领导人民开展生产自救，在十分艰苦的条件下，重建家园，医治战争创伤。县人民政府，县委机关陆续回城，并大力扶植工商业的发展。后来经上级批准，于1947年秋天将县城迁至段村。1966年，故县定为故县公社所在地，因而这里成为全公社人民的政治、经济、文化中心。1984年改为故县乡，2021年并入丰州镇。

涌泉乡

涌泉乡位于武乡西部。抗日战争时期，八路军总部、野战政治部、供给部、一二九师师部等重要机关，曾在境内的寨上村驻扎，朱德、彭德怀、左权、刘伯承、邓小平、陆定一等老一辈革命家在这里留下了生活和战斗足迹。八路军总部和第一二九师师部曾在这里召开了反"九路围攻"祝捷大会，并陈列展出了我军在长乐急袭战中获得的战利品，发布了《粉碎日军大举进攻之部队政治工作纲领》，部署了大举反"九路围政"战役。因抗日斗争需要，中共武西县委、县政府也移驻涌泉乡的蚂蚁讪一带，动员当地民兵，积极配合八路军开展抗日活动。这里的每一处革命遗址，都是一笔宝贵的革命历史文化遗产。

第三节　民风淳朴　忠厚笃实

武乡县民风淳朴，人民不畏强权，个个富有斗争精神。至今武乡人谈及八路军和80多年前在这里发生的战事，还是充满激情和深情。但他们却很少谈到自己，淳厚和无私是武乡人民的底色。

在过去，武乡保持着"男耕女织"的生产方式，群众少事他业。县境地域狭长，与其他7县接壤，风土人情各有不同，所谓"十里乡俗不一般"。封建社会时期，武乡流传的习俗同当时广袤的中国大地上泛滥的社会弊俗一样，带着深深的时代烙印，有妇女缠足，男人留辫，严守"三纲五常""三从四德"等。

五四运动以后，虽然对封建风气产生了一些影响，但是并没有很大的改观。抗日战争中，武乡县绝大多数地方都成为抗日根据地，经过共产党和八路军的思想宣传和战争烈火的洗礼，数千年来积淀在这里的种种陋习，如买卖婚姻、迷信神灵等，都被肃清，同时也渗透出了许多带有革命色彩的习俗。如大年初一也有了另外的身份，成为"敬老节"；将农历正月十五定为拥军日；清明节也是祭奠英烈的日子；七月初七是全民抗战团结节；八月十五为杀敌节；十月初十为群英节；元旦为拥军爱民节等。尽管其繁荣延续的时期并不长久，但在打击封建恶俗、调动全国人民抗日斗争等方面发挥了重要的功能。那时有两支曲子，用武乡秧歌调唱出："正月里旧社会流氓腐化，无组织不劳动还要赌博。正月里新社会大有变化，有组织有计划还要娱乐；二月里旧社会村村祭灾，讲迷信求神灵瞎想平安。二月里新社会大闹春耕，又造粪又垒堰春耕生产。"旧时的武乡人舍不得离开故土，外人说"武乡娃娃，离不开妈妈"。但到了抗日战争时期，却一改过去的传统，武乡人以国家和民族的命运为重，在肩头挑起了"天下兴亡，匹夫有责"的重担，有5000多人成为抗日的干部，14600多人参加八路军，3000多名烈士为国捐躯。现在，武乡籍的干部已经遍及全国。

中华人民共和国成立后，随着武乡县的经济水平、科学技术的发展，人们的文化素质亦得到提高，人们在习俗上的迷信阴云也逐渐消散。人民群众移风易俗，建设精神文明，社会风气发生变化。文明新风，激荡在希望的田野上。

武乡自古以来就是兵家争霸的"舞台"，英雄豪杰你方唱罢我登场。武乡人为抵抗外敌入侵，增强自我防卫，素来崇尚武艺，其武艺门类繁多，习武人数众多。传说这是"武乡"县名的由来之一。

据旧县志记载，武乡县人民参加过历代农民起义。汉末赤眉起义，石会大战，宋靖康元年（1126）与金兵南关之战，明嘉靖二十一年（1542）抗击蒙旗俺答汗，崇祯四年（1631）农民军三战官军，清顺治五年（1648）大同总兵起义反清，武乡人民都闻讯集结响应。清光绪二十六年（1900）夏，义和团的反帝国主义风潮席卷了武乡县，武乡县的百姓也积极参加了义和团的战斗。南关镇崔梦松受庚子事变中爱国主义思想影响，发起组建义和团运动，魏家窑的魏金元为全县总首领，二十里铺张尚元，石盘魏士龙，马堡魏德成被选为南、西、东的首领。他们打出了"义和拳、神助拳，只因鬼子闹中原"的口号，凝聚力量，扶保中华，驱逐外洋，制定"毋贪财、毋好色、毋违父母命""杀赃官、灭洋人"的军纪。不到半个月的时间就发展了500多人，一月之间更是发展到了2000多人，男的是"义和拳"，女的叫"红灯照"。义和团活动大本营设在故县东关的关帝庙，举起"替天行道""扶清灭洋"的旗帜。义和团的士兵数量众多，头领都由武士担任，士兵们戴着黑色的头巾，手持钢叉、大刀和长矛。他们砍掉了靠着外国人的力量为非作歹的魏留安夫妇的脑袋，烧掉了上司村的洋人教堂。白家庄和小店教堂也付之一炬。魏金元、张尚元等率领义和团攻入襄垣赵家岭追捕洋人。义和团威声大震，1901年，几乎村村都有义和团，青年人人皆学义和拳。但因清朝政府无能，在中外反动势力的残酷镇压下，义和团运动终告失败。

在抗日战争年代，武乡县人民在共产党领导下，重整旗鼓，又拿起长矛大刀与敌寇浴血奋战直到抗战胜利。当时抗日武装组织主要有：魏名扬游击队、武华游击队、抗日自卫队和清河子弟兵等。这些武装斗争组织，直接受八路军领导，以国术团为掩护，活动在武东山区，白晋路沿线和太岳一带。他们白天练武搞生产，晚上放哨、袭据点、捉汉奸、探情报，出其不意地打击敌人，使敌人闻风丧胆。

武术活动紧密配合、服务于武装斗争；武装斗争孕育了武术，锻炼了人民。武乡实属武装斗争之乡。在武乡历史上，第一次有记载的事情是汉营尉李匡响应赤眉起义之事，武乡人崇尚正义，反抗压迫政权的力量从当时就有所展现。到了抗日战争时期，武乡与八路军结下了不解之缘，从1937年11月八路军总部首次进驻武乡起，武乡这片战略要地便受到世人瞩目。武乡为抗日根据地的发展、为八路军的发展壮大、为夺取抗日战争的胜利作出了巨大的贡献。武乡县民兵、游击队员和群众在这里鏖战犹酣，壮怀激烈，战事如火如荼，"山山埋忠骨，岭岭皆丰碑"是武乡真实的写照。武乡武乡，尚武之乡，一定有沸腾热烈的战斗基因在这里融入民众血脉，代代相传。从千古一帝石勒，到喜欢拳脚功夫的段村人武灵初，再到出生于武术世家的武乡县第一个共产党员、首任中共武乡县委书记李逸三，尚武的武乡人充分表现出了有原则，讲义气，行侠仗义的英雄豪气。武术甚至在武乡抗战中发挥了极大作用，成为"利器"。

2010年，武乡县武术队在"獬豸杯"第八届香港国际武术节大赛上，代表团9人参赛全部获奖，共夺得6金5银；2019年，第十五届世界武术锦标赛太极拳项目，武乡人崔碧晖获得冠军；2023年5月，第十七届全国武术之乡比赛，武乡县的武术健儿们获得14枚金牌、10枚银牌和8枚铜牌，并收获"武德风尚奖"，武术健儿们充分发扬"一争天下无难事"的武乡精神，展现了新一代武乡人的风采。武乡县一直重视武术的代际传承，近年来，每逢春节，武术展演成为村民娱乐活动的"压轴戏"；武乡县体育与服务中心组织的武术进校园活动也一直持续开展。在如今武乡社会安定、经济发展的时代背景下，武术已经离"战争"情景越来越远，只是它在战争年代带给人民的光明和傍身的安全感，依旧在武乡人心中长存，激励武乡儿女在任何情况下都要顽强拼搏、坚持不懈。武乡底色的红，是当地人民用心血染成的。

第四节　文化阵地　坚守相望

　　武乡县历经漫长的岁月，逐渐发展出极具特色的乡土文艺形式。戏曲有上党梆子、上党落子、中路梆子、武乡秧歌；曲艺有武乡三弦书、武乡鼓书、武乡琴书等；民间歌曲有开花、秧歌、抗战歌曲等；舞蹈有小花戏、走乱团、顶灯舞、八音会、霸王鞭、竹马、抬纲、挑桩等，为当地提供了丰富的文体娱乐项目。本节介绍在抗战中发挥巨大作用的三种文化形式：民歌、快板和秧歌。

民歌和民谣

　　武乡民歌，是武乡民间歌曲的总称，节奏较为工整、均匀，有明显的山歌特点，律动性强。大多产生于劳动人民社会生活和劳动生产过程，有形式活泼、短小精炼、朗朗上口等特色。过去的武乡县因处于太行山腹地，山脉连绵，地势险峻，交通不便，导致民间艺术与外界交流十分不方便，艺术形式相对较少，但也是因为这样的地理环境，形成了颇具高腔山歌的音乐风格。1938 年 4 月，日军一一七联队一路烧杀抢掠占领武乡县城，整座城被夷为平地，肇始于此，日寇又一次次地对武乡人民犯下滔天罪行。深重的苦难和悲惨生活在武乡化作民歌，诉说着残酷的战争往事。

　　在战火纷飞、硝烟弥漫的年代，抗日民主政府充分运用民间音乐形式进行革命宣传，这个时期产生了大量抗日歌曲，根据地到处充满高亢婉转的抗日民歌。这些民歌用老百姓易于理解接受的语言，旧调填新词，将发动群众参加抗战的内容编成歌曲传唱，深受当地人民的喜爱，鼓舞了广大人民群众和抗战将士。《妇女拥军歌》《放哨歌》《盼八路军回家来》《我送哥哥上前线》等歌曲，几乎妇孺皆知。本节选取不同的抗日民歌传唱内容，展示武乡民歌长河中的瑰宝奇葩。

解放旧式风俗主题：一首首民谣展示着解放了的武乡女性的风姿，在她们的鼓舞下，太行子弟纷纷参加八路军。女性群体中涌现出了拥军模范、纺织英雄、太行奶娘等，她们与男子一样，为抗日战争倾尽所有。为鼓励妇女放脚编写的《放脚歌》："小小姑娘不缠脚，到大自己能生活，妇女想要解放你，先从放脚来做起。妇女小脚解放大，圆头鞋子穿上袜，每夜温水洗一次，趾头里头衬上花。母亲不给女缠脚，汉劝老婆放下脚，边区下了放脚令，各级政府要执行，谁不自动去放开，政府就要处罚谁。"为了追求婚姻自由，解放妇女，还有《童养媳苦》《快给俺写上结婚书》《你说俺离婚该不该》等歌谣："墙上画虎吃不了人，砂锅和面顶不了盆。娶时俺才十二三，过门就顶条牛来用。小手手和面小刀刀切，小眼眼流泪手巾巾擦。太阳爷下山日头落，脚踩门槛照娘家。爹娘你只管把钱花，哪知你闺女多难活。哭声爹娘把儿引，你不心痛谁心痛？听说婚姻要自主，姐妹们呀别学我。""买卖那个婚姻是堵墙，推倒那个大墙配成双呀，村长。吃圪那个瘩来，蘸上那个醋，俺是那个自愿一途儿过呀，秘书。三间那个外房则两道那个梁，天河把俺搁到两岸上呀，村长。村秘那个书来，区秘那个书，快给俺那个写上结婚书呀，秘书。"这些民歌对反对包办买卖婚姻、解放妇女起到了宣传教育作用。

支前拥军主题：支前拥军是抗战的重要工作，也是文艺作品反映的重点。八路军来到晋东南，将减租减息和合理负担政策带到了武乡，广大武乡群众认识到：只有跟着共产党走，人民才能翻身解放。武乡人民拥军支前的故事讲不完，歌唱军民鱼水情的民歌处处传唱。《拥军爱民歌》唱道："门搭搭开花不来来，咱们队伍进村来，快回家呀呆（同志）。一条扁担两只筲（水桶），为俺吃水打下窖，心真好呀呆。镢头开花上下飞，开出多少老山地，谢谢你呀呆。碾盘碌则一个心，军民鱼水不能分，一家人呀呆。"《妇女拥军歌》更把支前送粮、纺纱、织布的行动与抗战胜利连在一起："一铺滩滩杨树枝儿一铺滩滩草，一队一队的抗日军，啊格呀呀呆，数咱八路军好。一粒一粒的金黄米，一袋一袋的装，一担一担的抗日粮，啊格呀呀呆，送到前线上。一团一团的白棉花，一条一条纺，一机一机的新棉布，啊格呀呀呆，给部队做衣裳。一方一方的好土布，一针一针儿缝，一双一双的拥军鞋，啊格呀呀呆，送给子弟兵。一块一块根据地，一滴一滴的血，八路军同志们流血汗，啊格呀呀呆，坚持敌后抗战。山长青松松靠山，松山紧相连，军民团结心贴心，啊格呀呀呆，抗战得胜利。"这些民歌的传唱，内容具体生动，对宣传教育群众起到潜移默化的效果。

抗日爱国主题：在武乡民歌中，有歌唱抗日军民战斗胜利的民歌，以真实的战斗教育发动武乡人民投身于救国前线。《当不了英雄别登门》表现出姑娘鼓励心爱之人参军上战场，将年轻的爱情与保家卫国紧密联系，"天上的云彩调过来，三天两头照你来。羊肚子手巾头上扎，但愿你胸前戴红花。荞麦开花棱搭棱，当不了英雄别登门。"《百团大战》就唱出了举世闻名的百团大战的斗争情景，歌词鼓励军民英勇战斗："八月二十三，下午八点半，八路军，决死队，展开百团战。破坏正太路，切断平汉线，同蒲路，也瘫痪，敌人无法办。八路军，决死队，杀敌千千万，包围了阳泉城，攻克娘子关。马路挖成壕，炸坏铁路桥，这场百团战，打得呱呱叫。"还有歌唱革命先辈的歌曲，《朱德栽下白杨树》一歌号召人民，向英雄学习，抗战到底。《左权将军》曲调委婉，慷慨悲壮，"左权将军牺牲为咱老百姓，咱们要为他报仇恨"，烈士的鲜血唤起了千百万老百姓的抗日心。《军民搞生产》热情地歌颂了太行军民轰轰烈烈的大生产运动，在这强有力的劳动歌声中，根据地军民不仅战胜了灾害，打破了敌人的经济封锁，而且为抗日战争奠定了雄厚的物质基础。

抗日民歌歌词如同这里的人民性格，有着热情、奔放、憨直、畅快的风格特点。在艰苦卓绝的战争岁月里，武乡人民慷慨悲歌，奋不顾身，涌现出许多英烈，为我国的抗战事业抛头颅、洒热血，铸就了中国革命史上辉煌的一页。

武乡"开花调"成为长治市级非遗项目，是生长于武乡县原生态的民歌艺术。何谓"开花调"？这是一种以"××开花"起兴的民歌唱腔，又如唱词"胡麻开花一色蓝，打电话容易见面难""樱桃那好吃树难栽，心中有事，妹妹呀口难开"，都可称为上句开花下句点题，因此，被称为"开花调"。整个武乡，只要有人以"开花"起头，无论男女老少，都能哼唱出带有自己年龄、阅历、情感等个性特点的即兴唱词予以附和。此种民歌首句以开花比兴、借物传情，常使用比喻和拟人的修辞手法，"开花调"是小调中的一种独特形式，属曲牌体音乐。

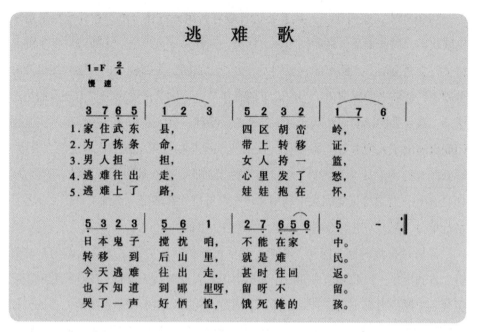

◎《逃难歌》词谱

　　武乡"开花调"起源于何时，现无文献可考。但可知深厚的历史渊源，在此处形成了自古以来用乐舞祭天的民俗之风。东晋时期，上党武乡羯族人石勒建立后赵政权，在"五胡南迁"的历史中，北方少数民族高亢激越的唱腔融入当地音乐。后又经明清发展，武乡民歌逐渐由套曲大腔演变为山歌，再由山歌形成小调。直到1939年，日军占领武乡白晋路，在八路军领导人民进行抗战时期，武乡"开花调"成为宣传抗战的主要工具。据流传下来的几首"开花调"唱词显示，明末李自成攻打北京时，武乡便流传着"葵花开花顶顶黄，穷人们都向李闯王""核桃树开花半夜开，李闯王替咱打老财"的小调……由此推断，武乡"开花调"在明朝时已在武乡民间广泛流行。到民国年间，所流传下来的唱词就更多了。抗日战争爆发后，作为太行抗日根据地的腹地，武乡这片红色的土地留下了许多可歌可泣的故事，作为根植民俗文化土壤，被广泛传唱的武乡"开花调"也如星火，成为在"户户住过八路军，家家出过子弟兵"的土地上火种一般的存在，化作宣传动员民众抗战的武器。其间，传唱最广的"开花调"就是《逃难歌》《来了日本小熬胶》《当不了英雄别登门》《妇女四大恨》。

1940 年农历正月十五，武乡县抗日政府利用元宵佳节组织在韩北村举行军民联欢会，周围十余个村的剧团、文社火、武社火、八音会、小花戏等都来韩北村进行文艺会演，八路军的火星剧团、太行山剧团、先锋剧社、战旗剧社以及海燕剧团，都前来助兴演出。为纪念五四青年节，中国共产党组织了大规模的纪念活动，武乡县的纪念活动从 5 月 3 日开始，傍晚，抗大总校文工团与鲁艺实验剧团联合演出了大型节目《黄河大合唱》，这是太行山区第一次百人以上的大合唱，观众既有抗大学员、鲁艺学员，也有八路军部队，还有周边上百个村庄的群众。1941 年底，晋冀豫区党委决定利用元旦文娱进行茂林事变、优抗等宣传，在各县举行集会、篝火，进行戏剧、秧歌、八音会、歌曲等表演。

经历过抗战时期"隐秘"传唱，武乡民歌短暂地告别了天高地阔的自然舞台。直到中华人民共和国成立后，才再次走入人民群众的视野。武乡民歌中积淀了异常丰厚的方言土语，有效地传承了地方文化。如在歌曲中常用的方言词汇如"圪梁""拉话""熬胶"，叠词"沙锅锅""红缨缨"，衬词"么咿呀呼咳"。然而，随着社会经济的不断进步，武乡民歌里大量的方言元素，已经衰退或消亡，用方言演唱本土民歌也已成为绝大部分演员、学院派学生所无法完成的现实，音乐作品的风格和韵味也大为削弱。研究、记录和保存这些民歌就是保护濒危的方言，方言的天籁一旦消失便永远不会再生。

快板

抗日剧团在开演之前，必须说个快板小节目。这已成为一种演出习惯。快板其实就是顺口溜，能把现实当中的人和事，用风趣、诙谐的方言刻画得栩栩如生，很受群众欢迎，也成为群众接受教育的重要形式。

在儿童快板《斥地主》中，对地主的描写就用："住的楼楼，穿的绸绸，

武乡民间艺术推荐

秧歌：十二月对花、王贵与李香香、
　　　小二黑结婚

民歌：逃难歌、你在圪梁俺在沟

鼓书：呼延庆打擂

快板：健康扶贫进万家

吃的肉肉，喝的酒酒，槽上拴的牛牛，门上卧的狗狗，笼中养的鸟鸟，孩子耍的猴猴。"这些直观形象的语言生动地刻画了地主的形象，接着一转，"这全都是穷人的血汗，哪样你老地主伸过手手？"就把地主压榨农民的本质揭露出来了。对农民英雄的歌颂在快板《劳动英雄王虎旺》里看到又一种写法："彭政委赏他牌一块，县政府把牛拉回来。劳动英雄戴红花，全村人为他唱起来。老人喊他虎旺孩，没牙嘴笑得合不来。年轻人喊他英雄汉，恨不得把他抬起来。孩子跑回告他娘，俺爹成了人人爱。老婆听了心欢喜，心里越把虎旺爱。知道槽上有了牛，又听见门上闹挂牌；出门来要把虎旺来接待，笑得她眼泪流出来，心高兴，笑颜开，恨不得伸手把虎旺抱过来。左看右看人都在，软软儿把手缩回来！"这样从上级奖赏，村民爱戴到妻儿爱的至深等描写，能不对英雄产生敬佩？可是对村民中不良行为也进行深刻揭露，快板《懒汉楞二小》里说道："家里没有半升糠，一年四季常不忙，冬天喜欢个热炕炕，夏天爱拣个树凉凉，嫌冷怕热不干活，一个人也常打扑克。春天下种他嫌早，夏天锄草他嫌热。一共种了半亩谷，满地荒成草拍拍，山药胡萝卜他种上，自从种上没插脚。到了秋天去收获，草里头侦探又搜索。山药好像葡萄粒，胡萝卜好像鼠尾巴。又上谷地去打看，早被虼羚请了客。想吃旱烟他没呐，树根底收罗了些榆叶叶。"以上对劳动英雄的赞颂和对懒汉的批评，从正反两方面鼓舞农民开展大生产运动。[①]

武乡秧歌

武乡秧歌最早出现在明末清初时期，发源于武乡县的下合、枣林、北漳、监漳及襄垣县的西营、城底一带。它的最初来源主要有两种，一种是老百姓在打夯时唱的民歌，用于给人们鼓劲，提醒打夯人齐心协力，这种夯歌在几十年前的武乡还能听到；另一种是农民在田间劳动时唱出心里久久压抑的悲情苦衷，形成一种称之为"挑高"的秧歌。（所谓"挑高"即由二人对唱，一手摇着响铃，一手拿着雨伞，见景生情，即兴编词，你唱我和，二人竞唱，声调越挑越高，故人们

---

① 李俊清：《武乡抗日文化宣传形式初探》，《长治学院学报》2008年第4期，第61—63页。

称这种形式为"挑高秧歌")。大约到了清康熙年间，又发展成有"击板""呼胡"乐器伴奏，说唱人在中央，外面围一圈人的"圪圈"秧歌。乾隆年后，这种秧歌渐渐地走上了戏台，形成了较为规范的地方戏曲。武乡秧歌就是从各种韵调的夯歌及民歌中，通过多种融合演变而来的。经过上百年的演变，完成了从无序喊唱到有规律吟唱，从干板吟唱到融入乐器，又从伴奏演唱到登上舞台的一个漫长过程。

在武乡、襄垣、左权、和顺等县的几十个村庄的旧戏台上，可以查到武乡戏班活动的题壁数十条，有清晰时间记载，最早的是左权管头村戏台的题壁："武邑鸣凤班秧歌，光绪十四年三月廿日起乐，对灯、教子、刘镛访山东、八件衣、洞房、访松江、落花计、玉环记……"此条明显记载了演出的戏班、时间、剧目等。据此壁词所记，清光绪十四年（1888），已有武乡秧歌戏班——鸣凤班在该台演出。由此可以看出早在清光绪年间，武乡秧歌就已经形成了一个非常规范的地方剧种。据史料记载，光绪初年（1875），武乡县上合、下合、北漳、监漳、陌峪与襄垣县西营、城底、上良、下良、白杨岭、韩唐、店上、源头、果沟等18个村的自乐班，组成一个有规模的秧歌职业班社，称为"十八村秧歌班"，排演大型蟒靠戏《河灯会》《富贵图》等，以"风搅雪"（秧歌与上党梆子）的形式演唱，于是出现了在同一出大戏中"官唱梆子，民唱秧歌；花脸（不包括小花脸）唱梆子，生旦唱秧歌"的秧歌与上党梆子交错演唱的形式。据老辈人说，这种小戏在当地曾达到狂热和入迷的地步。很快许多乡村都办起了业余戏班。到民国初年（1912），武乡县的班社林立，秧歌大兴。

武乡秧歌经过漫长的演变过程，在各方面形成了自己独特的风格。它表演形式活泼、自由多变，唱词浅显易懂，曲调优美，形象鲜明，它的唱腔高亢、刚劲、风趣、活泼，紧时如急风暴雨，慢时如行云流水；高亢如登太行，低回似徐徐春风，使人有飘然若仙的感觉，可谓"余音绕梁三日未绝"，更主要的是有着浓郁的地方风味，深受人民群众的喜爱。

到清末民初，武乡秧歌已经发展到了鼎盛时期，行当方面生、旦、净、末、丑齐全；从板式上讲，具有二性、紧板、慢板、数板、散板、哭板、摇板等多种板式；从乐器方面而言，分为文场和武场，武场主要使用二黄鼓、大锣、小锣、小钗、挎板，文场主要包括二黄、二把、木胡等；在脸谱上方面，独创出特色的丑角（三花脸）、泼旦（搽旦）谱型；从舞台装置上讲，由于习惯于演出家庭风波的剧本，不适宜演设朝登殿的大戏，从而讲究简朴风格。此时，武乡秧歌还出现了一大批诸如"鸣凤班""鸣胜班""元落义""庆荣班"等有名的戏班；编创了《小姑贤》《借坛枝》《偷南瓜》《打铁》《四叉捎书》《刘芳舍子》《白蛇传》《蝴蝶杯》《河灯会》等传统剧目，其中有折子戏，也有单本戏，还有连本戏；还诞生了韩三保、韩三孩、魏炳全、梁和尚等优秀的艺人。从而武乡秧歌成为梨园中一个独特的地方剧种。

抗日战争时期，武乡秧歌旧瓶装新酒，老调唱新词，作为抗日根据地文艺生活的一种有效形式，对鼓舞抗日军民的士气，打击日寇的侵略产生非常积极的影响，受到朱德、彭德怀、刘伯承、邓小平等老一辈革命家的赞誉。传统的秧歌主要是简单的唱扭，而"新秧歌剧"是融合戏剧、音乐、舞蹈为一体的综合艺术形式。旧秧歌中设置了村姑、公子哥等人物形象，舞姿轻佻浮躁，且题材通常是娱神娱人、调情恋爱的内容，唱词与现实生活相差甚远；而新秧歌突出了工农兵形象，体现的是热情阳光的革命秧歌艺术，题材与抗日工作联系紧密，歌颂党和领袖，宣传劳动英雄和时事，体现了乡村民众的真实生活。当时，除许多乡村的戏班外，武乡县还组建了"光明剧团""战斗剧团"，这是旧剧班子向新型革命团体的转变。

在王家峪八路军总部，朱总司令和八路军官兵曾多次观看光明剧团的演出，并和演职人员共同商榷，使武乡秧歌逐步走向完美和辉煌，很快向周边县扩展，而且秧歌专业剧团和业余剧团达到200多个。就连八路军野战政治部的火星剧社、中共晋冀豫区党委的太行山剧团、太行三分区的前哨剧团、三八五旅的先锋剧团等也先后派演员到武乡光明剧团学习，并排演了不少秧歌剧目。武乡县的光明剧团，于1946年初奉命调归太行行署直辖，1948年与晋冀鲁豫军区后勤文工团合编为太行文艺工作团，1949年6月该团又改名为山西省文工二团。

拓展 阅读

武乡盲人宣传队在抗战过程中的积极作用

盲人说书的文化现象自上古时期出现，普遍存在于汉族传统社会。周代，盲人群体掌握部分国家祭祀礼仪和军事占卜，直到春秋战国，周王室衰落，礼乐崩坏，执掌"礼乐"的宫廷盲人乐师流于民间，成为民间文化的一分子。太行山区位置偏僻、峭壁丛生，深山地区的百姓很少与外界联络。直到 1937 年抗战爆发，这里一直延续着中国乡土社会的基本传统，将祖祖辈辈流传下来的规矩奉为圭臬。民众信奉自然，祈求神灵庇佑，盲人说书成为"唱戏敬神"的选择之一，逐渐成为太行民众宗教信仰中的重要一环。

八路军来到此处，深谙社会革命及文化革命是抗日革命中重要组成部分的道理，盲人说书团队成为共产党吸收和改造的目标。当然，武乡有以孟文华为首的一些进步的盲人青年，他们要求组建一支新的队伍，主动进行抗战宣传。1938 年，在牺盟会的鼓励和帮助下，武乡县盲人宣传队扩展到 30 余人。但由于盲人说书自由度高、流动性强，并且每位艺人有自己的活动范围，盲人班底还有自身严密的权力结构，总体来说，改造盲人说书并不理想。共产党一方面对盲人进行思想改造，革除旧观念，灌输新思想；另一方面改进说书团队组织体系及收入水平，打破封建师徒关系，建立稳固的盲宣队伍；另外在生活中照顾到盲人群体的实际困难，开展"谈心思话"活动。一系列设身处地为盲人着想的措施，让盲艺人获得主人翁意识和抗战宣传积极性，终于，他们走向了抗战宣传舞台。一般认为，"改造旧艺人"与"改革旧剧"有很高的关联度，有些旧书里充斥着帝王将相、男女风月的主题和低俗窒息的封建伦理，专业作家、业余知识分子和盲人艺术家组成革命新书的创作团队，紧贴战时需要，融入乡村治理，赋予了盲人说书动员和教化功能。"说唱"是盲人说书的主要形式，它以故事表演为主，用通俗易懂的语言和方式，把枯燥烦琐的政策政令以及僵硬刻板的思想说教进行"乡土化"加工，内容包括边区群众理解减租减息、呼吁参军参战、进行土地运动和互助生产。前方鲁艺校长李伯钊在《敌后文艺运动概括》一文中，描述了太行盲人宣传队表演剧目《劝君从军》时的生动情景，她说："这样形式的盲人宣传队，我在后方还是第一次看见，宣传作用和影响都很大。"武乡盲人宣传队在太行地区声名鹊起，对晋东南地区盲人群体产生了正面的影响。1945年，在太行行署的领导下，以武乡为主，与左权、沁县、襄垣、榆社等县共同商讨组建"五县曲艺联合委员会"一事。有了更为民主有序的管理组织和技艺提高的大本营，五县的盲宣队在抗战时期，积极宣传国家的方针、法规和政策，为太行地区的敌后文化建设活动添柴加薪。

战争岁月，任何行业都充满危险，武乡县盲人宣传队穿梭在敌占区帮助抗日干部送情报，为此队长张培胜，盲艺人王兆成、李海林等甚至付出自己的生命。可就算没有高额的报酬，有丢掉性命的危险，还肩负着抗战宣传任务，盲艺人也在"翻身农奴把歌唱"的过程中，寻找到了自身存在的价值和意义。可以说，八路军进驻太行，盲人们受共产党的领导之后，才得到了新的生命。中华人民共和国成立后，武乡盲人宣传队进入体制内，以宣传小组的形式在各乡镇进行政治宣传；20世纪60年代到80年代期间，宣传队仍然作为文化局下属单位。新世纪以来，武乡县为代表的盲人宣传队逐渐解体。

如果读者希望对"改造说书"现象有更清晰和全面的了解，推荐阅读孙晓忠《改造说书人——1944年延安乡村文化的当代意义》。

本章问题探索

1. 从哪个朝代开始，确定了武乡县名，并沿用至今？

2. 在武乡，还有哪些神话故事或英雄赞歌？

3. 除文中介绍，请深入了解武乡考古知识。

4. 思考武乡的历史对当地的人文风俗有何影响。

第三章　人文荟萃　英才辈出

　　武乡历史悠久，人才辈出。早在新石器时代，这里就有人类居住，是华夏文明的发祥地之一。在漫长的历史岁月中，武乡的名人灿若星辰，不胜枚举。古有"奴隶皇帝"石世龙，"第一廉吏"程启南，"铁面御史"魏光绪，"清朝诗伯"程康庄，近代以来武乡也是群英荟萃，人才辈出。

"奴隶皇帝"石勒

石勒，字世龙，羯族人。西晋泰始十年（274）生于武乡北原山下（今丰州镇东河沟村），十六国时期后赵政权建立者，我国历史上唯一一位奴隶出身的皇帝。他的先祖是匈奴的分支，约于东汉时期从塞北迁到内地。祖父耶奕于，父周曷朱，为部落中的首领。石勒自幼骁勇善战，喜欢骑马射箭，经常替他的父亲指挥部下，深受部下的爱戴。

十四岁那年，他随家人到洛阳做生意，没过多久，他就回到了家里，开始务农为生。约300年（晋惠帝末年），并州发生百年一遇的旱灾，粮食缺乏，当时的并州刺史司马腾劫掠了许多胡人，将他们当作奴隶贩卖到山东和河北，以换取粮草。那一年，石勒只有二十岁，不幸被劫当作奴隶卖往山东。到山东后，他被卖于茌平（今山东茌平县西）的地主师欢家充为耕奴，不久又沦为佃客。师欢家与牧场相邻，石勒靠着年少所学的相马的本事与牧场的牧师汲桑成为好友，他们

◎ 石勒雕像

一起招募王阳、郭敖等18人组成骑兵，号称"十八骑"。晋八王之乱中，成都王司马颖身死，其部下公师藩借为司马颖报仇起兵，召集数万人攻打赵魏。石勒趁此机会凭借十八骑起兵，与汲桑一起召集牧人数百名组成骑兵去投奔公师藩，公师藩任命石勒为前队督。公师藩战死后，石勒与汲桑屯兵于平石。汲桑自封大将军，封石勒为先锋都尉，率部下攻打幽州。后汲桑在原平战死，石勒收拢残部退回上党，曾于北原山屯兵（武乡旧志《古迹》中有"石勒兵寨"记载）休整。后来，他加入了反晋势力刘渊帐下，被封为"辅汉大将军"，率领部下，转战于魏郡、汲郡和顿丘一带，攻破了50多座要塞，一路招兵买马，充实部将。艰苦的生活与漫长的征战生涯极大地锻炼了他的政治、军事、组织能力。到309年，石勒麾下已有十万大军，成为北方一支强大的割据力量。

310年，刘渊病逝，其子刘聪继位，封石勒为征东大将军。311年，他率兵追击西晋主力军东海王司马越，于河南苦县宁平城歼晋兵十多万，杀幽州刺史王衍、襄阳王司马范等敌将。同年与刘曜、王弥一起攻破洛阳，俘虏晋怀帝。不久又使计诱杀王弥，吞并其势力，一举成为当时中原最强大的割据势力。后因进军江、汉败，便采纳了谋士张宾的建议，北上占领襄国（今河北邢台市）。据襄后，西晋东北八州，石勒已占其七。314年，又袭杀王浚，取幽州。319年，石勒自封赵王，定都襄国，史称后赵。321年，平定鲜卑段匹䃅部。同年，借东晋祖逖之死，攻下了豫南、皖北。323年，打败曹嶷部，占据青州。328年，改称赵天王，定年号太和。次年灭前赵，收关陇。至此，除辽东慕容氏、河西张氏以外，整个中原地区已是石勒的天下。

330年，石勒改称大赵天王，行天子之职。同年九月，自立为皇帝，改国号为建平。由于早年"两胡一枷"被卖山东为奴的苦难经历，他颇能体会人民的疾苦，当政后，施行了很多利于民生的政策。314年，他取幽州后，"始下州郡，阅实人户"，规定百姓每户"出帛二匹，谷二斛"，赋税

知识 贴士

"两胡一枷"：出自《晋书·载记·石勒载记》"腾使将军郭阳、张隆虏群胡将诣冀州，两胡一枷"。这里的"枷"就是木枷，两个奴隶被用木枷连在一起，不能逃脱，方便驱赶贩卖。

比西晋时要轻得多。同时，他关心农业生产，经常"遣使循行州郡，劝课农桑"。325年，石勒"以右常侍霍皓为劝课大夫，与典农使者朱表，典农都尉陆充等循行州郡，核定户籍，劝课农桑。农桑最修者，赐爵五大夫"[①]。

石勒招揽人才，重用贤能，并不因种族不同而有所区别。他当政期间采用胡汉分治政策，对效忠于他的汉人给予一定的优待。石勒对汉人张宾委以重任，为提拔他为大执法，总管朝政。此外，还在朝堂之中任命了不少汉族官员，并且下令胡人"不得侮易衣冠华族"。

石勒善于纳谏且颇具容人之量。参军樊坦因被人抄家，面对石勒大骂"羯贼"，石勒不但不杀，反赐车马服装钱三百万。建平二年（331）三月，石勒想要营建邺宫，迁都于此，而廷尉续咸上书劝谏，石勒大怒，欲杀之。中书令徐光力阻，劝石勒不可因直言而斩列卿。石勒叹息说："为人君，不得自专如是！岂不识此言之忠乎，向戏之耳！"然后暂时停建邺宫，不仅赦免续咸还赐予他绢百匹、稻百斛，作为奖赏。并且，借此机会下令与公卿百僚，每岁推荐贤良方正、直言秀异、至孝廉等各一人，所考试的答策为上第者拜官为议郎，中第者为中郎，下第者为郎中。

石勒不仅在军事方面天赋卓绝，他还非常重视教育。虽然出身贫贱，幼时未能读书，但他懂得从历史中吸取知识，不识字，就叫儒生读《史记》《汉书》给他听，以此增加自己的政治经验。当读《汉书》时听到郦食其劝汉高帝把六国的后代立为王侯，高帝马上刻印，将要授予爵位，就大惊道：

◎《石勒听讲图》

① 《晋书·卷一百五·载记第五·石勒下》。

"这种做法会失去天下，怎能最终得到天下呢！"当听到张良劝阻高帝时，才松了一口气说："幸亏有这个人呀！"①攻取河北后，即在襄国"立大学，简明经，善书吏，署为文学掾，选将佐子弟三百人教之"。同时下令"郡国立官学，每郡置博士祭酒一人，弟子百五十人"。石勒更曾亲临官学，考核学生对文学经典的理解，成绩好的就获奖赏。

333 年，石勒病重，石勒患病逝世，享年六十岁，谥号明皇帝，庙号高祖，葬于高平陵。

"第一廉吏"程启南

程启南，字开之，号凤庵。明嘉靖四十一年（1562）生，武乡县信义村人。出身当地有名的书香世家，祖父程继孔，父亲程视箴，至程启南为十一世。信义程氏家规严明，家风纯正，以忠孝节义传家，以诗书礼乐为教。

程启南家学渊源，幼承庭训，博学工文。于万历二十九年（1601）中进士，次年授襄阳推官。襄阳成为他入仕后被外任的第一站。神宗皇帝昏庸无道，大遣内官，充矿监税使。太监出身的监税使，心理变态，手段毒辣，巧立名目，为取民财无所不用。许多百姓被逼得倾家荡产，不得不鬻儿卖女。亲眼目睹百姓苦难生活的程启南决心为百姓请命。他不顾官微职小，明确主张"税宜节，阉当撤"！同时，他旗帜鲜明地站在群众一边，带领当地人民与矿监税使做斗争，获得了当地人民的拥护与爱戴。后来，由于"随我来，杀税官"的抗税与反税监斗争席卷全国，慑于形势，神宗皇帝只好撤回派往各地的矿监税使。后来，襄阳百姓感念程启南的恩德，奉程启南"与羊叔子同祠"。

程启南为官清廉，性情刚直果断，不畏强权，敢于言事。万历三十八年（1610），他入朝任兵部武选司主事。在任期间，针对司衙中冗员过多，存在冒空名、吃空饷、领空俸；将帅设置过滥，庸碌无能，人浮于事，相互掣肘，办事效率低下等种种陈弊，直言上疏"三可虑"，并提出了"清冒滥、屏私人、简将

帅"等3项改革措施①。这道疏文大多被朝廷采纳，但却因触犯了许多当权者的利益而遭猛烈抵制。他们想搜寻程启南的过错加以弹劾，但由于程启南清廉公正，令他们无机可乘，只好不了了之。

万历四十一年（1613），程启南升兵部郎中，后在辅臣叶向高等人的推荐下迁山东济南道副使。上任后，山东正逢特大蝗灾，赤地千里，民不聊生。各级官府却无视民生疾苦，仍横征暴敛，对人民肆意剥削民众。程启南到任后，上疏朝廷，请求朝廷免除赋税，开仓赈灾。在他的再三上书下，朝廷终于允准，同时他组织当地百姓积极开展抗灾自救，在他的带领下，山东人民度过了灾荒，迅速恢复了生产。万历四十七年（1619）升参政；天启元年（1621）升按察使；天启二年（1622）朝廷考核天下官吏，"举卓异"，程启南被誉为"天下廉吏第一"②。迁任右布政使，不久转为左布政使，巡按山东。在任山东布政使期间，适逢妖人徐鸿儒作乱，遂"命历城令吴阿衡招白挺以歼之，逆愍叛党，如缚豕而槛送京师，有旨赐金币"③。程启南平匪患，保一方太平，不但得到朝廷的奖赏，也得到了当地人民的拥护和爱戴。天启三年（1623）他以"平妖人徐鸿儒之乱之功"迁升太常寺卿，奉调回京，

知识链接

羊叔子：本名羊祜（221—278），字叔子，兖州泰山郡南城县人。西晋时期杰出的战略家、政治家、文学家，曹魏上党太守羊衙之子，汉末才女蔡文姬的外甥。司马昭执掌曹魏朝权时，应征为中书侍郎，西晋建立后历任中军将军、尚书左仆射等职。后出任都督荆州诸军事，在任都督7年，识才用人，颇具战略眼光，并将其军事思想付诸具体的战备与怀柔政策中，对西晋的统一大业产生了深远影响。有"叔子独千载，名与汉江流"之说。

——《羊祜军事思想》

---

① 罗小丽：《"天下廉吏第一"程启南》，《支部建设》2020年第3期，第44—45页。
② 同上。
③ ［清］程康庄：《日课堂集》，卷一，文集，64，先王父资善大夫加工部尚书服俸管佐侍郎事程公行述。

当地人民"思恋不能已，为庙春秋奉祀，如在山南时"①。

然而此时正逢太监魏忠贤与天启皇帝的乳娘客氏狼狈为奸，结党谋私，霍乱朝纲。朝廷内外皆为阉党把持，魏忠贤所到之处，官民遮道伏首，高呼"九千岁"，许多忠直正派的重臣如杨涟、左光斗、魏大中、叶向高等相继为阉党所害。面对阉党的倒行逆施，程启南不顾杀身之祸，毅然"抗疏劾之"。多次上疏均被阉党扣压，面对阉党恐吓，启南毫无惧意，再次上疏，疏曰：

> 自古治乱荣辱之端，在所信任……今魏忠贤威移主上，蟠连禁闼，倪文焕、崔呈秀等党与摇唇膏吻而横于世……万璟杨涟坐掠重身死，魏大中、左光斗、赵南星又禁锢桎梏，坐法柱造赃款……臣愚以为，众正立，即朝之嘉祥；群枉至，即国之妖孽……臣愚，非徒抱寂寥之志，有不求闻达之涎也，臣实不欲同罢驴为群……稍勿程督，当放臣还山中。幸陛下裁察，无使臣困顿长安，终无所益。②

这次上疏惹恼了魏忠贤，程启南当即被罢官。天启七年（1627）八月，熹宗皇帝朱由校驾崩，其弟朱由检即位，改元崇祯，崇祯大肆剿灭阉党，起复忠正之士。崇祯二年（1629），程启南被重新启用，奉诏升任通政使；崇祯三年（1630）迁工部左侍郎，因办事干练，督建德陵有功，迁升工部尚书，加大司空服俸，"又诏赐黄金十斤，表裏二十端，例荫一子，固辞"。③

然而，本以为能大展宏图的程启南再次被他所衷心的王朝所打击，崇祯四年（1631）农历八月，崇祯皇帝任命太监张彝宪总理户、工两部，凌驾于尚书之上，大有阉党死灰复燃之势。程启南不欲与宦官寺人为伍，一再上疏请辞，曰：

---

① 民国《武乡县志》卷四《艺文》，第 433 页。
② ［清］程康庄，《日课堂集》，卷一，文集，64，先王父资善大夫加工部尚书服俸管佐侍郎事程公行述。
③ 民国《武乡县志》卷四《艺文》，第 433 页。

当逆党肆虐之时，臣濒死者已数矣，陛下不以臣不肖，拔臣内史晋臣司城，臣即碌碌未有报效，然考高祖止给内侍洒扫之役，故赵同参乘，袁盎寒心，乃陛下无人，独用彝宪监事，臣恐忠贤虽诛，而忠贤之类尚冀死灰复燃，不止羞朝廷，而辱当世之士也……①

连上十一疏后，程启南终获准告老还乡。致仕后，他回到故乡武乡，杜门谢客，绝意仕进，"长吏罕识其面"②。虽然他无心仕途，但却仍然关心民生疾苦。遇到"邑中灾侵及大繇役，即条列白大吏，为民请命不避怨谤"③。李自成义军攻占北京后，建立大顺王朝，听说了程启南的事迹，曾下旨请程启南出山，启南斥之曰"在魏党用事时吾不仕，贼揣我何心，岂以吾为惧死哉"，断然拒绝。此后为免受搅扰，程启南再次迁回老家信义故宅，修建了一座寨子，取名"双修寨"。程启南在寨中筑草亭数间，终日钻研《周易》以及各家医学专著，一旦有所得，便纂翰为文。先后著有《易宗圣录》《阴符解》《也足园集易时草》《医学纂要》《集贤录》《心著集解》等。

程启南教子甚严，不拘大小长幼，均要以节义仁慈简朴传家；无论贫富贵贱，均要以诗书礼乐为教。所以，子孙辈多有建树，世代为官，书香满门。清顺治七年（1650）十月，程启南晨起召集子孙族人，敛容曰："执易如苇，执化如毁，人生至促也。"之后"引族人就棋局，精采倍张。至日中反舍，跌坐良久，语不及私而卒"④，终年89岁。

程启南一生做事光明磊落，清正刚直，廉洁奉公，为民请命，不畏强权，大节凛然，为官三十年，处处留佳绩，广受民众爱戴，不愧为"天下廉吏第一"。

---

① ［清］程康庄，《日课堂集》，卷一，文集，64，先王父资善大夫加工部尚书服俸管佐侍郎事程公行述。
② 民国《武乡县志》卷四《艺文》，第433页。
③ 同上。
④ 同上书，第434页。

"铁面御史"魏光绪

魏光绪，字孟韬，号元白。明万历二十二年（1594）生于武乡魏家窑村的仕宦之家，父亲魏鳌，曾任香河、府谷县令。魏家在当地可以称得上是大族，魏光绪自幼聪颖好学，又受益于家学渊源，进学后，每次参加童子试，总是名冠诸生。

为潜心读书，13 岁时，他移居乡下，"帷攻苦绝，不问家人生产"，两耳不闻窗外事，一心只读圣贤书。19 岁时，他参加了由学使吴士奇在三立书院主持的乡试，考中第一名举人。次年，他在辛丑科考拿下"进士高等"的桂冠，被任命为行人平命使，"于役江右楚豫诸省"，到湖北、河南一带考察行勘，执行公务。按惯例，楚豫诸省的权贵，对到他们属地行勘的朝廷官员，都要赠送"金帛"，但刚正廉洁的魏光绪对官场的陋习深恶痛绝，对于当地权贵的礼物一概谢绝，行勘结束时，他将所勘之地的各种问题逐条上陈，事实清楚，切中时弊。

万历四十二年（1614）甲寅，因父亲魏鳌去世，魏光绪上书请归家丁父忧。他亲临督工造墓，在父亲墓前守丧整 6 年。

万历四十八年（1620），魏光绪丁父忧服满，奉诏回京，升任云南道御史。恰逢朝廷东西党争激烈，大多官员被迫卷入其中。但是，魏光绪从不参与党争，他上疏弹劾有劣迹的官员，从不避权贵，更不考虑他们的党派从属，因此朝堂上的大小官吏都对他十分敬畏，把他称为"铁面御史"。同年七月，万历去世，太子朱常洛登基后，在临朝廷议册封郑贵妃为太后一事时，遭到群臣的强烈反对。魏光绪更是连上抗疏 4 次，直陈此事虽为先帝遗命，但既无古例，更不合礼法，驳斥其为"临终乱命"。又言，"梃击"一案，郑贵妃嫌疑最大，怎能再拟册封太后！因魏光绪刚正不阿，不从属任何党派，新帝对他的疏议极为重视，加之朝臣反对呼声甚高，册封郑贵妃为太后一事最终作罢。

天启三年（1623），魏光绪补福建道，巡按山东。由于他一向清廉正直，不避权贵，执法如山，所到之处"墨吏望风解组者比比""声震海岳"，人们都拿他和大清官海瑞相提并论。他抚按山东时，正逢大盗徐鸿儒伏法授首的后一年，当时跟随徐鸿儒作乱的人都已隐伏，但山东官府内的一些当权者，仍主张继续将这些因生活所迫、随从作乱的老百姓斩尽杀绝。魏光绪在深入民间，了解详情后认为不妥，上疏力主招抚，使十万穷苦百姓免遭杀戮。他十分重视教育，在任期间给督学使颁正式文书，规定具体标准和程序，让他们在各级书院以考试和"庭辩"来鉴别学子的优劣，奖优罚劣，促使成才；他还屡次在任所拔取士子中的优秀人才，"裁冗补要，新陈代谢"，使山东的吏治为之一新。魏光绪勤于政事，又善于结合实际，革故鼎新，多有建树，在甲子科"列贤书"评比排列贤能官员的名次时，朝廷官员们都认为魏光绪应排名第一。后因拒绝阉党拉拢而为魏忠贤所忌，被"降级调外用"。①

崇祯元年（1628）魏忠贤倒台，魏光绪奉诏还京，巡视京营（卫戍部队），他严肃军纪，整顿军风，使京营"戎政一新"。不久，魏光绪晋秩少京兆，奉命主持科考。这期间，一权贵因儿子名落孙山，便大闹朝堂。魏光绪上疏弹劾，崇祯皇帝弄清真相后，降旨对这名权贵进行严斥，并指令刑部进行查处。

崇祯二年（1629）十月，努尔哈赤一度打到北京城下，京城戒严，魏光绪奉诏上战守方略，得到皇帝的嘉许。年底，他被升为太仆寺正卿。到任后，发现太仆寺所掌管的国家牧地多为大小权贵所圈占，他不惧权贵，据理力争，为国家争回牧地数万顷。同时，他设法筹集白银两万两用于采购西域良马，充作军用，装备京营骑兵，受到了崇祯皇帝的赞赏。

明朝末期，天灾人祸不断发生，阶级矛盾日益尖锐，农民起义席卷全国。崇祯登基以后，全国各地的农民起义彼伏此起。崇祯八年（1635），楚中农民起义，七府震动，朝廷派兵征剿无果，局势危急。群臣推举魏光绪赴楚平乱，魏光绪到任后，整肃军纪，激励士气，多方侦察，周密部署，屡出奇谋，最终将这支起义军的首领斩杀，平定了叛乱。但一波未平，一波又起，当地土司彭元景又在岳阳聚众起事，魏光绪巧施反间计，挑起义军内部火拼，趁机剿灭叛军。岳阳地区刚安定下来，他又得到情报，有人正策动十五府同日举旗造反。正在他疲于应对时，一支义军攻占了桂阳。朝廷中对魏光绪心存嫉妒的人便借此上书弹劾，于是朝廷将魏光绪罢免。

① 魏玉镜：《"铁面御史"魏光绪》，《文史月刊》2020年第9期，第34—37页。

他不仅在朝时尽忠职守，为国为民；在罢官归田后，他仍忧国忧民，多行义举，泽惠桑梓。罢官后，他回到了故乡武乡。其间武乡遭遇 3 次大灾。他设立慈幼局收容遗弃婴儿，设义冢，行医施药，救民于大灾之年。他还为家乡的百姓办了很多实事，武乡县历史记载最早的一项水利工程设施便是由他督造。此外，他筑城垣，修炮台，守土抗敌，为保境安民做出了很大贡献。如崇祯五年（1632），"流寇"经由襄垣直扑武乡县城，魏光绪亲自协助县令守城，并急调自己亲手提拔的权店守备营参守张一龙和百总孟克济率部前来解困。在此后一年内武乡境内又发生的几次激战中，他亲率子侄守土抗敌，保卫家乡。

魏光绪性喜为文，著述颇丰。崇祯十四年（1641），帝诏旧属还朝，他正修纂县志，未出，当朝廷重新起用他为"宣大总督"的诏书到达时，他却英年早逝，终年 48 岁。生前著有《抚楚奏议》《西台封事》《南华诂字通》《家乘带草楼诗稿》《潞水客谈》等。①

魏光绪才思敏捷，一生清正廉明，政绩卓越。他弱冠及第，刚正振朝，卓尔京楚，泽流桑梓，文流千古可以说是他的真实写照。明末清初山西著名的思想家、文学家、书画家傅山，为其撰写了《魏公墓表碑》，今存原墓地。

"清朝诗伯"程康庄

程康庄（1613—1679），字坦如，别号昆仑。生于武乡桐城（今信义村）的一个仕宦之家，是明工部尚书程启南的嫡孙，母亲魏氏聪明贤淑，很有见识。程康庄自幼就接受了良好的教育，加之天资聪颖，才气横溢，少有文名，"文坛老宿，交口推叹"。②

程康庄早年就学于明末山西最高学府——太原三立书院，时在崇祯九年（1636），山西提学佥事袁继咸，修复三立书院，择晋士之优秀者讲肄业其中，以应大比，傅山与程康庄俱在选拔之中。傅山时年三十岁，程康庄时年二十四岁，

---

① 王辅刚，胡苏平：《三晋史话·长治卷》，太原：山西人民出版社，2016 年。

② 《武乡县志·程康庄》。

相仿的年龄，便很快成为至友。在傅山先生和"伏阙讼冤"的感人壮举工程中，程康庄参与始终，并用诗词记录傅山的义举："吾党推奇节之士，后有青主前伯将。青主去救袁夫子，千金掷地神扬扬。抗疏共我见天庙，袁师乃得归故乡。"①崇祯九年（1636），程康庄以优异的成绩考取了拔贡。甲申之变后，程康庄先后撰文《甲申辞荐举书》《乙酉辞征赴选书》，以"父故也，况于三年之丧乎"为由，坚持拒绝举荐，将"唯愿许全初之志，庶几养日修夕，则残躯得以永托矣"作为易代之后的志向。这一切都表明程康庄心怀皇恩，忠于故国，且力图以遗民自居，并选择了乡村隐逸生活，坚决拒绝出仕。

顺治十一年（1654），程康庄以"山林隐逸"被山西巡抚保荐，被迫出仕。顺治十七年（1660），程康庄补江苏镇江府通判。江苏镇江府通判官位不高，仅仅是知府的副手，功能为辅助知府政务，分掌粮、盐、督捕等，品等为正六品。通判多半设立在边陲的地方，以弥补知府管辖不足之处。当时清政府政权初建，政局混乱，程康庄到任后，心系百姓，辅佐幕府，恩威并用，制定出一系列防止驻兵扰民的政策，一时间民怀兵慑，威震江浙。著名的史学家柳诒徵曾非常感慨地说："盖兵燹以后，府志未修，不第远事无徵，即乾嘉时之太守，名著史册者，亦不知其梗概，可慨也。"程康庄在镇江任职四年，在任期间他居官廉洁，勤于政事，兴办教育，保护古迹，在保存地方文化遗存方面贡献颇大。一次程康庄和好友张南溟、程苍孚、袁重其到北固山甘露寺山门前，看见寺的门榜上有"天下第一江山"六个大字，为宋淮东路总管延陵吴琚所书，被书法家董文敏称为"江南第一名榜"。他看到门榜上的六个字侵蚀严重，于是决定照原样刻到石壁上去永久保存。他邀请当时在镇江寓居的著名书法家宋射陵临摹吴琚的字迹，保持了原字的特点，达到了"原字双钩，惊鸾之美"的效果，之后又自己掏钱，请工匠将宋射陵临摹的吴琚字迹细心地刻到石壁上，为名城镇江保存了珍贵的"天下第一江山"石刻。从此，北固山就名正言顺地有了"天下第一江山"之称。

康熙六年（1667），程康庄调任安徽安庆府同知。十年（1671），程康庄奉诏

---

① ［清］程康庄著，李雪梅、李豫点校：《程昆仑先生诗文集》，太原：三晋出版社，2008年，第319页。

回京补官。后因前任牵连，迁任陕西省耀州知州。此时正值三藩叛乱时期，王虎臣叛军万余人来犯，程康庄亲自上阵，指挥筑城防守，经过几次血战将叛兵打退，为朝廷平定三藩作出了特殊的贡献，被图海称赞为"文武兼备的能吏"。康熙十四年（1675），程康庄赋闲返回武乡。

他中年入仕，为官清正，办事干练，颇有建树。与其祖父一般，每到一地，便受到官民的一致好评。程康庄不仅是一位能臣，更是一位学者，他与当时的名人陈大士、罗文止、杨子常等都有交往，诗歌唱酬。他以诗文著称于世，是著名的诗人、文学家，被誉为"清初四大家"之一。他素有文名，在江南时有"诗伯"之称。其词、诗、文章编入《四大家文选》，在《程昆仑别传》中这样记载："耀州之诗有《日课堂集》，而《诗钞小传》并遗之。予宰武乡，耀州六世孙林宗，出其家藏旧本，得以尽读，然散佚者亦不少矣。"据此，程康庄著作除今存之《日课堂集》外，散佚著作还有《诗钞小传》等。《日课堂集》由钱谦益、陈其年二人编选，分为古文、诗、诗余三部分，共收诗168首、文67篇、词43阕。其代表作除《日课堂集》外，还有《秋山红树阁诗集》《眷西堂集》等。康熙十八年（1679），程康庄因病去世，终年63岁。

"优秀党员"李逸三

李逸三，1906年11月1日生于武乡县故城镇北良村的一个中农家庭。1921年考入武乡县乙种农校，1924年乙种农校更名为县立师范学校，他受学校进步教师籍雨农的影响，在内心萌发了投身革命的信念。1925年4—5月，他带领进步学生罢课、闹学潮，要求县长高槐撤职顽固校长。同年7月，考入太原国民师范读书，适逢大革命高潮。1926年，加入国民党，第二学期，国民党成立工人部，担任太原市党部工人部长。

◎ 李逸三

1926年12月，北伐军占领武汉，正向河南进军。适逢黄埔军校招生，致力于投身中国革命的李逸三毅然投笔从戎，于1927年1

月只身到武汉，考入黄埔分校——武汉中央政治军事学校，成为黄埔五期生。黄埔五期生中，共产党员很多，许光达，程子华都是他的同学。求学期间，在身边共产党人的影响下，李逸三阅读了河上肇的《政治经济学》、波格达纳夫的《通俗资本论》，从此开始信仰马克思列宁主义。

1927 年 5 月 17 日，军校的学生改编为中央独立师，归叶挺指挥。同年 7 月下旬，武汉政府决定东征讨蒋，驰援南昌。李逸三随师部于 7 月底出发，8 月 2 日到达南昌，中央独立师改编为铁军军官教导团加入到起义队伍中，由叶剑英任团长，后沿赣江西侧经吉安、赣州、南雄，到达广州。

在斗争中，李逸三对共产主义的信仰也与日俱增，于 1927 年 12 月广州暴动前夕，加入中国共产党，成为武乡首位共产党员。12 月 11—13 日，李逸三参加了著名的广州起义，由叶剑英任团长的铁军军官教导团打出了"红军"旗号，称红军第四师，在战斗中，他头部中枪，大难不死。1930 年高沐鸿创作的小说《少年先锋》中的主人公就是以他为原型的。

1928 年，李逸三担任国民党薛岳四师十一旅准尉录事，做兵运工作，其间秘密组织了地下党支部，任支部书记，直属中央军委领导。1928 年夏，薛部返粤，他便返回上海参加中央流动训练班的培训。1929 年秋，中央军委派李逸三去宜昌和湘鄂西特委书记周逸群接头，曾任红六军秘书长和洪湖军事政治学校代理校长等职。

1930 年 12 月，李逸三去上海向党中央交党费，并汇报洪湖苏区的情况。在离开上海返回洪湖苏区途中时，被叛徒出卖，在湖北嘉鱼被国民党团防局拘留，处刑监禁 3 年，被关押在汉口伪武汉行营军人监狱中。1932 年春末，李逸三依令减刑释放，但他和党组织失去了联系，于 1932 年 10 月返回家乡。

李逸三回到武乡不久，就开始了党组织的建设工作，于同年冬创建武乡共产党第一支部。并与本村的贫雇农李尚文、李华英一起组织农村的反封建斗争，首先筹备组织抗债团，与封建地主、官僚资本进行斗争。1933 年春，李逸三为了进一步发展革命力量，在高沐鸿、武光汤等的倡议下，经县长吕日薪同意，在县城创办了《武乡周报》，进行反帝、反封建的宣传，进而传播革命思想，鼓舞群众斗志。同年夏，李逸三利用去县立师范讲课的机会向学生们宣传马克思列宁主义理论，并启发引导青年阅读进步书报，在武乡青年中播下了革命的火种。后来，这些学生大都走上了革命的道路。继《武乡周报》之后，李逸三又筹办了"武乡流通图书馆""武乡通讯社"等机构。"流通图书馆"内收有许多进步书刊，在团结教育青年知识分子及进步人士方面起了桥梁作用。可以说，李逸三是第一个在武乡这块土地上撒下革命火种的人。

这期间，李逸三为了与上级党组织取得联系，曾两次前往太原。1933 年 8 月第二次去太原时，终于与党组织取得了联系。随后，他向中共山西特委书记维公汇报了武乡县的情况，并请求在武乡建立党组织。

李逸三得到批准后，随即返回武乡，先后发展了史怀璧、赵瑞璧、武三友、程登瀛等人入党。同年 8 月 15 日，在县城（今故县）高沐鸿家西房正式成立中共武乡县委会，由李逸三任书记，赵瑞璧分管组织，史怀璧分管宣传。会议开了一上午，李逸三传达了太原工委指示后，大家讨论了当时的工作重心与县委同志的分工，李逸三和李尚文负责西区，史怀璧、武三友负责中区，赵瑞璧、程登瀛负责东区。后来，东区以窑头、中区以段村、西区以北良这 3 个村为中心，成立了 3 个党支部。从此，武乡党的组织就在农村中扎下了根，为太行根据地的建立做了必要的准备与铺垫，打下了良好的革命基础。

1933 年秋，李逸三借用"流通图书馆"的地址，召开了农民抗债团成立大会，大会推选雇工武三友为团长，贫农李尚文为副团长。同时，李逸三还组织了"共产主义青年团"，由王锦心负责。这时，县委、抗债团、共青团成为武乡党的 3 个地下活动机构。武乡党组织领导广大农民群众进行的抗债斗争，激起了统治阶级仇恨，土豪乡绅纷纷告状。1934 年春节，武乡县派出警察，半夜包围了李逸三住处，他不幸被捕，押到太原山西反省院，以他写的《二次世界大战》一书作为罪证，加上"宣传共产"的罪名，被判有期徒刑 6 年。

1937 年 3 月 8 日，李逸三串通狱中同难，绝食三日，要求释放，出狱抗日。同年 5 月 23 日，李逸三与同难 20 余人全部释放。出狱后，李逸三应邀去薄一波领导的军政训练班学习，后被党分配到国民兵军官教导第五团任二连政治指导员。1937 年秋，教五团开赴武乡，开辟抗日根据地，发动游击战争。教五团改编为决死队一纵队二总队，李逸三调三营为营教导员。1938 年春，日军对晋东南发动"九路围攻"，他随该部又开赴襄垣参战。同年夏，调任太岳区游击二团政治部主任。1939年春，调太岳区保安司令部任游击一支队支队长。1941年，调太岳军区政治部敌工部岳北区敌工站站长。1943年春，调太岳军区政治部敌工部任干事。1945年春，任命太岳军区政治部宣传部副部长代理部长。1946年，李逸三调到晋冀鲁豫中央局党校学习，三个月后，调人民日报社任编辑。1947年夏，调任北方大学文教学院党总支书记，兼任教务科长。1948年夏，北方大学和华北联大合并，成立华北大学，李逸三任二部党总支书记。[①]

中华人民共和国成立后，李逸三先后在中国人民大学、中国科学院工作。1966年"文化大革命"，李逸三被打为"反革命黑帮"，靠边站，接受审查，长达12年之久。这12年中，他潜心研究沁州方言、上党赤狄和汉语拼音方案。1979年平反后，他曾奉命到中国文字改革委员会帮助工作。

1980年春，在中共中央宣传部推荐下，国务院决定任命李逸三为国务院参事。1982年3月，由李逸三同志牵头经人民大学、北京大学、郑州大学等高校教师筹建的"中华社会大学"正式成立，并面向社会招生。1983年5月，李逸三又与几位志同道合者，筹建了朝阳科文大学，1984年3月，朝阳科文大学易名为"培黎职业大学"。

从1979年到1988年，李逸三同志用了近10年时间，为民办高等教育事业辛苦操劳，四处奔走。为表彰李逸三同志辛勤的工作，1989年，中华全国老龄委员会授予他"老有所为精英奖"；1990年6月28日，中共国务院办公厅机关委员会评选李逸三为"优秀党员"，同月29日，中共中央国家机关工委评选李逸三为"中央国家机关优秀共产党员"；1991年12月，中国关心下一代工作委员会评选李逸三为"全国关心下一代工作先进个人"。1992年6月、1994年7月、1996年1月，又三次被评为国务院办公厅机关"优秀共产党员"。[②]

2003年10月16日，李逸三同志在北京病逝，享年97岁。

---

① 《留得风范在人间——深切缅怀武乡党组织创始人李逸三》，家乡之音公众号，2018年6月24日。
② 同上。

"文化救国"高沐鸿

高沐鸿，乳名高福锁，曾用笔名高成均、劣者、马古等。1901年11月出生于武乡县城一个富裕的书香之家。家里种地收租、跑运输，家庭条件优渥，为他读书学习奠定了良好的经济条件。高沐鸿天资聪颖，幼时便能一口气背诵几十首古诗词，14岁考入县立高小，各科成绩优异，国文写作尤为出色，颇受本校老师喜爱。

1918年，他以优异成绩考入山西省立第一师范学校。课余时间，他便泡在"晋华书社"，阅读了《共产党宣言》《唯物史观浅说》《俄国革命纪实》等进步书籍，开阔了思想视野，为日后参加革命打下了思想基础。不久五四运动爆发，太原也掀起了反帝反封建浪潮，他在同校上学的同乡学长武灵初和堂兄高成哲的带领下，参加了声势浩大的示威游行。此后，在新文化、新文学的感召下，他与同校的张友渔、张磐石等文学青年，组织了"共进学社"，创办了《共鸣》杂志，宣传科学与民主等新思想，批判旧社会的黑暗。这一时期，他阅读了鲁迅、茅盾、郭沫若、郁达夫等新文化运动领袖的作品，五四新文学在他心里深深扎根。1922年，他在山西《教育杂志》发表了诗歌《新诗集》、小说《梦里的爱》、评论《文学略谈》等一系列作品，一颗文学新星开始冉冉升起。

1923年毕业后，高沐鸿被分配到太原师范附属小学当教师。次年8月，高长虹邀集高沐鸿、段复生及二弟高歌等6人，在太原成立"平民艺术团"，9月《狂飙》杂志在太原创刊，高沐鸿题写刊名，成为狂飙社核心成员。《狂飙》第二、三期合刊11月出版，由高沐鸿编辑。此后，高沐鸿就成了高长虹倡导的反帝反封建为宗旨的"狂飙"文艺活动的积极支持者。同年10月冯玉祥发动"北京政变"之后，高长虹未等刊物出版就去了北京，到北京后便去拜访了鲁迅。次年10月，鲁迅组织莽原社，出版《莽原》周刊，高长虹参加了《莽原》的组稿和编辑工作。在高长虹的邀请下，高沐鸿也在《莽原》上以"高成均"和"劣者"的笔名，发表了15篇反映青年人反对旧世界的杂文和散文、诗歌等。其中《力的缺乏》《城头》等都排在首篇位置，可见鲁迅对高沐鸿作品的看重。

1928 年，高沐鸿在高长虹的多次邀请下，离开太原前往上海，与高长虹、柯仲平、高歌等编辑《狂飙》周刊，出版狂飙丛书，把"狂飙"运动推向了高潮。1924 年到 1928 年 5 年间，高沐鸿在教学、编辑、社会活动之余，创作了大量作品，出版了诗集《天河》《夜风》，小说《红日》《狭的囚笼》等，这几年也成为他创作上的高峰，现代主义文学思想与方法，也成为他的坚定追求。

1929 年春，高沐鸿因病回到武乡老家，病情稍有好转，他又辗转绥远、太原等地，先后在绥远省立图书馆和山西青年图书馆给临时班带课以维持生计。其间，他创作了长篇小说《少年先锋》。这部书的原型即是他的同乡好友李逸三，该书出版后，对晋东南一带青少年产生了积极影响。1931 年九一八事变，抗战开始。从此时到 1949 年的 18 年间，高沐鸿全身心投入革命战争和农村斗争中，在文化、文艺战线做出了创造性工作。1932 年初，《山西民报》得到冯玉祥将军的资助，在高沐鸿的建议下，副刊停止刊载旧体诗词和章回小说，全部发表新文艺作品。[①] 此外，他们还在副刊上发表一些针砭时弊的短评，以唯物史观引导文艺创作。1933 年他再次回到武乡，与本县进步青年创办《武乡周报》，开始从事宣传革命、发动民众的工作。时任武乡县长的正是高沐鸿的老师吕日薪，他利用师生之情让吕题写了报头，并划拨了经费，使《武乡周报》取得了合法公开地位，为他们进行反帝反封建宣传、揭露地主豪绅的不法行为创造了舆论阵地。

同年 8 月，武乡地下共产党组织在高宅秘密成立。党组织的活动激怒了阎锡山当局，武乡被划为山西"四大赤县"之一，《武乡周报》亦被查封。反动当局于春节之夜逮捕了武乡首任地下县委书记李逸三和《武乡周报》社的武光汤、武骏图。当时刚好离开武乡的高沐鸿亦被通缉，他只好离开山西避居北平。

1936 年，他在北平参加了左翼文艺运动，并由同乡常芝青介绍，加入了中国共产党。不久后，他受党派遣回到太原配合牺盟会的抗日统一战线工作，推动山西文艺界抗日救亡运动。在党的安排下，他出任阎锡山政府理论委员会委员，负责动员文艺界进步人士，组织开辟党的宣传阵地。同年年底，《太原日报》创刊

---

① 夏明亮:《高沐鸿：战斗在太行山上的山西本土诗人》,《党史文汇》2016 年第 11 期, 第 41—44 页。

了《开展》周刊，高沐鸿任主编，该刊团结了王玉堂、赵树理等一大批进步文艺作者，经常组织发表现实性文艺作品，鼓动全民抗战。

1937年，他接受中共山西省委派遣，与徐子荣、王玉堂等到晋东南地区建抗日根据地。同年10月，他被任命为中共武乡县委委员，不久调任榆社县抗日县长。1938年2月初，他协助县委书记刘建勋组织当地军民配合部队粉碎日军对晋东南地区的"九路围攻"，做好了坚壁清野和支援军队的动员工作，受到了上级领导的嘉奖。1939年，根据地"文化教育界救国总会"成立，高沐鸿被选为主任兼驻会秘书，创办《文化哨》油印刊物，成为当时晋东南文化运动的前沿阵地。1939年5月1日，山西省牺盟会长治中心区创办了《黄河日报》，北方局调高沐鸿去任该报社长兼总编辑，同年"十二月事变"发生后，《黄河日报》社被蒋阎军队袭击，大部工作人员被绑架，《黄河日报》被迫停办。高沐鸿又回到晋东南"文救总会"主持工作，之后他又与王玉堂、王博习等创办了《文化动员》杂志。高沐鸿在《文化动员》上连载了他的长篇小说《遗毒记》，这部作品深刻地揭露了抗战现实中新型官僚们的丑态。李伯钊称其是"一部新的官场现形记……是我在敌后见到的第一部长篇小说"[①]。

百团大战后"文救总会"改称"太北文联"，机关迁至麻田，归太行区党委领导。1941年起，他改任太北文联主任，创办并主编《文艺杂志》，同时参加抗战宣传与农村运动。1949年7月，率太行文艺代表团，赴北京参加第一次全国文代会，当选全国文联委员。他通过小说《赵书记长》《网罗》《黑熊》《东山王》等，一步一步实现了从现代主义到现实主义的深刻转型。

1949年新中国成立后，高沐鸿在山西省第一次文代会上，当选首届文联主任，除抓好文联的各种活动外，他有时间写回忆录了。在此期间，他写出了《太行吟》《寄茶歌》《十二月之歌》等回忆性诗歌。1950年又调任山西省政府监察委员会副主任，1954年转任山西省委宣传部副部长，分管文艺工作。1957年反右运动中，他的多篇文章受到批判，被错划为右派。1966年"文革"开始，他于1970年全家"下放"武乡县，1978年他的冤案彻底平反。1979年在山西省政协

第二次会议上，被选为省政协副主席。1980 年 8 月 25 日，高沐鸿因病去世，享年 80 岁。这 30 年，他的人生命运曲折艰难，只有两部作品问世，一部是长篇小说《福福传》中的第一章《福福的动植园》，创作于 1962 年，发表在《火花》同年第八期。另一部是中篇小说《年轻的伴侣》，写的是新中国成立初的农村生活，在写法上兼容了现实主义与现代主义，艺术上有新的开拓。成稿后没有发表，一直到 1980 年去世前，才把遗稿托付家人，十年后才收入《高沐鸿诗文集》中出版。

高沐鸿是文学上的全才，在小说、诗歌、散文、文学评论方面，均有一定建树。他的散文随笔有 20 多篇，重要作品有《寄友》《烟火之气》《略话往事》《随军杂记》等；文学评论近 40 篇，代表作品有《序〈前线上〉》《论到中国的"民族精神"》《学习鲁迅先生》《几个问题的我见》等。诗歌总字数折合约 45 万字，代表作品有《天河》《夜风》《湖上曲》《太行吟》《寄茶歌》《黄河一澄清》等。他在小说创作上成果丰硕，短篇小说有《梦里的爱》《老人生涯》《网罗》等 15 篇，中篇小说有《狭的囚笼》《东山王》等 5 部，长篇小说有《红日》《少年先锋》，此外还有已经散失的《遗毒记》，共 3 部，总计 23 部（篇）。董大中评价道："无论是在太行山抗日根据地担负太行文联的领导工作，还是建国初期担任山西省文联主任，他在组织、推动山西省的文学创作上，都曾付出很大的心血，是不言自明，无须多说的。"①

本章问题探索

1. 试着探索本章介绍的人物之所以在各自领域取得突出成绩的原因。

2. 了解武乡还有哪些历史名人。

3. 试着整理自己家乡的历史名人及其故事。

4. 通过了解名人事迹与故事，学习武乡厚重的历史与璀璨的文化。

---

① 段崇轩:《从现代主义到现实主义的艰难历程——高沐鸿的小说创作及其他》,《黄河》2023 年第 2 期。

第二编

红色摇篮

太行腹地的八路军故乡

武乡是一座没有围墙的红色博物馆，举步皆是八路军文化。抗战时期，八路军总部五次进驻武乡，中共中央北方局、八路军第一二九师司令部、抗日军政大学等党的重要领导机关也曾长期驻扎武乡。武乡人民与八路军并肩战斗，先后有14600多名青壮年，自告奋勇参加了八路军，出现了父送子、妻送郎，兄弟相争上战场的动人景象。当时仅有13万余人口的武乡小县，就有2万余人为抗战献出了宝贵的生命，可以说武乡人民为中华民族的解放事业作出了巨大的牺牲和贡献。波澜壮阔的革命历史给武乡留下了丰富厚重的红色文化遗址与感人至深的红色革命故事。

本编以"太行腹地的八路军故乡"为专题进行编排，第一章从建党前的武乡、马克思主义在武乡的传播、革命先驱在武乡建立党组织、早期党组织的活动对武乡的革命基础做了梳理；第二章介绍了八路军战士在武乡这片红色热土上不屈不挠、英勇奋战，用生命与鲜血打赢的辉煌战役。

今天的武乡已是众所周知的红色圣地，而在一个世纪以前，它只是隐藏在太行深山中一座不起眼的小城，是什么带给了武乡这样的变化呢？本编作为一个专题，让我们跟着老一辈革命家的足迹走进武乡，了解武乡是如何从太行腹地的一个偏僻小城成为闻名全国的八路军故乡的。

第一章　星星火种　播撒希望

　　"农民头上三把刀，赋多、租重、利息高；穷人面前三条路，逃荒、要饭、坐监牢。"一首民谣唱不尽武乡人民在帝国主义、封建主义、官僚资本主义这三座大山压迫下的水深火热。一百多年前，古老的中华大地满目疮痍，民不聊生。十月革命一声炮响，为中国带来了信仰的火种，社会主义思想传入中国。随着五四运动的爆发，山西青年学生纷纷举行游行示威，积极投入到这一运动的洪流之中。在太原读书的武乡籍进步青年，纷纷返乡组织反帝反封建活动，宣传马克思主义与共产主义，在武乡组建党的早期组织，将革命的火种播撒武乡大地，掀开了武乡波澜壮阔的新的历史篇章。

第一节　建党前的武乡

地租，是地主阶级利用手中的土地，剥削农民的手段。主要有以下几种：（一）定额地租。其办法是订立契约，规定租额，不论丰年荒年，租额固定不变。佃农按夏秋两季交租，田赋和各种苛捐杂税都由佃农负担。一般每亩交3—4斗，有的甚至高达5—6斗。（二）份额地租。佃农租种地主土地，以每年的收成按一定比例交纳地租，一般不少于五成，有的多达七成以上。（三）认粮种地。地主拥有的薄地、赖地，其收成常不足交纳钱粮所需，却把钱粮负担转嫁到农民身上。（四）钱租。农民租种地主土地，以钱交租。在物价不稳定的情况下，该形式佃农所受的剥削最为严重。（《武乡县志》）

20世纪30年代，山西"土皇帝"阎锡山开始实行"新政"，在山西各县组建了"公道团"（又名"好人团"，是阎锡山为了防共反共在1934年成立的组织）。武乡也不例外，与此相对应，还设置了"官盐店""土货商店"等，垄断生活日用品，进一步加剧了对农民的经济剥削与掠夺。阎锡山政府出台了明文规定：凡家资不到500银洋者，不能担任村长一职。在反动政府"钱粮""地租""徭役"以及"神社"等多种苛捐杂税的盘剥下，农民的负担一年比一年重。此外，地主还以"地租"与"高利贷"等形式对农民进行压榨。

农民既要负担各种苛捐杂税，还要向地主交租，稍有天灾致使收成不好便无法维持生计，而不得不向地主借贷，忍受更加残酷的"高利贷"的盘剥。高利贷形式多样，其中以"驴打滚""憋舀纸"最为常见。"驴打滚"是一年利高于本，本加利息翻一番，正如民间所流传的"本加利，利加本，一年来个驴打滚"。"憋囵纸"，即农民向地主借债时，必须先写好契约，指定以某块土地作抵押，一般以一年为限，清债废约，如到期还不清，土地即归地主所有。

地主阶级通过高租重利，大量兼并农民土地，逐渐形成了"四大家，八小家，七十二个圪撑家"的大中小地主阶级统治网。据 1935 年当地政府统计，当时武乡总人口约 13 万，占人口总数 5% 的地主、富农，却拥有耕地总面积的一半以上，且其中大多数土地为上等地；而占农村人口 76% 的广大贫农，占地却不足 30%，还都是偏僻薄地①。

在这种土地高度集中的情况下，农民被迫租种地主的田地，承受着高租高息的严酷剥削，再加上各级官员的层层剥削，使武乡县的农村经济陷入了困境，很多贫困的农民被迫典妻卖子，背井离乡，在饥荒中苟延残喘。饱受压迫与剥削的武乡人民，由于遭压迫极重，受苦难极深，因而极富斗争性。可以说，当时的武乡就像是一个火药桶，只需要一个小小的火星便会被引燃爆炸。那么，点燃武乡人民革命热情的火种源自何方呢？

知识 › 贴士

"四大家"（南沟郝泉香、大有裴会宝、赵家庄赵太和、下北漳李林春）占有的土地达 2 万余亩。四大家之一的裴会宝占有土地 9000 多亩，是武乡地主中占有土地最多的一家。大地主兼官僚资本家郝泉香，则是全县巨富之首，除占有土地 4500 亩外，还开着当铺和其他买卖商行，对农民进行多方盘剥。"八小家"（东村段雨田、岸北黄林忠、高台寺苗泽青、茅庄白士良、圪嘴头郝培兰、监漳暴来庆、韩壁魏筱山、吴村李久华）分别拥有土地几百亩到上千亩。"七十二个圪撑家"（家中拥有一定数量的土地、资产的富户）也都是一村或一片的统治者，占有大量土地。（《武乡县志》）

---

① 中共武乡县委党史研究室编：《中国共产党武乡简史（1933—1949）》，太原：山西古籍出版社，2000 年，第 7 页。

第二节　五四运动播撒火种

1919 年 5 月，五四运动在北京爆发，推动了全国人民的觉醒，揭开了全民族进行彻底的反帝反封建斗争的序幕。此时，在太原省立第一师范求学的武灵初、高成哲等武乡籍进步青年，参加了声援北京学生的罢课运动。此后，武灵初、高成哲等人参加了由高君宇（山西最早的共产党员）所创办的太原社会主义青年团，是山西省最早的一批青年团成员。在高君宇的影响下，武灵初开始接受并学习马克思列宁主义，后任学生纠察队队长，并在组织学生运动中得到了磨炼。1921 年 6 月，以武灵初、高成哲为代表的一批武乡进步青年回到家乡，在县立师范和高小等学校进行反帝反封建宣传。在他们的宣传影响下，县立师范进步师生开展了轰轰烈烈的学潮运动，并组织起"提灯会"，在县城、段村等集镇往返游行，他们高呼"打倒日本帝国主义""抵制日货，发展民族工商业"等口号，号召大家团结起来抵制日货，说服家人不买、不用日货，动员各地商贩销毁日货。这场由进步师生发起的反帝反封建运动，冲击了武乡的封建势力与帝国主义势力，促进了民众的觉醒。在运动高涨的同时，在外求学的武乡籍进步青年，如王玉堂、段若宗、段宏绪、武华、魏玉田、李廷枢、李晔、赵圭璧等，纷纷在学校加入了共产党或党的外围组织——社联、反帝大同盟等。他们经常用邮寄革命书报等办法给本县进步力量宣传马克思主义、共产主义思想。

当时，武乡流传的进步书刊有《新青年》《苏俄的真相》《青年的信仰》等，这些传播马克思主义思潮的书刊，开阔了青年人的思想，有力地促进了武乡革命运动的开展，武乡的民主进步组织开始像雨后春笋般不断建立。比较有代表性的有"共进学社""星光社""公民会"。他们创办《共鸣》《星光月刊》等刊物，宣传民主思想、马克思主义思潮，抨击封建礼教，揭露和批驳当权的土豪劣绅，组

◎《新青年》杂志

织动员进步青年、群众与当地封建反动势力展开斗争。如李誉甫、武光汤等带领当地小学教员申请加薪而罢课40余天，迫使县府给全县小学教员加薪一倍。1931年冬天，阎（锡山）冯（玉祥）倒蒋失败，冯玉祥部有一队官兵退驻武乡，全县兵差繁重，贪官劣绅乘机贪污勒索。县长张扬祚以资军为由，贪污肥己，大饱私囊。张扬祚的罪恶行径，引起了全县人民的公愤。武光汤、赵益三、魏玉田等，组织全县进步人士成立清算委员会，发动了清算差务账目、驱逐张扬祚的斗争。由于大家同心协力，斗争一直坚持到年关，省府迫于压力不得不将张扬祚撤职。由青年学生和进步人士发起的几场斗争，冲击了当地封建势力的统治，增强了进步势力的斗争信心，为武乡地下党的创建打下了坚实的群众基础。

☯ 第三节　早期党组织的建立

20 世纪 30 年代初，在武乡民主势力向封建势力发起冲击的同时，李逸三等一批共产党员和进步青年，秘密传播马克思列宁主义，积极筹建、发展武乡地下共产党组织。

1932 年 5 月，武乡首位共产党员李逸三因联系人浦秀文牺牲，与党组织失去联系，于同年 10 月返回武乡北良村，以小学教员的身份为掩护，开始领导本县群众斗争和建立党组织的工作。

1933 年初，李逸三受高沐鸿邀请到武乡师范学校讲演。李逸三的讲演得到该校校长王卢琴的支持，启发了广大学生的思想觉悟，使同学们第一次受到关于中国社会性质与革命前途的教育。1933 年 3 月，高沐鸿为了把武乡革命发动起来，与武光汤商议，请示县长吕日新同意拨出经费，在县城创办了武乡周报社。社长武光汤，编辑为李逸三、武骏图，缮写史怀璧。《武乡周报》采取公开合法的形式，于 1933 年 5 月正式出版，进行反帝、反封建、反官僚的宣传，传播革命思想，鼓舞群众斗志。6 月间，李逸三以"时午"为笔名撰写了《第二次世界大战》一书，由周报社出版。书中宣传了第三国际关于世界人民革命的理论，阐述了第二次世界大战必然爆发的原因及革命的伟大前途等。这本小册子共印 300 多册，不到一个月就全部售完。

继创办《武乡周报》之后，高沐鸿又充分利用"武乡流通图书馆"，开展革命活动。"武乡流通图书馆"是在大革命时，由籍雨农等人成立的，有固定经费，图书管理员是武骏图。高沐鸿还经常组织在校学生和乡村小学教员到图书馆学习，把青年知识分子和进步人士紧紧团结在了党组织的周围。

1933 年夏，武乡籍留并学生赵益三（于林）、魏玉田、魏煜等由太原返县。

他们经县政府批准，在县城举办了"暑期小学教员讲习会"，聘请太原国民师范学校和成成中学的进步教师于怡青、李曙放讲授《教育学》《现代思潮》，而实际内容则是宣传辩证唯物主义和抗日救国思想。之后，赵益三、李逸三、史怀璧、赵瑞璧（赵向荣）等人，发起组织了"现代思潮研究会"。他们在全县各地分片进行活动，宣传马克思列宁主义，为地下党的建立做准备。

在传播马克思列宁主义的同时，李逸三有计划地发展进步青年加入中国共产党，筹备建立党组织工作。1933年6月间，李逸三首先介绍史怀璧入党。8月初，李逸三到太原，经段若宗、赵益三联系，同中共山西特委接通关系，详细汇报了武乡党的工作情况。中共山西特委书记维公随即指示其在武乡建立县委领导机构。李逸三返乡后，又先后发展赵瑞璧、程登瀛（程容）、武三友等人入党。8月上旬，根据中共山西特委的指示，李逸三、史怀璧、赵瑞璧、武三友、程登瀛等5人进行了宣誓，同时在县城高沐鸿宅内西屋召开秘密会议，正式成立了县委领导机构——中共武乡县委员会。会议由李逸三主持，确定了参加会议的5人为县委委员。李逸三任书记，史怀璧任副书记兼宣传委员，赵瑞璧任组织委员，武三友负责"抗债团"工作，程登瀛负责青年运动工作。会议作出了四项决定：（一）积极发展党组织，主要从"抗债团"的积极分子中选择对象。（二）编印党内刊物《上党红花》，加强对党员的思想教育。（三）加强对"抗债团"的领导，大力开展群众性的"五抗"（抗租、抗粮、抗债、抗税、抗丁）工作。（四）把全县划分为东、中、西3个党的中心活动区。在县委成立的同时，李逸三、史怀璧等就着手组建了3个中心支部，即，中共武乡县东区支部（亦称窑头支部），负责领导武东地区党的活动，支部书记程登瀛（后为李福元）；中共武乡县中区支部（亦称段村支部），负责领导中部地区党的活动，支部书记武三友；中共武乡县西区支部（亦称北良支部），负责领导西部地区党的活动，支部书记李尚文。中区的段村镇是比较繁华的集镇，阶级成分复杂，贫苦农民受剥削、受压迫最深，斗争意志最坚决。史怀璧、武三友在中区先后发展了魏怀德、史怀庆和山阳垴村一个雇工（积极分子）为中共党员。西区北良村的贫苦农民和佃农也因受李逸三、程登瀛、赵瑞璧等人革命思想影响，纷纷参加革命。在东区的窑头村担任小学教员的赵瑞璧、程登瀛等，受进步思潮的影响，逐渐走上革命道路。他们在峪口、型村、窑头、堰坡、下司等村的贫雇农中进行秘密联络，发动贫雇农有组织地同"官盐店"展开斗争。通过斗争，提高了他们的政治觉悟，使这一带逐步成为武乡东部斗争的活跃地区。因此，各支部成立后，在贫雇农中秘密发展党员，先后发展30余人。[①] 各农村基层党支部的建立，使党组织在农村站稳了脚跟，为更好地动员农民群众、组织农民群众、凝聚农民群众进行反帝反封建斗争，奠定了良好的组织基础。

地下党组织的建立，是武乡开天辟地的一件大事。党组织建立后，就积极发动群众，开展了轰轰烈烈的民主革命运动，武乡大地上出现了新的曙光。

---

① 中共武乡县委党史研究室编:《中国共产党武乡简史（1933—1949)》，太原：山西古籍出版社，2000 年，第 17—18 页。

第四节 党领导的"五抗"运动

　　1933年初秋，根据中共山西特委的指示，武乡农民"抗债团"成立大会在县城（今故县村）"流通图书馆"秘密召开。出席会议的有李逸三、高沐鸿、武光汤、史怀璧、武三友、武贵同、王锦心、李福元、李尚文等10人。会议选举武三友为"抗债团"团长，李尚文为副团长。"抗债团"成立后，印发了《晋东南抗债团宣言》。中共武乡县委下设的东区、中区、西区3个中心支部，都加强了对各个乡村抗债团员的领导，组织发动了以抗债、抗租、抗粮、抗税、抗丁为中心的农民"五抗"运动。"农民抗债团"的建立，受到民众的积极响应与支持。经过秘密发展，抗债团员很快增加到200余人。他们边宣传、边发动，使"五抗"运动如火如荼地开展起来。"抗债团"最初的活动，主要是散发传单、制造舆论，以此来发动群众，扩大影响，进而动摇封建地主阶级的统治。为此，3个中心支部作了具体部署：东区支部负责墨镫至县城这段村庄，中区支部负责县城以西、坡底以东的地段，西区支部负责坡底以西、分水岭以东地段[1]。抗债团员在各中心支部的具体部署下分头行动，在武乡的故城、段村、蟠龙、洪水等村镇贴满了传单，传单的内容是："年成坏，不还债""穷人没衣穿，没饭吃，哪有钱还债""穷人团结起来，打死恶霸地主不顶命""共产党来了，地主寿命不长了"等。这次宣传活动，起到了威慑地主阶级，进一步唤起民众的巨大作用。

　　随着斗争的深入开展，"抗债团"进一步组织群众，展开了多种形式的斗争。他们从团员中选拔出一批忠实勇敢、身强力壮的人员组成硬抗队，专门对付那些

---

① 中共武乡县委党史研究室编：《中国共产党武乡简史（1933—1949）》，太原：山西古籍出版社，2000年，第21页。

反动透顶的劣绅土豪。下北漳村地主李林春，外号"活阎王"，谁欠了他的债，他就将谁逼上死路。一次，他到窑上沟村向煤矿工人逼债，被埋伏在路旁的东区"抗债团"硬抗队队员王中秀痛打一顿。西区"抗债团"成立后就宣称："若不摧垮地主债，群众就要受大害。"岸北村地主黄林忠，听到"抗债团"的口号，便不敢再借故敲诈勒索。广大农民有"抗债团"撑腰，对所欠债务，迟迟不交，当年冬季就抗退县城恶霸地主范希云的地租 1350 多公斤和赵太和的高息 1000 多元。在此情况下，地主豪绅惶恐不安，纷纷向县长吕日薪告状，吕日薪也惧怕"抗债团"的力量，表示无能为力。此后，不少地主慑于"抗债团"的威势，停止了收租逼债，从而大大减轻了贫苦农民的经济压力，"抗债团"初步取得了胜利。

为了便于活动，县委决定，利用社会上原有的社团公开合法的形式，掩护党领导下的"抗债团"活动。东区支部魏名扬、西区支部李尚文都组织了拳房，以合法的形式，掩护地下斗争。1934 年腊月，在县委的指示下，"抗债团"粉碎了旧政府假选举的阴谋。如段村欺压乡民的旧村长武志承就落选了，而让具有进步思想的武子会当选为村长，农民群众对此十分满意。武乡农民开展的"五抗"运动，是在党的领导下，学习苏区农民运动的经验的产物，它沉重地打击了地主阶级，大大鼓舞了人民群众的意志，有力地推动了附近各县农民运动的开展，为后来开创抗日根据地，实行减租减息，奠定了坚实的基础。

◎ 第五节　在挫折中艰难发展

第一次严重挫折

党组织领导下的"五抗"运动，损害了地主阶级、封建官僚的利益，引起了当地官府与大地主仇视。与此同时，《武乡周报》不断揭露旧社会的黑暗和地主、豪绅对农民的欺凌，亦让反动势力内心恐惧。于是，当地地主、豪绅纷纷向国民党反动当局进行控告。1933 年 11 月，北京国民党宪兵三团从被捕入狱的武乡旅京学生武华、李晔的住处搜出了《武乡周报》，当即便通报了阎锡山政府。因此，山西反动当局将武乡划为全省"四大赤县"之一。这期间，宪兵团又得到李逸三所撰写的《第二次世界大战》一书，并交由县公安局局长作为罪证，带往太原呈送国民党山西省反省院院长武誓彭，一场针对共产党人的阴谋就此展开。

1934 年农历正月的一个夜晚，县公安局派出警察，连夜赶到李逸三的家乡北良村，偷偷包围了李逸三的院落。次日凌晨，巡检带着警察，冲进李逸三的住宅，把他抓到县政府。同日，武光汤和武骏图也相继被捕。与此同时，反动政府还对高沐鸿下了通缉令。此时，高沐鸿早已离开武乡，史怀璧因受党组织所托前往沁县接转组织关系而躲过一劫。正月十六，武乡第一高小进步教师李嘉树、史稽古告诉学生："要提高警惕，有些秘密文件及刊物，该烧掉的就烧掉。"当天晚上，学生史亚夫、张超等 4 人，发现东城墙上有巡官在抓捕进步青年，史亚夫请假逃脱，张超则被巡官抓走关押。

此后，《武乡周报》"流通图书馆""印刷合作社"均被查封。李逸三、武光汤等党组织的领导人被捕后，在敌人的严刑拷打之下，坚贞不屈，展现了共产党员大无畏的英雄气概与对革命的矢志不渝。当史怀璧、武三友到监狱探望李逸三时，他暗示同志们要加强隐蔽，坚持斗争。后来，李逸三被押到太原法院，因《第二次世界大战》一书被冠以"宣传共产"的罪名，判监禁 6 年，开始被关押在山西省第一监狱，后转到国民党山西省反省院。反动政府对共产党人与进步青年的大肆搜捕，使武乡党组织遭到第一次严重破坏，党的基层组织转入更隐蔽的农村坚持活动。

为加强保密，当时与上级组织的联系为单线联系，联系人只有李逸三知道。李逸三被捕后，武乡县委便失去了与山西特委的联系，加之主要领导人被捕，县城党组织一度陷入停摆状态。党的骨干、积极分子非常焦急，为同上级取得联系，赵瑞璧多次赴太原寻找上级组织。初秋的一天，赵瑞璧终于与中共山西工委取得联系，工委当即指示：（一）由赵瑞璧负责领导武乡党的工作；（二）整顿党和"抗债团"的组织；（三）利用合法形式进行斗争，隐蔽党、团组织；（四）由武乡派出交通员，重建联络办法和联络地址。赵瑞璧带着省工委的指示回到武乡后，由赵瑞璧、程登瀛、武三友组成中共武乡县委，赵瑞璧任书记。县委重新与全县三个地区的基层党组织取得联系，并首先在组织上进行了审查，清洗了一些动摇分子，恢复了党的活动，决定由李丙全作为县委地下交通员，接替魏名扬参加东区党支部的领导。经过整顿和教育，纠正了过去过分暴露、斗争激烈等"左"的冒险倾向，党员的思想觉悟有了提高，对利用合法斗争的必要性、重要性也有了一定的认识。这样，武乡党组织的工作又走上了正轨。

南神山庙会重振旗鼓

1935 年农历三月廿四，适逢当地一年一度的南神山庙会，外来人口较平日增加，人员混杂，党组织抓住这一时机，在一密林中选定会址，召开了秘密会议。到会的有赵瑞璧、李丙全、王锦心、魏怀德、李福元、程登瀛、武寿彭。武三友因事未能参加，派李旭参加会议。会议主要讨论了如何加强斗争和党的活动方式等问题，并作出了四项决定：（一）加强对全县群众性武术活动的领导，扩充这方面的人员，发展党组织，为将来创建党的游击武装奠定基础；（二）派魏怀德打入县公安局，分化瓦解其公安人员，获取敌人内部情报；（三）党的活动方式，要隔断横的关系，采取单线联系；（四）加强对党员和抗债团员的教育，要求必须严守党的纪律，保守党的机密。这次会议在武乡县建党史上具有重要的历史意义。南神山会议之后，武乡各区支部迅速开展工作。当时，阎锡山政府为了防止共产党活动，禁止群众集会。因武乡素有尚武之风，党组织就着手组织国术团，以学拳练武打"国术"作掩护，发展革命骨干，进而在这些骨干中吸收党员，成立党支部。在东区，魏名扬、王占鳌、郝得胜、李德盘、刘靖国、李五孩、王中秀、梁毓台等到处奔波，很快在 20 多个村庄成立了以党员和抗债团员为骨干的国术团，许多山庄窝铺也建起了拳房，发展成员数百人之多。枣烟魏名扬、贾豁刘靖国、上司新庄赵林田等国术团员，经常活动在贾豁、大有、北岭一带。凡有庙会的地方，都有国术团的活动，一时国术团名声大振。因国术团成员绝大多数是贫苦农民，又有大刀、长矛在手，故使当地不仁富户地主闻风丧胆，不敢再过分欺压百姓。

东区支部除组织国术团团员向封建地主展开斗争外，还在斗争骨干中物色对象，秘密介绍其加入党的组织。如程登瀛在窑头村任小学教员时，积极培养进步青年加入党组织，他发展的第一个党员是窑头村的李福元，之后还有峪口村的王苟丑、王马孩、王黑丑，枣烟村的魏名扬等人。当时的农村斗争骨干一般都是先参加"抗债团"，后再经介绍加入党组织。对这些斗争骨干，组织采取个别谈话的方式，向他们阐述中国共产党的政治主张，讲解只有共产党才是劳苦大众的出路等道理。在魏名扬等人的宣传影响下，多数人愿意跟着他们一起去投奔共产党。如李峪垴村的姜书祯（姜一）由于家业破产，生活困难，上高小不到一年就辍学回家劳动。1933 年冬，魏名扬来到李峪垴教练拳术，住在姜书祯家中，经常给姜和他们村的青年讲述苏联是社会主义国家，那里没有剥削和压迫；在中国，共产党领导民众也要建立那样的社会。以此启发他们的阶级意识，提高他们的阶级觉悟，增强他们的斗争意志，并介绍李宏胜、姜天明等加入了党组织。同时在当地组织了"抗债团"，吸收姜书祯加入"抗债团"。到 1935 年秋，介绍姜书祯加入了党组织。运用类似的方法，东区党员人数迅速增加，党支部也逐渐建立。到 1935 年底，东区支部共发展了 16 个村支部。如峪口村当时是中心支部，组织健全，支部书记王马孩，组织委员赵全孩，宣传委员王用予，还有枣烟、大有、贾豁等村也都建立了村党支部。全县农村党支部发展到 21 个。[①]农村党支部的迅速发展，使党组织深入到广大群众中间，对于发动群众，开展反封建、反贪官斗争起到了领导作用。但是由于当时发展党员带有一定的盲目性，致使一些党员党性不强，带来了一些消极的后果。

除国术团活动以外，党在农村的工作主要是领导群众性的抗债、抗租。武东的反"官盐店"斗争，多是经济方面的斗争，还处于低级阶段。党的工作任务是：团结周围群众同阶级敌人进行说理斗争。这在当时有个明显特点，即党员、群众"众口一词"。武东的反"官盐店"斗争，就是组织农民从太谷、榆次挑些硝盐沿村换卖，以解决农民吃盐难的问题。后来硝盐也来不了，武东农民就在地下党的领导下，组织"淡饭会"，干脆不买"官盐店"的食盐。因为食盐关系到千家万户的生活，尤其是贫苦农民受"官盐店"的欺压与剥削，生活苦不堪言，所以，县委一提出组织"淡饭会"，很快群众就被发动起来。"官盐店"生了疑心，就在群众中或对卖小盐的人进行追查、扣押、罚款。党组织就针锋相对，动员群众，同查盐者说理，迫使官方妥协。斗争虽然处于低级阶段，但是每一次斗争的胜利，都对群众鼓舞很大。

1936 年 2 月，红军东征，从军事上和政治上开始把阎锡山逼迫到进退维谷的深刻矛盾境地，是"降日"还是"抗日"，"反共"还是"联共"，这个极其尖锐的"怎么办"的问题向阎锡山敲起门来，又进而驱使他不得不考虑改弦更张，以设法从共产党身上寻找新的政治出路。当时，阎锡山强迫农民成立"防共保卫团"，给武乡派来一个"防共团"大队，分 8 个连，分散到洪水、蟠龙、段村、故城等镇，迫使村村"联防会哨"，加紧对革命力量的武力镇压，形势十分严峻。在此情况下，党组织按照南神山会议精神，隔断了横向联系，采取单线领导，隐藏了文书蜡版及一切文件，并对党员加强了气节教育。由于党组织的重点在东区的窑头、峪口一带，东区支部书记程登瀛在峪口河神庙同地下党员魏名扬谈话，

---

① 中共武乡县委党史研究室编：《中国共产党武乡简史（1933—1949）》，太原：山西古籍出版社，2000 年，第 28 页。

让他注意隐蔽，保存有生力量。为了掩护党的活动，程登瀛还要求魏名扬挑选一些机智勇敢的党员打入"防共团"，及时探听敌人的消息，操纵敌人的武装，维护党和群众的利益。这次谈话之后，魏名扬首先将所有的党内文件都装在铁筒里埋入地下。当时，"防共团"的发展原则是：富人当兵，穷人出钱，家里有50亩地者才能加入。但富人不愿当兵，便雇人顶替。于是，魏名扬利用这一机会，分别到贾豁、窑上沟等地进行串联活动，选择可靠的党员，主动顶替地主、富农去参加"防共团"，掩护党的活动。在党活动的重点地区，群众基本上是在党的领导之下。窑头等村还派人秘密站岗放哨，准备以软硬两手，对付国民党的突然袭击。在大家的努力下，党的组织日趋壮大。

党组织第二次遭到破坏

在党的工作开创新的局面之时，武乡党组织第二次遭到破坏。

1935年底，在太原读书的武乡进步学生武楚将他的同学侯昌龄介绍到段村武梦玉处，因侯昌龄来段村后并未联系中共山西工委，故党组织未与他发生联系。但是段村支部个别领导被骗失密，暴露了部分党组织的机密[①]。侯昌龄回太原即向阎锡山当局告密，致使武乡的党组织再次遭破坏。1936年2月，西区支部的李丙全、任丑儿，中区的魏富锁，打入公安局的魏怀德，东区的赵瑞璧5名党员被捕。程登瀛、武三友迅速外逃，并通知各支部党员外出，避开了敌人的追捕。武三友潜入石家庄，程登瀛经石家庄奔北平与高沐鸿、赵硕宾（山西榆次人，当时是北平新闻学校学生，共产党员）一起参加了西安事变，后一直在外地工作。赵瑞璧等5人被捕后，先后被押送太原审讯，但敌人因未获任何证据，只好以嫌疑犯名义将其关押。魏怀德、魏富锁通过社会关系，取保释放。

党组织第二次被破坏，损失惨重。值得庆幸的是，此次事件是由山西防共委员会责令武乡官方采取行动，而山西防共委员会并不知其他基层党支部的情况，

---

① 中共武乡县委党史研究室编：《中国共产党武乡简史（1933—1949）》，太原：山西古籍出版社，2000年，第31页。

故除段村支部外，别的支部未遭破坏。

虽然遭受两次重大挫折，但是武乡的革命力量并未被摧垮。他们在总结了经验教训之后，将工作重心转入农村，不断积蓄力量，壮大自己的队伍，以新的斗争方式，进行着不屈不挠的斗争。东区支部党员打入"防共团"之后，便以耍拳练武、混弟兄结朋友为掩护，保护党的组织，并且利用防共团员的身份，掌握敌人的情报，保护党和群众的利益。

本章问题探索

1. 武乡的党组织能够发展起来的原因？

2. 武乡的党组织是如何发展起来的？

3. 武乡党组织为何会两次遭到重大破坏？

4. 为什么说武乡群众极具革命性和斗争性？

第二章 浴血奋战 保家卫国

"风在吼，马在叫，黄河在咆哮，黄河在咆哮，河西山冈万丈高，河东河北高粱熟了。万山丛中，抗日英雄真不少！青纱帐里，游击健儿逞英豪！"

80多年前，在中华民族生死存亡的危急关头，这首激情澎湃、斗志昂扬的歌曲在黄河边上奔涌而出，无数中华儿女在党的领导下，高唱《保卫黄河》，斗志昂扬地奔赴抗击侵略的最前线，奋勇争先、浴血杀敌。一句"青纱帐里，游击健儿逞英豪"仿佛把我们带回了那个战火纷飞的岁月。1940年8月20日，八路军利用联袂而至的雨季和青纱帐，在贯通晋冀的交通命脉正太路实施百团大战，抗日健儿在5000里敌后战场全线出击，粉碎了日军的"囚笼政策"，牵制了日军大量兵力，打击了日军的侵略气焰，鼓舞了中国人民的抗战斗志。而这场在我国抗日战争史上写下光辉一页的百团大战的指挥部，正是武乡县蟠龙镇砖壁村。

❂ 第一节　长乐急袭战

　　晋冀豫抗日根据地以太行山为依托，西起同蒲铁路，东至平汉铁路，北接正太铁路，南临黄河北岸。晋冀豫抗日根据地的创建和游击战争的全面展开，对日军造成很大威胁。1938 年 3 月，八路军第一二九师通过截获的日军一系列资料分析，敌人准备发动一次大行动，其中一份资料明确标出了"4 月上旬有较大攻击"的企图，其目标是寻找八路军总部及一二九师主力。收到一二九师发的加急电报后，3 月 24 日至 28 日，八路军总部在沁县小东岭召开了国民革命军第二战区东路军将领会议，作出"以一部兵力牵制各路进攻之敌，集中主力相机破其一路"的决定。果然，1938 年 4 月 4 日，日军以第一〇八师团为主力的 3 万余人，由同蒲路之洪洞、太谷、榆次，正太路之平定，平汉路之高邑、邢台，邯长大道上的涉县、长治，以及临屯公路上的屯留等地出发，分九路向八路军根据地扑来，准备对我晋东南根据地发动大规模围攻，史称"九路围攻"。

　　朱德与彭德怀立即致电左权、刘伯承：曾（万钟）军主力隐蔽集结于东田、西营一线，待敌进至襄垣以北侧击之；刘（伯承）师以协助曾军适时打击涉县向辽县前进之敌；徐（海东）旅及决死第一纵队打击或消灭沁源东进之敌；朱（怀冰）部集结马陵关、白壁地区，待机向祁县、太谷、寿阳之线活动；曾（国华）支队、陈（锡联）旅积极向平汉线袭扰……此时，从长治出发的日军一一七联队已经进逼襄垣县虒亭一带。为避其锋芒，更好地指挥反围攻战斗，4 月 10 日，朱德、彭德怀率领八路军总部离开沁县小东岭，转移至武乡县城以西的马牧村。

　　4 月 11 日，日军一一七联队 3000 多人北进至襄垣下良镇，此为"九路围攻"之主力，由苫米地旅团长指挥。朱总司令根据情报判断，一一七联队有可能是经过武乡进攻榆社。果然一一七联队 13 日占领武乡县城（今故县）。

朱德和彭德怀分析与观察，根据我军集结情况，准备在武乡、榆社间夹击消灭敌人。遗憾的是，因国民党部队没有按令行动，致使夹击计划未能实现。14日凌晨，为安全计，八路军总部趁天不亮时继续转移，上午到达武乡义门村。这里既十分隐蔽，又靠近武乡至榆社大道，便于观察战况。这一天，苫米地部进抵榆社后，因群众空室清野，无吃无喝，道路又破坏严重，疯狂的日军沿途烧了十几个村庄，只得退回武乡。根据这一情况，朱德、彭德怀马上分析退回武乡之敌有两种可能，一是退回长治，二是西援被国民党武士敏部包围。为在日军踌躇之际给予打击，继续命令国民党曾万钟部、朱怀冰部在榆武大道伏击日寇，但曾万钟等部由于不适应游击战术，认为这样守株待兔难以取胜，结果二次失去伏击敌人的机会。朱德、彭德怀在命令友军的同时，也命令一二九师与三四四旅负责人，迅速向武乡靠拢，寻机打一个歼灭战。刘伯承、邓小平、徐向前率一二九师，在4月15日傍晚赶到武乡县城西北。这时，日军纵火焚烧了具有1470余年历史的武乡古城，沿浊漳河东去。

16日7时，八路军第一二九师三八六旅（下辖七七一团和七七二团）追上日军一一七联队。此时，一一七联队先头部队已通过长乐村，其辎重部队尚在通往长乐村的狭长河谷中。七七一团和七七二团对日军已形成夹击态势，但因电话线损坏，与七七二团同为左纵队的第一一五师六八九团和承担追击任务的七六九团接到命令时间较晚，还未赶到战场。战机转瞬即逝，三八六旅旅长陈赓果断命令部队对日军发起急袭。七七二团迅速占领北岸高地，在马庄和长乐村地段对敌行军纵队发起突袭，将其分割包围于浊漳河河谷中，使其首尾难顾。已通过长乐村的日军仍负隅顽抗，集中兵力猛攻七七二团左翼代家垴阵地。防守代家垴阵地的七七二团十连官兵，面对十倍于己的日军，坚守阵地4个多小时，全部壮烈牺牲。12时，第一一五师六八九团赶到，夺回代家垴阵地。14时，日军第一〇八师团援兵到达，被八路军击退。17时，八路军全歼被包围日军。第一二九师师长刘伯承判断，扩大战果已无把握，巩固胜利成为必要，立即命令部队主动撤出战斗。

在长乐村激战中，八路军4个团全部投入野战，比平型关战役的规模还大。虽然付出了巨大的代价，但是它却成为反"九路围攻"中最关键的一战，影响了战役的走势。

　　长乐村战斗歼灭日军 2200 人，是整个抗战期间，八路军一次战斗歼灭日军最多的一仗。此战之后，八路军乘胜追击，连同配合八路军作战的国民党友军又歼灭 2000 多日军，收复了 18 个县城，打破了日军对晋东南的"九路围攻"。

　　如今，长乐村矗立着长乐村战斗纪念碑，与之隔河相望的八路军烈士陵园中，当年牺牲的 800 多名烈士长眠于此，包括七七二团团长叶成焕。

◎ 长乐村战斗纪念碑

第二节　关家垴歼灭战

　　关家垴战斗，发生于 1940 年 10 月 30 日到 31 日，是抗日战争时期百团大战第三阶段一次最大的进攻战役。

　　1940 年 8 月 20 日夜，华北各地的八路军（除一一五师和山东纵队外）按照八路军总部的统一部署，在华北敌后向日军控制的各主要交通线发起了规模空前的破袭战，即后来震惊中外的百团大战。至 1940 年 10 月初，八路军参战各部基本上完成了总部赋予的各项任务，取得了百团大战前两个阶段作战的伟大胜利。自战役打响以来，在八路军连续大规模破袭和攻击下，华北日军损失惨重。日军华北方面军司令官多田骏接连受挫，恼羞成怒，叫嚷着要给八路军加倍回击，彻底摧毁抗日根据地。从 1940 年 10 月 6 日起，日军调动数万兵力向华北各抗日根据地进行报复性"扫荡"。与以往相比，日军的"扫荡"更加疯狂，实行"三光"政策，见人即杀，见屋即烧。日军企图通过此举，将抗日根据地完全变成焦土，以挽回其惨败的面子。一些抗日根据地由于事先没有充分的思想准备，反"扫荡"动员不够深入，许多村庄被日军放火烧成灰烬，片瓦无存。

　　日军的残暴行径激起了彭德怀的愤怒，他准备寻找机会，消灭一两路进犯的日军，打击其嚣张气焰。由于日军来势凶猛，为了八路军总部的安全，彭、左两人率领总部指挥机关在武乡县境内不停地转移。同时，他们又急电在前线作战的八路军总部特务团，要其火速赶往武乡县东北地区，向总部靠拢。

　　10 月 19 日，彭德怀和左权向八路军晋察冀军区、一二〇师、一二九师等部队正式下达了反"扫荡"作战的命令。命令要求在敌人对各抗日根据地采取拼命毁灭政策的形势下，各根据地党政军民要密切配合，广泛开展游击战，粉碎敌人的"扫荡"。随后，彭德怀离开八路军总部，到晋东南各战场巡视，了解敌情和战况。当看到因日军的"焦土政策"而变成废墟的一个个村庄时，彭德怀如万箭穿心，痛楚不堪。他更加坚定了自己的决心：决不能允许日军如此暴虐下去，一定要打一两个大的歼灭战，打退敌人的进攻。

10月下旬，日军三十六师团冈崎大队约800人，瞎打乱撞来到了八路军总部设在武乡县、黎城县交界地区的黄崖洞兵工厂。该兵工厂是八路军总部在华北敌后建立的最大的武器弹药生产基地，曾被朱德誉为八路军的"掌上明珠"。接到日军进犯黄崖洞兵工厂的报告后，彭德怀立即命令一二九师三八六旅赶往黄崖洞打退日军的进攻。日军见八路军大队人马来援，在兵工厂内放了一把火后即逃离了此地。

因第一军各铁路沿线的兵力不足，于是从驻山西运城的第三十七师团各单位抽调部队组建成冈崎大队参与这次"扫荡"。冈崎大队10月6日从晋南的闻喜出发，于10月9日下午抵达南关镇。冈崎大队配有欠一个小队的山炮中队，按照日军编制，此战有3门山炮加入作战。

冈崎大队自20日开始沿沁县—西营—王家峪的路线东进。10月25日，冈崎大队进入黄崖洞八路军总部的水腰兵工厂附近。彭德怀听到瓮圪廊已经丢失，日军开始进入黄崖洞的讯息，不禁大怒，要求严查擅自撤离者的责任，以军法论处，并即刻命令三八六旅的七七二团和十六团赶到黄崖洞，打退日军的进攻。

日军见八路军大队人马来援，在放了一把火后即逃离了此地。随后，冈崎大队由黄崖洞西犯，很快就窜到了左会、刘家嘴地区。不过，在抗日根据地军民的袭扰之下，冈崎大队于10月28日被迫撤到武乡县蟠龙镇关家垴附近，准备夺道武乡，退回沁县。恰巧，刚打完榆（社）辽（县）战役的八路军一二九师，此时就在蟠龙镇附近休整。绝不能让冈崎大队退回老巢！彭德怀决心消灭这股日军。随即，彭德怀立即与左权等人研究制订具体的作战计划。10月29日下午，彭德怀火速赶到武乡县蟠龙镇石门村，决定亲自坐镇指挥。左权及一二九师师长刘伯承、政委邓小平等人也先后赶来。当晚，彭德怀召集一二九师的师、旅干部开会，正式下达八路军总部的作战命令：由刘伯承、邓小平指挥一二九师三八五旅、新编第十旅各一部，三八六旅旅长陈赓指挥一二九师三八六旅一部和决死第一纵队二十五、三十八团各一部，彭德怀亲自指挥总部特务团与炮兵团山炮连，于10

月 30 日凌晨 4 时对日军冈崎大队发起攻击。具体攻击部署是：三八六旅七七二团和总部特务团为一路，从关家垴东北、东南侧攻击；三八五旅七六九团为一路，从关家垴的西北侧与前一路并肩攻击；决死第一纵队为一路，由南向北推进，在关家垴南侧对日军的左翼进行牵制；新编第十旅为一路，由西向东封锁日军西逃之路。会议结束后，各路参战部队迅速向指定的攻击位置进发。关家垴位于太行抗日根据地的腹心地区，在武乡县蟠龙镇砖壁村正北 13 里处。这一带山岭起伏，沟壑纵横。关家垴是群岭环抱的一个高高的山岗，山顶是一块方圆几百米的平地，很适合排兵布阵。其北面是断崖陡壁，下面是一条深沟，东西两侧坡度较陡，只有南坡比较平缓，可作进攻路线。因此，关家垴可谓易守难攻之地。关家垴南坡上面原住着 50 余户姓关的人家，沿山壁构筑了一孔连一孔的窑洞。此时，村里的人早已转移出去了。南坡的对面是一个比关家垴更高的叫柳树垴的山岗，与关家垴互为掎角，从柳树垴上可以用火力控制通往关家垴的小路。冈崎大队在占领关家垴的同时，也占领了柳树垴，并连夜在两地构筑工事，挖了坑道，拆下当地住户的门窗架在上面，筑成了隐蔽所。在关家垴山顶的平地上，日军也架起了几挺机枪。这样一来，日军就在关家垴和柳树垴布成了一个严密的火力网。

关家垴原本山路就很狭窄，大部队难以展开，从现在的情况来看，进攻关家垴就更加困难了。经过慎重考虑后，左权决定让八路军总部特务团利用黑夜提前发起攻击。下定决心后，左权把特务团的团、营以上军事干部召集到指挥所，交代任务：第二营从侧后摸到关家垴山顶，30 日凌晨 3 时发起攻击，除掉山顶上日军的机枪阵地；第三营从关家垴和柳树垴中间突击，斩断两股日军之间的联系，得手后向西突进，摸黑逐个消灭窑洞里的敌人；其他两个营从西北岭插上，防止敌人逃回武乡。左权特别强调，特务团的总任务是掩护兄弟部队按时进入阵地，然后来个中间开花，与兄弟部队配合，一举歼灭敌人。部署完毕后，左权又解释道："我们之所以要在 3 时发起攻击，是因为敌人在我们的围困下已经疲惫不堪，特别是他们又刚刚构筑完工事，肯定是累得不行，困得不行，我们就要趁敌人酣睡时进行偷袭。"八路军总部特务团受领任务后，团长欧致富要各营营长按照左权的部署立即行动。凌晨 3 时前，特务团各营就已到达预定位置。第二营神不知鬼不觉地摸到了关家垴的山顶。随着寒光一闪，两名日军哨兵便悄无声息地倒下了。接着，第二营的战士把手中的手榴弹甩了出去。埋伏在山下的特务团各部随着团长欧致富一声令下，迅速向各自的目标冲去。起初，战斗进展得相当顺利，特务团很快占领了关家垴上的一排窑洞。可正当特务团准备继续向前攻击时，左侧的一间窑洞中突然响起猛烈的机枪声，把特务团压得无法展开。特务团警卫连连长唐万成端起一挺机枪，率领一个班从斜坡上猛压下去，拼死冲到窑洞前，随即甩出一枚手榴弹。顿时，窑洞里黄烟滚滚。随后，从里面蹿出来20多个日军。唐万成端起机枪一阵猛打，10余日军立时毙命。他刚要往前冲，窑洞里敌人的机枪又响了起来。唐万成的一条手臂被击中，机枪落到了地上。冲在前边的排长赶紧跑过去，将滚落到日军前的机枪抢了回来，随即打出一梭子弹，众人这才脱险。原来，日军将这排窑洞全打通了，每个窑洞都筑有机枪阵地，既可独立构成一个火力点，又可与其他窑洞互相掩护、互相支援，形成交叉火力网。机枪阵地前还挖有防弹壕，如果手榴弹没有扔到位，掉到防弹壕里，就难以对日军构成威胁。窑洞外也挖了工事，构成了里外相连、窑窑相通的循环作战工事。特务团不知道此中情况，在同日军争夺窑洞时，付出了不小的代价。欧致富一看情况不妙，立即命令各营暂停攻击，待大部队发起攻击后，再里应外合歼灭敌人。

10月30日凌晨4时，八路军总部指挥所发出了总攻击信号。随着几发炮弹准确地落到日军的前沿阵地，在日军火力尚未展开之际，八路军对关家垴和柳树垴同时发起了攻击。顷刻间，枪声大作。决死第一纵队三十八团担任攻打柳树垴的任务。攻击发起前，彭德怀亲自来到该团阵地前沿进行动员："同志们，你们决死队，要向谁决死呀？""向日本鬼子！"战士们响亮的回答震荡山谷。彭德怀满意地点了点头。他指着日军的阵地说："好！前面打仗的地方，有好几百个日本鬼子被我们包围了。我们今天要消灭他们，你们就是要向他们去决死。我们抗日根据地有一条规定，凡是没有带路条的人，就不能让他走。"八路军副总司令亲自作战前动员，这让决死第一纵队三十八团的指战员备受鼓舞，他们的战斗情绪一下就被调动起来了。"坚决消灭日本鬼子！"当总攻信号发起后，早已铆足了劲的三十八团指战员迅速向柳树垴冲去。双方随即在柳树垴展开了激烈的争夺和反争夺。经过两个小时的激战，决死第一纵队三十八团终于在天亮时抢占了柳树垴。在决死第一纵队三十八团攻击柳树垴的同时，八路军其他各部则向关家垴之敌发起了攻击。由于地形过于复杂险要，日军武器又精良，八路军每攻下一个阵地、每前进一步都要付出不小的代价。日军虽然伤亡不小，但没有撤离逃跑的意思。显然，他们知道，一撤离阵地就会遭到数倍于己的八路军的分割包抄并被歼灭，他们要利用关家垴的有利地形，困守待援。

10 月 30 日上午 9 时左右，关家垴上空飞来了几架日军飞机，并开始对关家垴进行狂轰滥炸。关家垴地方小，八路军投入进攻的兵力多，日军飞机的轰炸给八路军以很大的威胁，八路军不得不暂时停止进攻。日军飞机狂轰一番后掉头而去，八路军各部继续向当面之敌展开进攻。就在决死第一纵队三十八团与二十五团调整部署时，遭到日军的猛烈反击，一度被三十八团攻占的柳树垴又被日军夺了回去。战场形势的这一变化是彭德怀、左权未曾想到的，也影响了其他部队对关家垴的进攻。接到报告后，彭德怀、左权立即命令陈赓组织兵力进行反攻。于是，八路军在进攻关家垴的同时，不得不重新组织 3 个营的兵力反攻柳树垴。但由于地形和几支部队协同及火力配合欠佳，虽给日军以很大伤亡，却未能夺回失去的主阵地，只好与日军形成对峙。在关家垴，三八六旅七七二团正由东北方向攻击前进。由于攻击地形十分不利，能接近敌人阵地的只有一条约 0.3 米宽的小道，战斗打得异常惨烈。战至中午，七七二团一营原本 70 多人的一连只剩下 3 人；50 多人的三连只剩下指导员和 2 名伤员；近 70 人的四连只剩下 10 余人。午后，一营剩下的人员在营长蒲大义的带领下仍继续配合兄弟部队向日军攻击。14 时，当一营参加进攻的部队被兄弟部队换下来时，只剩下 6 人。三八五旅七六九团从西北方向攻击关家垴。这一面，是一个约 20 米高的陡崖，快到崖顶的地方，有一个略凸出来的壕坎，上面是 30 多米长的一个斜坡，一直通到关家垴山顶日军的前沿阵地。攻击前，七六九团突击部队曾借助攀登工具和陡崖上的野藤爬到壕坎处，但被日军发觉，日军随即用火力封锁了斜坡。因地形所限，七六九团突击部队既无法发起冲锋，又无法压制日军火力，反被日军压制在壕坎处无法行动。七六九团的后续部队也因地形的限制无法投入战斗。

八路军进攻受阻，且伤亡较大，这令在前线指挥作战的陈赓坐立不安，他打电话给彭德怀反映了前线的情况。当时，彭德怀和左权的指挥所设在离关家垴两三里处的一孔破窑洞中。彭德怀放下电话后，便走出窑洞，举起望远镜向前方看去。只见战士们奋不顾身地冲上去，然后栽倒、流血，他心中也焦急万分。他为牺牲的战士感到痛心，更对目前战斗的胶着状态深感不安。彭德怀皱紧了眉头，没想到这块骨头竟这么难啃！更令他不安的是，据侦察人员报告，数千名日军已从四面八方向关家垴赶来，如果敌军援兵一到，后果将不堪设想。彭德怀陷入了沉思。

在七六九团指挥所，刘伯承拿起望远镜观察前方地形，思考如何才能打破僵局。这时，连线关家垴陡崖崖顶与壕坎之间的斜坡上隐隐露出的黄土引起了刘伯承的注意。他随即问道："壕坎上面的斜坡是土质的吗？"七六九团团长郑国仲回答："是黄土坎。"刘伯承顿时有了主意："挖暗道，通上去！"郑国仲一听，茅塞顿开。于是，他一面组织火力佯攻，以吸引日军的注意力，一面组织人员从壕坎下面挖通往关家垴山顶的暗道。这样，七六九团终于找到了解决部队无法向关家垴进攻的办法。

经过10月30日一天的激战，八路军虽占领了关家垴和柳树垴部分日军阵地，歼灭了不少日军，但剩下的日军仍占据着两地的主要阵地。与此同时，一二九师三八五旅和新编第十旅在外围的阻击战也于同日打响。当分别从武乡、黎城、辽县出动的3700多名日军向关家垴增援时，遭到三八五旅和新编第十旅的顽强阻击。激战中，新编第十旅旅长范子侠负伤。三八六旅也派出一个团前去担任阻击任务，八路军其他各部则于10月31日重新组织兵力对关家垴和柳树垴的日军发起了进攻，力争在日军援军到来之前歼灭冈崎大队，结束战斗。然而驰援日军最终逼近关家垴，八路军不得不撤退。

此次战斗，八路军以绝对优势兵力围攻日军一个大队，激战两昼夜，根据当时的我军战报，一二九师伤亡600余人，消灭日军500余人，缴获各种枪支100多支。大队长冈崎谦受被我军击毙。

本次作战虽然被迫突围，但沉重打击了敌华北方面军的"囚笼政策"，对日军震动极大。

第三节　黄崖洞保卫战

抗日战争爆发后，我八路军挥师深入敌后，当时我军武器装备十分匮乏。1939 年 7 月，八路军在地形隐蔽的山西省黎城县黄崖洞正式建设我军的兵工厂，生产步枪、刺刀、掷弹筒、五〇炮等各类武器和弹药。

1941 年 11 月 9 日，日军在此前两次对黄崖洞地区"扫荡"无果后，派三十六师团和独立四旅共 7000 余人，在飞机大炮掩护下，兵分多路向我黄崖洞进犯。彭德怀、左权在战前对局势进行了全面而深入的分析。一是黄崖洞具备十分有利的条件进行山地阵地防御。黄崖洞位于晋冀两省接壤之处的深山之中，因这里悬崖陡壁皆为黄色，东崖半空有一天然石洞而得名。其主要进出口有两个：东南方的南口，通向黎城，西北方的左会垭口，通向武乡。这两个进出口的地形对于防御一方来说都比较有利，一是正面视野开阔，便于观察敌情，且有断桥，不利于敌人通行。二是黄崖洞周围已建起了坚固的防御工事，形成了严密的防御体系。三是黄崖洞中已储存了充足的武器弹药和食物，特务团在里面坚持十天半月毫无问题。四是特务团老兵比例大，战斗经验丰富，战斗力较强，对当地地形较熟。彭、左二人在冷静分析后，下令特务团

黄崖洞兵工厂

黄崖洞兵工厂是一座以生产枪支为主的大型兵工厂，在生产高峰期，它每个月可以制造数百支步枪，以及大量的弹射器和炮弹。"后方多生产，前方少牺牲"，这样的标语被写在厂房上，至今仍有印记。黄崖洞先后生产手榴弹 58 万枚、迫击炮 2500 门、炮弹 26 万多发，共制造了 1 万多支"八一式马步枪"。被朱德誉为"八路军的掌上明珠"。

天亮前全部进入阵地，利用我军有利地形，节节抗击，打一场阵地防御战，并且强调部队在作战中一定要"稳"，要充分利用地形，在把敌人咬住拖住以后，猛中求稳，不骄不躁，不惶不恐，不紧不慢，以守为攻，以静制动，以逸待劳。在阵地防御作战中，面对敌人发起的一次次冲锋，我军利用有利地形，根据敌人进攻特点，巧妙采取灵活应变的战术手段，成功地抵抗住了敌人的进攻。11 月 11日拂晓，日军先偷袭我前哨阵地，遭我阵地火力和地雷杀伤。后改变战术，欲以羊群"蹚雷"开路，却不知特务团埋的是大踏雷，人踩马踏才会响。特务团利用滚石雷，配合七连前沿机枪阵地猛烈开火，不到半小时，日军就伤亡 200 多人，被迫退出雷区。随后，日军将目光瞄向了七连阵地，集中火炮进行火力压制，不顾一切地开始向山垭口的阵地发起冲击。团长欧致富指挥两门迫击炮，将仅有的12 发炮弹轰向敌群，再次挡住了敌人的进攻。当百名日寇借助火力掩护冲至瓮屹廊时，我军果断撤回连接断桥的吊桥。敌人随后派兵企图攀越十米高的绝壁，危急之际，八连副连长彭志海带领 12 名战士使用手榴弹杀伤敌军一片。敌军指挥官孤注一掷，下令用"尸梯"攀登山体。前沿陡崖阵地上的特务团的战士们看清了日军的意图后，冒着敌人炮火的袭击，将滚雷、手榴弹扔下崖去，挫败敌人进攻。八路军特务团在后续几日的战斗中，为夺取胜利，面对敌人多点、多向、多法进攻，不怕艰难困苦，不怕流血牺牲，迎难而上，顽强顶住了敌人的一次次进攻。14 日，日军为消除侧翼的火力威胁，在当地一名汉奸指引下改变进攻方向，对桃花寨西山及 1568 高地的二营四连阵地实施炮击，敌步兵在炮火掩护下冲上山崖。日军在占领了四连二排阵地之后，开始向水腰洞口阵地猛攻，伤亡数百人后狼狈撤回。15 日，日军采取右侧迂回的战术，对水腰洞口发起进攻。战斗进入白热化状态，特务团第八连指战员以一当十，打退了敌人的数次进攻，牢牢守住了南口到断桥的通道和水腰洞口的阵地。16 日，日军企图利用正面射击死角避开我军火力，发起强攻，未果。午后，敌人对水腰洞口核心工事采取先孤立后夺占的方式，组织力量压制我军支援火力，使用火焰喷射器、燃烧弹实施攻击，王根喜等 12 名壮士与敌拼杀直至壮烈牺牲。而此时，左权将军审时度势，经过充分分析判断，敌人无非是想"参观"一下兵工厂，果断决定采取诱敌深入的战术，转移人员、机器，烧毁主厂房，迷惑敌人，并在炸毁的锅炉房周围布设地雷，做好标记，给敌人以兵工厂已被其炮弹炸毁的假象，并将敌人占领的水腰洞口主阵地全部用地雷封锁起来，布下埋伏，所有人员撤到二线进行防御，进至工厂区依托有利阵地扩大战果。一个小小的黄崖洞，让骄横不可一世的日本"皇军"吃尽了苦头，也丢尽了颜面。日军第三十六师团师团长舞传男坐立不安，一个劲地骂手下蠢笨无能。他还给进攻部队的几个主要指挥官下了死命令，两天内必须攻下黄崖洞，否则要他们以死谢罪。但是在18日清晨，敌人几乎没有遇到什么阻力，就进入了黄崖洞兵工厂，他们只看到十几座厂房倒塌在一片碎石瓦砾之中，一无所获。反而引爆了埋在里面的各种地雷，敌人此时斗志全无，只能等待援军到来。敌援军到达后，又企图捣毁团指挥所，坚守在该高地的二连一排充分发扬"一不怕苦、二不怕死"的战斗精神，与敌人反复格斗拼杀，以大无畏的精神与敌人进行殊死搏斗。战士温德胜、边清章将残敌引向东南面悬崖的绝路，准备一网打尽，但因寡不敌众，被敌人逼至断崖时，从容跳崖，视死如归，壮烈牺牲。19日，特务团抓住战机，全部恢复阵地。日军已发现山外有我军重兵埋伏，慌忙逃走，最终被埋伏在三十亩村、曹庄一带的一二九师歼灭500多人，抱头鼠窜。日军被迫于20日夜退出黎城，其原定一个月的"扫荡"计划就此被粉碎。

此战我军与三面进攻之敌，激战8昼夜，击退敌人11次冲击，以伤亡166人的代价，毙伤敌人1000余人，圆满完成了保卫兵工厂的任务，在敌我兵力5∶1的情况下，赢得了敌我伤亡6∶1的辉煌战果。

本章问题探索

1. 了解武乡抗战时期还发生过哪些重大战斗。
2. 了解武乡重大战役背后的历史背景及意义。

第三编

抗战圣地

丰富多彩的红色文化

本编导读

"我们是艺术工作者，我们是抗日的战士。用艺术做我们的武器，为打倒日本帝国主义，为争取中国解放独立奋斗到底。我们是艺术工作者，我们是抗日的战士，踏着鲁迅开辟的道路，为建立新的抗战艺术，为继承他的革命传统，努力不懈！"这首激昂高亢的《鲁迅艺术学校》校歌，仿佛让我们穿过历史的长河，看到当年，鲁艺的革命前辈在后方根据地排练、演出，呼吁太行儿女万众一心、共同御敌的光辉岁月。

抗战时期各种文化团体、一大批文艺界人士和爱国青年奔赴武乡，各种形式的文化之花在武乡开遍，包括新闻、出版、教育、文艺、卫生和体育等在内的抗战文化火热兴起，是一种特殊的文化现象。在血与火的洗礼中，在硝烟弥漫的战场上，此起彼伏的抗战歌声，高亢激昂的戏曲锣鼓，丰富多彩的文学作品，传遍千家万户的报纸、刊物、传单，组成了一台威武雄壮的抗战历史大剧，绘成了一幅雄浑壮美的抗战历史画卷。

本编以"武乡在抗战时期的文化事业发展"为主题，从新闻出版、文化教育、艺术创作等方面对武乡的红色文化进行详尽叙述，展示抗战时期文化界人士在党的领导下，将政治宣传、思想教育、文学戏剧、音乐美术、新闻出版、影视作品等与军事战争紧密结合，成为鼓舞中国军民团结御侮、共赴国难、浴血奋战的强大动力的光辉岁月。第一讲概略介绍在武乡驻扎或兴办的各类学校，包括普通教育、军事院校、卫生院校、艺术学校和后勤保障学校；第二讲主要介绍在文艺事业中凸显的人物和其事迹，讲述他们与武乡的深厚联系，分别是木刻版画领航人胡一川、山药蛋派创始人赵树理和著名诗人冈夫；最后一讲，讲述进驻或诞生于武乡的剧团，如何对戏剧进行改造，让演出成为宣传抗战、进行思想动员的有力武器。

第一章　建校育人　文化抗战

"材之用，国之栋梁也，得之则安以荣，失之则亡以辱。"中国共产党百年长河中，始终重视人的因素。进入抗日战争时期，中国共产党比以往更加重视军事人才、政治人才的培养、选拔和使用。1937年初，党中央从保安迁到延安后，毛泽东主席鲜明地指出："增加抗战力量的工作和方法很多，然而其中最好最有效的方法是办学校培养抗日干部。"

抗战时期，作为华北战场的指挥中枢，革命者向往的"圣地"，处处可见来自全国各地的知识分子与有志青年背着行囊，燃烧着希望，冲破重重封锁，来到这战火纷飞的武乡。为使这些知识分子迅速"革命化"，并提高既有军政干部和相关人员的素质，以应抗战之需，在党的统一部署与领导下，根据地的教育建设如火如荼地开展起来，青年救国公学、中国人民抗日军政大学、前方鲁迅艺术学校、野战卫生学校等干部学校和专门学校先后创办。依托这些"革命熔炉"，一批又一批的干部和知识分子得以锻炼、成长、壮大，成为抗战的中坚力量，从课堂走向抗日战场……

武乡的教育事业是顶着日军的疯狂"扫荡"、国民党的经济封锁建立发展起来的，在这样的情况下，课程设置以符合实际需求、利用既有条件为主要特征。这时期，武乡教学实践活动中呈现出的教学特点有领导干部授课、重视政治教育、提倡艰苦办学、围绕抗战办教育等。

第一节　战时教育："青年救国公学"和 "民族革命两级学校"

　　每次行走在县城东门外、龙门孔庙一带，你是否会想到八十多年前，在这普通的街景中坐落着两座重要学校。抗日战争初期，武乡乡村小学的多数教员们惧敌离校，各类旧式学校瘫痪辍止。在党的领导下，武乡先后创办了"青年救国公学"和"民族革命两级学校"（简称"青校""民校"），从校名的"救国"和"民族革命"，足见当时救亡图存之紧迫，和两所学校肩负意义之重大。当时的学制、学习内容为适应抗战而建，带有深深的"战时"烙印。

　　青校建校于 1938 年 2 月，招收 17—20 岁的青年，多是武乡本地 4 所高小的毕业生和肄业生。招收到的学生按照年龄和学历分为 4 个队，每队配有正副队长，指挥学生站队出操。青校最初的校址在东门外的三关庙，学生在庙内上课，住在城东郝家庄民房。学生的一切开支费用，由武乡抗日县政府拨款粮支付，伙食由公家供给。建校不足两月，日寇向太行山大举发动"九路围攻"，青校随县政府机关转移到王堡、李家庄、宋家庄一带。4 月 16 日，八路军在长乐、里庄村发起急袭战，消灭日军一〇八师所属——七联队 2200 余人，重挫日军气焰①。粉碎围攻后，青校回到了县城，由于此前的校址城东三关庙遭敌焚毁，迁于城西三关庙。学校组织机构有教务处、政训处、军训处、事务处，各处设有正副主任。教职员工多是北平、太原等大城市被敌占领后回乡的大专学生和知识分子，亦有部分是原在外地谋生的公务人员。当时青校不设置语文、数学等文化课，学习《抗

---

① 殷士肤：《公仆的摇篮——青校》，见武乡县政协文化文史和学习委员会编：《武乡文史资料第 5 辑：纪念抗战胜利五十周年专辑》，内部资料，1995 年，第 70 页。

日民族统一战线》《民运工作》《游击战争》《论持久战》等篇目。师生全情投入到排话剧、写壁报、写标语等宣传工作上，目的是唤醒人民群众一致抗日，开展全面抗战，把日本侵略者赶出中国。适逢五一国际劳动节，青校举办了盛大庆祝大会，会上挂起了马克思、列宁大幅画像，老师对同学们讲起，马克思是《共产党宣言》的作者，列宁是领导苏联无产阶级十月革命胜利的领袖。这两位远方的伟人，使同学们对共产党有了更为立体、具象的认识，同学们都在期待着抗战胜利。7月末至8月上旬，学生结业分配工作，其中绝大多数去接管全县各村小学，肩负起教育儿童的重任，还有人参加八路军、进入中国人民抗日军政大学深造，或是到区抗日儿童救国会、妇女抗日救国会等团体任职。随着学生走向工作岗位，青校便结束了使命。

秋后，这所启蒙熔炉又招生续办，校名改为"民族革命两级学校"。民校于1938年秋创办起来，当时县教育科科长武光清兼任民校校长。这是一所专门为穷人家的孩子开设的学校，招收对象是中学、高小失业的爱国青年，出身贫下中农家庭的孩子居多。任课教师多是太原上学的大学生和因日寇入侵而失业的公职人员，有文化教师、政治教师和军事教官。据程步鳌[①]老人回忆，1938年，12岁的他前去报考，当时的考试题目有："共产党是由谁领导的？""汪精卫是抗日将领吗？""你以什么行动去参加抗战？"12岁的程步鳌抱着为国出力、学习本领的抗日报国之志，慷慨作答，终于如愿考上了民校。民校开设国文、算术、政治、体育、地理、音乐等课，将政治列为主课，主要学习《抗日救国十大纲领》《论持久战》《中国共产党在抗日战争中的地位》等。并要求学生学以致用，理论指导实际，组织学生深入农村宣传思想，动员民众参加抗战。当时的办校条件简陋，生活艰苦，只能背包当板凳，膝盖当课桌。饭食常常以炒辣椒面为一道菜，把黑豆、红面、土豆拌稀饭、霉烂小米当主食。在民校学习有时还很危险，日伪军"扫荡"和日机轰炸频繁到访。为应对形势，学校不得不转移搬迁，或是流动式教学。学校实行军事化管理体制，培养学生养成军人作风。到1940年冬天，学

---

① 程步鳌:《在老区抗战教学中成长》，见武乡县政协文化文史和学习委员会编:《武乡文史资料第5辑：纪念抗战胜利五十周年专辑》，内部资料，1995年，第59页。

生全部完成学业，走向了革命之路。

两校的办学精神和目的是为适应抗日救国形势急需，造就抗日救国人才，满足武乡爱国学生的迫切要求[①]。学校不定期毕业，根据学生成绩和工作需要，陆续分配到各地工作。走向工作的两校校友，分布在武乡县、区、村各级组织和部门，有的参军上前线，有的做后方工作，参加各大编村牺盟协助员、自卫队长、小学校长、区长、县区农工青妇各救会组织。他们在抗日救亡烽火燃烧的热土上，给党和人民贡献了强大的力量。

---

① 李华馨:《抗战初期武乡办起了两座重要学校》，见武乡县政协文史资料研究委员会编:《武乡文史资料通讯第二辑》，内部资料，1985 年，第 75 页。

第二节　军事熔炉：一二九师随营学校和中国人民抗日军政大学

1937年8月，红军主力改编为国民革命军第八路军，红军前敌总指挥部改为八路军总指挥部，下辖"三师一校"，"三师"分别是一一五师、一二〇师、一二九师，"一校"即"八路军总部随营学校"。这是一所在抗日烽火中流动的学校，几经迁徙整修，并入"抗大"，八路军总部随营学校在并入抗大的前期担负着教学训练和保卫边区南大门洛川的双重任务[①]，作出了巨大贡献。同样，在武乡

◎ 抗日军政大学总校蟠龙旧址

---

① 董福庆:《八路军总部随营学校：抗日烽火中的流动学校》,《湘潮》2008年第5期，第34—38页。

热土上，也曾有过一所随营学校，它与抗日游击训练班、轮训队、抗大的关系如同一根粗粝坚实的麻绳，因为抗日杀敌的目标而紧紧拧在一起，本部分逐一讲解这几所军事院校的关系。这一切都要从 1937 年 11 月 8 日太原沦陷，一二九师来到晋东南地区开展游击战并创建晋冀豫抗日根据地开始讲起。

太原沦陷，华北数十万国民党军队基本崩溃，紧接着 11 月 2 日，上海失陷。当即，毛泽东指出"在华北，以国民党为主体的正规战争已经结束，以共产党为主体的游击战争进入主要地位"，这意味着以中国共产党为主体的游击战争在华北上升到主要地位。根据党中央部署，一二九师来到晋东南地区开展游击战并创建晋冀豫抗日根据地，同月 15 日，由师长刘伯承、副师长徐向前、政治委员张浩、参谋长倪志亮率领的一二九师司令部进驻辽县西河头村。

随营学校诞生于红军时期，由"学兵队""教导师（团、队）"等演化而来，由于能在短期内迅速提高学员军政素质和组织指挥能力，抗战爆发后迅速纳入了党中央视野，作为当务之急提上日程。随营学校和"抗大"在教育方针、教育原则上完全一致，唯一的区别，用参加过随校的老同志的话说，就是"一个在前线，一个在后方"。随营学校在战火中流动办学，有效补充了正规学校教育的不足，培养了大批人才。

辽县游击训练班

辽县的优势在于群众基础好，少有日军袭扰，较为安全。当时开展的游击战从战略上有了很大转变，具体而言是从内战时期同阶级敌人作战转到联合各阶级同民族敌人作战，从以运动战为主转到以独立自主的山地游击战为主[1]。为适应这一转变，明确打游击的具体做法，刘伯承和张浩商定，部队必须举办游击训练班，把排以上干部轮训一遍，结合晋冀豫军区的创建，为附近各县武装自卫队培养游击战的骨干。这项工作选定在辽县进行，辽县西营盘成为游击训练班最初的校址。这里原来是阎锡山晋绥军的屯兵营盘，可容纳百人，由于晋军撤退，这里也就闲置了，正好利用这块地方。一二九师做事神速，迅速落定，经过10余天的紧张筹备，辽县抗日游击训练班于1937年11月28日举行了第一期开学典礼，刘伯承师长到会演讲[2]。辽县游击训练班以创建抗日根据地的战略思想和敌后游击战的战略战术为主要教学内容，采取灵活多样的办学形式，每期培训多则一月，少则半月，地方干部和部队干部分别编班，教学内容各有侧重。部队干部着重学习如何分散在敌后开展游击战争、群众工作和协助地方政权工作；地方干部重点学习抗日游击自卫队的组织、管理、战术和配合正规军、游击队作战以及支前等内容。武乡也先后派出数十名青年去参加培训。刘伯承师长、张浩政委、1938年1月接任政委的邓小平、徐向前副师长、中共北方代表彭真以及中共冀豫晋省委领导李菁玉、李雪峰等亲自莅临授课。刘伯承师长写出的《论游击战与运动战》《抗日游击队四个基本任务》《抗日自卫队三个基本任务》《抗日军人和自卫队誓词》《击退正太路南进敌人的战术考察》等文章，还有刘师长总结出的"黄蜂战""麻雀战"的战术成为训练班的好教材，训练班还将机动作战要领写成歌诀，方便学员通过演唱受到教育。辽县抗日游击训练班的学员陆续结业分赴各地后，积极壮大发展了游击队。1939年6月，一二九师司令部移驻辽县滩里村，游击班由县城附近的西营盘迁至桐峪镇附近的上武村，随着战争形势的发展，训练班演变成一二九师随营学校和一二九师参谋轮训队。辽县游击训练班共举办十余期，培训千余人。

---

[1] 程文华：《太行山上的"黄埔军校"——辽县抗日游击训练班（随营学校）》，《党史文汇》2015年第9期，第40—41页。

[2] 刘伏生，宋丽：《辽县游击训练班》，《沧桑》2001年第5期，第53—54页。

一二九师随营学校

国共合作后，国民党中的顽固分子指望通过减编和遣散编余干部，削弱共产党的力量，给的编制很紧，师以下只编两个旅，导致编余干部更多了。中共中央从民族抗战的全局出发，采取了保存干部，以利将来发展的方针，决定在八路军的3个师（分别是一一五师、一二〇师、一二九师）各编1个教导团，把暂时编余的干部集中起来加以培训，直属师部领导。中国工农红军援西军随营学校随之改编为八路军一二九师教导团，张贤约任团长，袁鸿化任政委。

1938年1月，八路军政治部副主任邓小平接到新的任职通知，前往位于太行山的八路军一二九师担任政委。同月，一二九师师长刘伯承和政委邓小平，决定将师教导团改建为随营学校。因为教导团初建时就是以援西军随营学校改编而成，所以改建工作比较简单，教学工作开展得也比较顺利，特别是师资中有一批优秀的军事政治教师队伍，师部除调一批干部深入各地组建工作团、游击队以外，尽快落实了随校的组织机

◎ 一二九师随营学校毕业证章

构。这年春天，一二九师在晋东南地区进行了反"九路围攻"作战，战役胜利结束后，晋冀豫军区成立。同时，一二九师对随营学校的教育作了调整，主要训练一二九师所属的连、排级干部。不仅教授理论课而且从战事中总结经验，进行战术训练。到了秋天，由于日军"扫荡"，学校经常处于动荡之中，为了给学员一个安静的学习环境，随营学校转移到黎城县东边的桃花庄，后又移驻杏树滩、麦仓村等地。学校离师部不远，师首长们经常来学校讲课。

随着战争形势的变化，1939年春，日军"扫荡"黎北地区，随营学校移驻武乡，先住在蚜蚧庙（位于山西省武乡县韩北镇蚜蚧庙村，村以庙名。蚜蚧庙在上党地区极为罕见，在武乡县更是独此一处）。后因该村难以容纳所有学员，又迁到石门村，校部住在杨金牛家，校一营教室分别设在村中的清泉寺和老爷

庙戏台，二营留在蚜虾庙，三营设在大陌村的德兴寺。学校不仅有针对性地进行游击战术、班排连战术的野外演习，同时抓学员的技术训练，定期对队列、射击、投弹、刺杀进行考核，同时教授政治和文化课程。

1939年8月，第六期学员毕业后，除少数毕业学员因工作需要留校外，大多数学员都积极走上前线，被分配到一二九师所属各部队工作。在此期间，因抗大总校准备迁至武乡，同时也为了让随营学校靠近一二九师，师部决定将学校迁至黎城县东黄须村。1940年春，由于敌人对根据地的"扫荡"，随营学校转移到涉县一带。

中国人民抗日军事政治大学

中国人民抗日军事政治大学，即"抗大"，是党中央和毛泽东亲手缔造的一座革命大熔炉。她听着抗战的炮声而创建，伴随着日本投降而停办。抗大近十年办学共招生8期。除总校外，1938年12月，中共中央决定在各大战区建立抗大分校，先后在晋东南、晋察冀、延安、山东、淮北，苏北、晋绥、淮南、苏中、鄂豫皖、太岳、太行等抗日根据地建立了12所分校①。另外还有1个特科队，5所陆军中学和1所附设中学。抗大发展共经历了延安时期、向敌后转移时期、敌后时期、返回陕北（绥德）时期四个阶段，抗大与武乡的渊源是在第二阶段抗大六

---

① 教育大辞典编纂委员会编：《教育大辞典3：高等教育、职业技术教育、成人教育》，上海：上海教育出版社，1991年，第615页。

期招生办学开始的。

抗大总校

1939 年，为培训大批军政干部带领群众开展敌后游击战争，进一步巩固和发展抗日根据地，抗大奉命迁移到华北敌后办学。抗大总校校部机关和第一、二、三、四大队及华北联合大学约 5000 人合编为一个纵队，改称"八路军第五纵队"。罗瑞卿任司令员兼政治委员，成仿吾任副司令员，张际春任政治部主任，王智涛任参谋长。1939 年 7 月 10 日，这支特殊队伍在毛泽东和延安人民的欢送声中踏上了向敌后转移的征途。7 月 15 日，纵队抵达黄河西岸，8 月 1 日渡过黄河到达山西境内，之后翻过吕梁山，跨越五台山，徒涉滹沱河，历时两个半月，途经 25 个县，行程 2500 华里。9 月底，顺利完成第一阶段的进军任务，到达河北灵寿麒麟园、陈庄一带，与抗大二分校会合。

1940 年元旦，第五期学员毕业，并在陈庄举行了隆重的毕业典礼。根据形势的发展，抗大总校于 1940 年 2 月 10 日，再次踏上转移的征途，2 月 26 日，到达武乡县的洪水、蟠龙一带，3 月与何长工领导的抗大第一分校会合。4 月 15 日，抗大第六期在山西省武乡县蟠龙镇开学。不久滕代远继任副校长，何长工任教育长。总校直属 4 个团、1 个特科大队和 2 个直属女生队。4900 多名学员，大多是土生土长，经过一定革命斗争实际锻炼的基层干部。其中，从八路军、新四军和山西抗敌决死队、地方民主政权及"民族抗日先锋队""山西牺牲救国同盟会"等群众团体来的干部占 85%。基本特点是实战能力较强，而文化水平普遍偏低。文盲与半文盲占 43%，高小程度占 24%，中学程度占 31%，大学程度仅占 2%。根据这一特点，六期在教育上重点抓扫除文盲和语文教学，此外还讲授射击原理、防毒知识等军事科学知识。学员们自身学习热情高涨，这一期的文化教育取得很大成绩，基本扫除文盲和半文盲。这一期总校还派出 3 支干部队伍，加强在安徽省涡阳县北麻冢集初建的第四分校；筹建在河北涉县王堡村的第六分校；加强苏北盐城的第五分校，使抗大的旗帜从黄河之滨飘扬到华中的江淮两岸。由于敌人不断地袭扰和破坏，总校在此期间相对稳定地办学不到 3 个月，被迫又转移到黎城霞庄一带，9 月 13 日，又转移到曹庄一带。

抗大六期

武乡红色文化民间收藏家梁松筠先生收藏有一枚珍贵的抗大毕业证章。毕业证章为扇贝形，正中为五角星，五角星下面有数字"6"，代表第六期，上面是抗大"团结、紧张、活泼、严肃"的八字校训，底座有"毕业证章"四字，左右有"抗""大"二字，设计精美，制作精巧。这是 1940 年 12 月，抗大第六期结业，分赴各抗日根据地前夕，朱德总司令特为毕业学员颁发的毕业证章[①]，它记录了抗日军政大学在武乡创办第六期的真实历史。

在抗大六期开学典礼上，彭德怀副总司令作了《民族危机加深与怎样争取时局好转》的形势报告。他指出"在抗大举行开学典礼的时候，正是汪精卫组织伪国民政府在南京粉墨登场，民族危机更加深重的时候，同时也是抗战处在相持阶段，即准备反攻阶段的时候"。所以，抗大六期开学意义重大，六期学员正被期盼着成为一支"抗日的铁军"。在这一期 8 个月的时间里，总校校部迁移两次，第一次从山西武乡转移到黎城附近，第二次从黎城转移到河北邢台浆水镇一带。

1940 年 2 月 26 日，抗大总校刚搬来武乡蟠龙镇一带，有好几个月的餐食都是高粱、荞麦和黑豆。这种黑豆本是牲口的吃食，在当时的条件下却也极难获得，需要从驻地几十里以外的游击区和靠近敌占区的地方背，又因为石磨数量少不能尽磨成面，只能用石碾碾压，十分粗糙。主食是黑豆，做菜是黑豆加盐，难以消化。但就是这样的饮食条件下，学员们逐渐适应，摸索出自己的经验，不仅开展文化教育和文娱活动，而且开办工厂、合作社、畜牧场等，解决自身困难。[②]

这一期总校与分校共培养了 14040 名干部，仅第六期就招收 4960 名学员，完成了党中央赋予抗大"培养我军建设骨干"的光荣任务。

抗大一分校

抗大一分校是抗大分校中创办时间最早、存在时间最长、培养干部最多、办

① 中共武乡县委宣传部编：《红色藏品故事》，太原：三晋出版社，2021 年，第 81 页。
② 李志民：《革命熔炉》，北京：中共党史资料出版社，1986 年，第 93 页。

学成果最丰硕的一所学校。学校于 1938 年 11 月 25 日成立于陕西延安。1939 年 2 月，迁至山西太行山。1939 年 2 月 23 日，农历正月初五，一分校在屯留县故县镇隆重举行了第一期开学典礼，总部机关将二仙庙腾出来给抗大一分校办学。到 6 月中旬，晋东南的局势日渐紧张，为了给学生们一个安定的学习环境，一分校向壶关、平顺、陵川一带移动。10 月，一分校与一二九师联合发出了招收新学员的通知。为使抗大各分校与总校能更好地为军队培养干部，1939 年 11 月，抗大一分校迁至山东解放区首府临沂办学。在第二次东迁时，以抗大一分校四大队为基础，将因病因故不能长途行军的同志和第二期招收的 1300 多名学员，组成抗大一分校留守大队，开赴武乡，等待即将到来的抗大总校。

留守大队抵达武乡后，驻扎于东部山区的大陌村。大部队住在村西的刘新发家。由于学员很多，房子十分紧张，为了缓解住宿压力，村里的百姓和学员们一起，用木棍夹着高粱秆做成篱笆，外抹麦糠泥，搭成临时的建筑。为了解决取暖，村公所组织民众到村西挖来浅层煤炭供取暖、做饭使用。学校方面，组织学员给房东打扫院子、挑水，军民关系十分融洽。抗大一分校在武乡期间，由于军事、军政委员都调往山东，师资力量较为薄弱，但是学员们并没有放松学习。留守大队坚持军事训练和政治文化课程学习，以《社会发展史》《中国革命的基本问题》《抗战理论》《党的建设》《共产党宣言》《列宁主义问题》等为教材，也沿用一分校教员自编、自写的简易读本。此外，还请来朱德、杨尚昆、陆定一等领导亲授课程。下午的军事课，先操练攻防战术、爆破、游击战术等基本内容，掌握后进阶学习"班侦察""班遭遇""排进攻""连指挥"，左权副参谋长也亲自讲授游击战术的基本问题。为改善当时大部分学员文化水平较低的情况，一分校留守大队开设了文化课，学习写信、写申请、写报告等内容。在艰苦的生活学习环境下，学员们吃着小米锅巴就水、盐水泡黑豆，有时甚至连续几日无油、无菜、无盐，还能保持意气风发、孜孜不倦学习的劲头，十分不易。

1940 年 2 月 26 日，抗大总校由晋察冀军区组成的南下支队护送，长途跋涉至武乡蟠龙镇。3 月中旬，抗大一分校留守大队番号取消，学员全部进入抗大总校第六期学习，原留守大队的学员与总校新报到学员统一编队，划入新的团队，大陌村仍然驻扎第二团的一个营。4 月 15 日，抗大总校第六期开学。

抗大六分校

1940 年 11 月，根据八路军总部、抗日军政大学、一二九师联合决定，随营学校由参谋长姚继鸣、政治部主任胥光义带领，从涉县王堡村出发，再次开到武乡。在此进行了整编，与抗大第四团第一、二营和第一团第三营共 9 个队 1000 余人，以总校第四团与一二九师随营学校为基础，一同组建为抗日军政大学第六分校。抗大六分校首任校长刘忠，政治委员黄欧东，教育长姚继鸣，政治部主任何善元。

在六分校的前期筹备阶段，正值日军在中国战场上加紧诱迫国民政府投降，同时继续进攻抗日根据地，推行"囚笼政策"之时。当时一二九师进行了白晋线战役，给予日军沉重打击，日军对太行根据地实行疯狂报复。1940 年 7 月下旬，八路军总部制订了正太战役初步计划，下达《战役预备命令》。一二九师的主要力量放在了正太战役的准备当中，六分校的招生筹备工作便搁置下来。正太战役打响后，抗大部分学员和一二九师随营学校分别在洪学智副团长、杜义德校长的指挥下参与战斗。特别是百团大战第三阶段反"扫荡"战役中，学员们进行分散活动，数次躲过敌人围剿，并在突围中给予敌人回击。打退"扫荡"后，洪学智和吴胜坤接到命令，开赴华中，准备在新四军中筹建抗大第五分校。为保证第六分校的筹建任务，派原抗大第三团团长刘忠同志接任第六分校筹划工作。此时抗大总校离开武乡，抗大总校认为武乡具有良好的群众基础和经济条件，希望六分校的筹建工作可以在武乡进行。11 月下旬，抗大六分校正在武乡正式设立，12 月初，陆续招收学员。1941 年 3 月，经过各部队选送，学员陆续到位，18 日在中村滩举行盛大开学典礼。

六分校开学时，正是华北抗战中最困难的时期，八路军在日、伪、顽的夹击下，伤亡惨重，根据地日益缩小。日寇将太行山的腹心地带作为严加"扫荡"的地区，太行根据地一直处于反"扫荡"的状态，但学校并没有因此停学，而是一边教学、一边战斗，还要开荒生产。抗大六分校第一期招收的学员，主要成分是八路军工农出身的连排级干部，对民族和社会的解放事业意志坚定、思想纯洁。但是理论学习有些困难，还未养成读书习惯。针对学员特点，六分校第一期课程安排上增大文化课比重，军事课主要开设：步兵战术、射击与兵器、地形学、攻城学、抗日战争的战略方针和整军工作；政治课开设：政治常识、中国问题、党与政治工作、马克思列宁主义、中国革命史等；文化课开设：国语、算术、自然常识、地理。军事课的战术课、技术课，结合各种战法，特别是游击战术，联系优秀战例进行讲解，还聘请炮兵专家赵章成、优秀参谋田牧等参加讲课，使理论与实际得到高度结合，使学员们得到启发和提高。

1942 年 3 月，抗大总校与六分校合并，六分校称号取消。

拓展 ▷ 阅读

"青纱帐"是什么？

1940 年 7 月 22 日，八路军总司令朱德、副总司令彭德怀、副参谋长左权下达《战役预备命令》，规定以不少于 22 个团的兵力，大举破袭正太铁路。命令中提到"为打击敌之'囚笼政策'……决定趁目前青纱帐与雨季时节，敌对晋察冀、晋西北及晋东南'扫荡'较为缓和，正太路沿线较为空虚的有利时节，大举破袭正太路"。正太战役发展成为百团大战，历经三个阶段，在

◎ 青纱帐

中国抗战处于困难、妥协投降空气甚浓的时候取得了重大胜利，具有重大的军事和政治意义。

《战役预备命令》里的"青纱帐"，我们熟悉的《黄河大合唱》的歌词——"青纱帐里游击健儿逞英豪"里的"青纱帐"到底是什么？青纱帐，指夏秋季节，田地里生长的高粱、玉米等高秆作物。几场骤雨停歇，一碧万顷的玉米高粱便遮天蔽日笼罩四野，远看像青纱帷帐一样。敌后游击战争，日军乘车骑马在坦荡无垠的华北平原快速移动，所持"三八"步枪千米距离内可精准射击。隐蔽于青纱帐作战成为平原游击战的主要方式，战场主动权开始易手。抗日军民利用青纱帐天然屏障，动若流水疾风，来去飘忽不定，机动灵活打击袭扰敌人。日伪军看不远、听不见，成了被动挨打的"瞎子""聋子"[1]。因此"青纱帐"一词频频见于各种现代战争小说。

---

[1] 高建国:《永远的青纱帐》,《光明日报》2017 年 7 月 28 日。

第三节　艺术精神：晋东南鲁迅艺术学校

　　抗日战争初期，以一二九师为基干的八路军野战部队转战华北敌后晋冀鲁豫边区，抗击并大量歼灭日寇和伪军，建立抗日根据地。

　　随着战斗队伍扩大，根据地也得到扩大与巩固，到1939年底，在同蒲路以东，津浦路以西，正太、石德线以南，黄河以北广大地区，普遍建立了抗日民主政权，先后成立了太行、太岳、冀南、冀鲁豫4个军区、行署①。根据地建立和发

---

① 河南省革命文化史料征编室编：《太行太岳边区文艺史料选编（河南部分）》内部资料，2000年，第421页。

◎ 前方鲁迅艺术学校武乡下北漳旧址现貌

展过程中，为了加强抗日宣传工作和丰富军民文化生活，军队和地方纷纷成立了剧团和宣传队。这支迅速发展起来的年轻的文艺队伍，急需提高专业水平。1938年底，成立于同年4月的延安鲁迅艺术学院（以下简称"延安鲁艺"）派杨角、张晓非、伊林、龙韵、朱杰民（周极明）、陈克、洪流等同志上前方，到北方局工作。1939年5月，国民党反动派发动第一次反共高潮，延安鲁艺全院人员编成一个纵队，每日进行操课。接着形势急转，7月延安鲁艺奉命组织大部分师生，成立华北联合大学文艺学院，由副院长沙可夫亲自率领，与"陕北公学""青训班""工人学校"等组成"八路军第五纵队"，赴敌后根据地开展工作，开赴晋察冀办学。留守延安的鲁艺师生继续坚持办学。在开赴晋察冀途中，有一部分人员来到晋东南。1939年秋冬，有许多延安鲁艺东迁时过来的干部也来到晋东南。

根据延安鲁艺学生、干部齐聚晋东南的情况，北方局决定以杨角等7位同志为基础，增加从延安鲁艺木刻工作团调来的老木刻家陈铁耕和画家彦涵同志，以及从八路军前方总政治部调来的汪耀前（萧芒）等6名同志，还有一些诗人、小说家、文学家等，准备在太北重新筹建一所艺术学校，有不少鲁艺同人建议，学校就叫"鲁迅艺术学校"。北方局同意了这一建议，并委派北方局文艺科科长李伯钊同志具体负责，开始筹建鲁迅艺术学校。经过紧张的筹备，鲁迅艺术学校即将正式成立。这时，从延安传来消息，1939年11月28日，留在延安的鲁艺部分师生恢复了鲁艺建制，中共中央为了加强领导，正式任命吴玉章为院长，周扬为副院长，并由宋倪夫担任政治处长兼党总支书记。为了与延安鲁艺名称有所区别，北方局决定在原定校名前增加"晋东南"冠名，学校的名称就定为：晋东南鲁迅艺术学校，简称"晋东南鲁艺""太行鲁艺""前方鲁艺"。前方鲁艺的办学方针是：团结与培养文学艺术的专门人才，以致力于新民主主义的文学艺术事业。校训是毛泽东亲题的"紧张、严肃、刻苦、虚心"。学校于1940年1月1日在武乡县下北漳村正式成立[①]。

学校受北方局和八路军野战政治部领导，设立有校务委员会和党支部等机

---

① 刘宋斌：《中国共产党文化建设史（第一卷）》，哈尔滨：黑龙江人民出版社，2019年，第535页。

构,校址随着八路军前方总部迁移。1941年迁往辽县上武村,1942年迁往麻田镇附近的芹泉村。由李伯钊任校长兼总支书记,陈铁耕任代理校长。下设音乐、戏剧、美术3个系,还有一个文学研究委员会,教务、总务两个处,另外附属一个实验剧团、一个京剧团和一个木刻工厂。教务主任由牛犇担任,总务主任由军队干部刘海潮同志担任。实验剧团由吕班、伊林同志任团长,京剧团由裴东篱任团长,还有陈德京同志等;文学研究委员会由作家王玉堂同志负责;音乐系主任由音乐家常苏民同志担任;戏剧系先后由严熹、洪禹同志担任;美术系由杨角、张晓非任正副主任,美术教员有画家汪占非同志和自学成才的艾炎同志;还设有校刊编辑委员会,编辑《鲁艺校刊》。其间曾准备成立文学系,后因条件不成熟未成事实。这所学校的干部和师资队伍、专业力量、学术水平是很强的,有的在苏联长期钻研艺术工作,有的到日本深造过,绝大部分上过各种艺术学校,是科班出身的。

学校1941年后由野战政治部单独领导,实质上成了部队艺术学校。在编制上是部队营级的建制,这样,学校平时的校长、总支书、主任,在战时又分别成了营长、政委、参谋。学校的师生员工一律是军人打扮,每人都是一身军装、一条皮带、一双草鞋,高度军事化是"前方鲁艺"的一个特点。教育内容与党的方针政策和军事形势紧密结合,是"前方鲁艺"的另一个特点。再一个特点,是坚决依靠群众办学。地处敌后战争环境,不必要也不可能兴建固定的专门校址,走到哪里,哪里就是校址。村镇上大的房屋可借作教室,场院上、树林里也是很好的露天教室、画室和排练场。还有一个特点就是教学方法方式的机动灵活性,平时可以集中进行教学,战争时期则分散深入群众,用学到的艺术宣传群众、组织群众,这无疑是对教学效果的检验。同时,在战争结束后,又可把深入群众的亲身见闻和感受带回学校,又成了创作或教学的鲜活素材。

学校的生活既严肃紧张又生动活泼,每天早晨吹号起床之后全体出操跑步。白天上课和工作,晚间自由活动。在街上刷新标语,张贴墙报;或给老乡扫院、担水和打扫街道;或到学校开辟的小菜园劳动以补给伙食的部分蔬菜;或到山上打柴帮助解决燃料问题。校务会、班务会、支部会等,也在这个时间里交错地进行。

　　为解决吃粮问题，由后勤部门安排分配到附近的村里去背粮。每个星期日多半是全校动员出发，到20里外的韩北等地去背粮。在背粮的路上，学员们一个个精神抖擞，一路上歌声与口号声不断，互相"挑战应战"。到了灌粮时却不搞平均主义：体质较弱的只准背四五十斤，棒小伙子会主动灌到七八十斤左右。回来的路上，学员们热汗淋漓，歌声暂时少了；直至卸完重负，才又一群群跑到河边，洗脸洗脚洗衣服，欢声笑语一片。

　　由于抗战时期物质生活相当艰苦，有的同志起先不习惯于吃小米或高粱米干饭，常患便秘的毛病，渐渐习惯了也就适应了，而学员们的精神生活却饱满充实。北方局和八路军总部的领导同志差不多每个星期都要挤出时间来给学员作报告。朱德总司令、彭德怀副总司令、左权副参谋长、杨尚昆同志、傅钟同志、罗瑞卿同志、陆定一同志，还有李大章、刘锡五、何云、漆克昌、朱光等同志，都先后来讲过课。

　　每次首长来讲课，所有学员都集中在一片浓荫覆盖的大树林上大课。同学们则坐在小凳子上，就着膝盖做笔记，课后进行讨论。这些讲话和讨论，启迪着他们的觉悟，开阔着他们的眼界，滋养着他们革命的信念与理想，成为学员们最丰富的精神食粮。李伯钊同志对工作精益求精，善于把党的意图贯彻到学校的实际生活中，在各种会议上，她都要让大家充分发表意见进行民主讨论。对于正确的意见，对于同志们的各种优点或艺术创作上的进步和成就，她都热情地给予赞扬，对于某种缺点她也常及时中肯地提出有说服力的批评及改进意见。比如有一次，实验剧团新创作的一个话剧在试验演出时，末场的场景是一个青年女性投缳自尽悬起在半空中的惨相。李伯钊看了排练后，马上下令停演，指出这种处理很不妥当，它太刺激人的感官，甚至有"艳尸"的庸俗气味。应该处理在暗场，给观众以暗示，引起人们对于悲剧的深思才好。作者接受这个意见并进行了修改，成为一出效果较好的戏。又如，有的学员画老太太总是一双小脚，李伯钊就指出，这种封建历史遗留的惨痛现象，既不能代表老太太作为人的本质，又不符合新社会的健康审美要求，不宜自然主义地去描绘，以后这种画法就改过了。当时还有一支颇为流行的曲子，其中的两句词原来是这样："八路军啊爱护老百姓，老百姓也要拥护八路军。"李伯钊认为这第二句不确切，应把"也要"二字改为

"坚决"二字，才能充分表达出军民鱼水情谊，融洽无间的亲密关系。从此这首歌就改为"老百姓坚决拥护八路军"了。

学校剧团把本校师生创作的剧本排演出来，经常深入农村进行演出，每到一

延伸 阅读

为什么以鲁迅先生之名命名艺术学校？

"鲁艺"，中国艺术教育史上一个响亮的名字。最早是1938年4月由毛泽东、周恩来等亲自倡导创建于延安的鲁迅艺术学院的简称。随着革命形势的发展，历经迁校、合校、分校等多次变动，校名也几经变化，多个"鲁艺"阶段及校名全称被人忽略遗忘——1938年8月，延安鲁艺增设文学系，校名改为"鲁迅艺术文学院"；1939年冬，武乡下北漳村成立了"晋东南鲁迅艺术学校"；1943年3月，合编至延安大学，其校名为"延安大学鲁迅文艺学院"；1945年8月，按照中央部署，延安大学（包括鲁艺）和华北联合大学的部分师生组成"东北大学鲁迅艺术文学院"；1958年发展为"鲁迅美术学院"。但为什么一定要以鲁迅先生之名命名一所艺术学校呢？

在我们眼中，鲁迅先生弃医从文，是著名的文学家，思想家，革命家，他的每一篇文章针砭时弊，语言锋利，表达出强烈的革命主义精神。除此之外，先生还会画画、设计字体、封面装帧设计。其中最有代表性的作品就是北大校徽。1938年2月，毛泽东、周恩来、林伯渠、徐特立、成仿吾、艾思奇、周扬联名发出的鲁迅艺术学院《创立缘起》中说："艺术——戏剧、音乐、美术、文学是宣传鼓动与组织群众最有力的武器，艺术工作者——这是对于目前抗战不可缺少的力量。因之培养抗战的艺术工作干部在目前已是不容稍缓的工作……我们决定创立这（所）艺术学院，并且以已故的中国最大的文豪鲁迅先生为名，这不仅是为了纪念我们这位伟大的导师，并且表示要向着他所开辟的道路大踏步前进。"所以，"鲁艺"办学理念以继承和发扬鲁迅精神为目标，正如太行鲁艺的校歌中写到"继承鲁迅的遗志""高举起鲁迅的旗帜"。

地演出时，村里就像赶会一样，邻近村庄的群众都不惜翻山越岭地来观看。这是宣传抗日思想和政府法令的大好时机，学员们不仅有嘹亮的歌声，也有新颖的壁画，各种各样的宣传内容都牢牢地吸引着群众。这充分证明，虽然话剧在农村是一种新事物，但只要内容贴近于他们的生活，又有精湛的表演技艺，农民是同样能接受和欢迎的。

1940 年夏，敌人占领了武乡段村，在这里扎下了据点，从此不断出来骚扰、"扫荡"，严重地干扰了学校的正常教学工作，为了保证学校安全和继续教学，学校曾一度转移到大陌、城底等地，等敌人撤回据点后，又转回到下北漳村。8 月间，八路军总部发动了百团大战，学校组织宣传百团大战英勇事迹文艺活动，深入部队慰问演出。百团大战结束以后，由于战争形势变化，八路军总部与北方局等机关转移到了辽县，前方鲁艺也跟着转移到了辽县上武村。

1941 年初，李伯钊同志回延安，由陈铁耕同志代理校长，野战政治部罗瑞卿主任和宣传部王东明部长直接参与学校的领导。

1942 年 5 月反"扫荡"以后，根据前方严重的战争形势，野战政治部决定，撤销前方鲁艺，合并入延安鲁艺，一部分同志回了延安，还有一部分同志分配到各抗日根据地的文艺团体。1943 年 4 月，鲁艺并入延安大学。1950 年 4 月，又从延安大学抽调原鲁艺教职工，组织成立了中央戏剧学院。

晋东南鲁迅艺术学校在硝烟弥漫的战争环境里，开办了将近 3 年时间。它为晋冀鲁豫边区的军队和地方培养了约 300 名文艺干部，师生们的文艺创作和演出、展出活动，对丰富边区军民文化生活，推动边区文艺运动的发展都起了一定的作用。艺校师生大都是二十岁上下的青年知识分子。这些同志在这一段峥嵘岁月中，受党的哺育，战争的洗礼，和人民群众共患难、同战斗，为他们确立革命的人生观和文艺观奠定了良好基础。绝大多数同志都成为文艺战线和其他战线上的坚强战士，有的同志在文艺创作领域，有的同志在文艺或其他部门领导岗位上，兢兢业业勤奋工作，为革命事业贡献自己的力量，在党的艺术事业中发挥了不可估量的作用。

第四节 后方补给：野战卫生学校和太行工业学校

野战卫生学校

野战卫生部

由于八路军部队兵员猛增，医务人员奇缺，对根据地卫生工作提出了迫切要求，为部队培养医生、司药和护士，刻不容缓。为此，八路军总部卫生部开设卫生教导队，后在此基础上建立前总卫生学校，1940年将此校与一二九师卫生学校合并，组建野战卫生学校，成为全区各军医院医生和护士的主要教学基地。

1938年10月，中央军委后方卫生部副部长孙仪之率领后方卫生部少数干部及一个兵站医院，到达太行前线，位于屯留县故县镇（今长治市潞州区）的八路军总部。在此地，由少数干部和后勤机关有医疗知识的人员成立八路军野战卫生部，由兵站医院组建成八路军野战医院。野战部卫生医院承担了八路军总部下达的四项主要任务，分别是组织后方医院医治伤员、组织部队开展战地救护、培训卫生干部和地方医药人员参军、筹划药材为抗日战争提供卫生保证。其中第三项任务成为中心目标。为此，前野战卫生部部长孙仪之决定成立卫生教导队，抽调曾在抗大一分校担任卫生员的于宁任主任教员，全面负责教学和行政工作。课程涉及药物、解剖学、理化等。学生群体是部队选送护士和参与过长征的年轻战士，也有少数具有不同文化程度的学员。学生文化素质参差不齐，成为开课后第一个难题。学校根据文化补习后的考核成绩和操作实际，对学员分班，按药剂师、司药和军医两个方向培养。

1939年7月，日军对晋东南发动第二次"九路围攻"，八路军总部机关由潞城转移到武乡，野战卫生部驻扎于土河坪村，教学条件稍有改善，配备了教学标本和显微镜。1939年秋天，野战卫生部将人员从100多人减到11人，绝大部分充实到野战医院，另一部分在卫生教导大队的基础上，组建前总卫生学校，10月，卫生学校正式成立。

卫生学校成立

卫生学校设在土河村，校部住在张福生家，教室设在申家祠堂，后来改在真如寺南殿，校部迁至张景旺家。卫生学校为总部直属单位和一二九师及所属各旅培养卫生人才，设军医班、护理班、兽医班、高级班。学校设置手术室和学生实习病房，以促进临床教学，增加学员临床经验。还经常带领学员去刀把嘴村的野战医院参加实地治疗，在实操中锻炼医术，促进水平提高。学校在这样的进度中不断增大规模，学员被分成了几期，每期设期长，由学生选举产生，上设队长，主要职责是管理学生生活和军事活动。

当时，根据地教学缺乏教材，卫生学校买不到对口的教材，激发了教员们自行编写的热情。《药理学》《病理学》《解剖学》《救护常识》《太行山中草药》等书籍在实践中产生，编好后交到油印股刻板油印。有一次，因为敌人封锁严密，根据地缺乏纸张，只好用了油光纸、粉连纸，印好的书本花花绿绿，甚至根本看不清楚。就是在这样的学习条件下，学员们勤勉自立，向当地老中医、野战医院医生请教学习，跑到武乡东山辨识草药，顺便挖草药，补给医院储量，中草药在根据地派上了大用场。

1940年8月，八路军总部发动了震惊中外的"百团大战"，我八路军参战总兵力达20万人，战地救护工作成为重要任务。前总卫生学校决定将建校后的第一批学员全部安排至各前线医院。教育主任于宁亲自带领一批学生，赴武乡县和黎城之间的山沟，建立临时收容所，靠隐蔽的地势治疗负伤战士。1940年，经中共中央批准，前文提到的野战卫生部与一二九师卫生部合并，继续称其为"野战卫生部"，两部所属的前总卫生学校与一二九卫生学校也合编为野战卫生学校。由钱信忠部长兼任校长，涂锡道任政委、于宁任教务主任。年底，两校在武乡土河坪村完成了合编工作，由任拯九接任教务主任。野战卫生学校学生有400余人，校部设在岳照全的家，教室在村西老爷庙。设置军医班、护理班、军马班、军医高级班、兽医高级班等。

百团大战后，日本侵略军调集重兵进攻八路军，对华北各抗日根据地进行疯狂的"扫荡"。野战卫生部部长钱信忠在组织历次战役和重大战斗的抢救治疗工作的同时，加强对卫生学校的领导，加紧培训医务干部。他坚持给卫生学校学生上课，手把手教给学员手术步骤、技巧。当时有些学员文化程度低，学习很吃力，他对学员说："只要你们在战争中不怕死，决心刻苦学习，就一定能把你们培养成合格的军医。"他亲自指挥卫生学校在太行山上一面战斗一面教学，使学校胜利完成了反"扫荡"和教学任务。

1941年11月，为了结合黄崖洞保卫战的战地救护，野战卫生学校迁到左会村。在残酷的战争环境下，野战卫生学校教学和生活是十分困难的。教员们上课缺粉笔，学生们把破庙墙壁的粉皮扒下来，研磨制成粉笔。1942年学校用两间比较宽敞的房子建起了一座图书馆。垒起土台子，中间夹了隔板做成书架，把好不容易搜集到的一二百本书陈列出来。在太行山区，用水难，同学们就积雨水，消毒后饮用和洗涤。有时缺粮，就吃野菜或黑豆稀饭。白天上课，晚上站岗放哨，随时准备战斗转移。

1942年春，学校实行精兵简政。在校学员由400多人减少到100多人，当时

拓展　阅读

中草药在抗战过程中的作用

　　利华制药厂是抗战时期中国共产党领导的人民军队创办的一家规模化的制药厂。这家制药厂诞生在山西太行山深处，毛泽东曾为药厂题词："制药疗伤，不怕封锁，是战胜敌人的条件之一。"1939年春，潞城县南村建立了第十八集团军野战卫生部制药所。建立3个月后，便转移到武乡县刀把嘴村。1939年因为流感、疟疾流行，不少八路军战士染病，加上日伪当局严密封锁，药物奇缺，影响了战斗力。一二九师卫生部部长钱信忠号召医务人员采集野生柴胡，熬汤给病号喝，病情大为好转，给前方将士和根据地军民带来了福音，在太行山区引起了强烈反响。1940年11月，八路军野战卫生部制药所和一二九师卫生部制药厂合并，改名为"利华制药厂"。利华制药厂研制生产了不少药品，一大创举，就是经过多次实验开发了全球第一支中药注射液——柴胡注射液，医名"瀑泼利尔"。柴胡注射液的创制成功，开创了中药西制的先河。

只剩下两个军医班和一个调剂班。4月，涂锡道政委调离学校，肖大煊接任政委。6月，学校迁到辽县上武村。随着局势发展，野战卫生学校被改编为晋冀鲁豫医科专门学校、北方大学医学院、华北医科大学，每个阶段都发扬了自力更生、艰苦奋斗的优良传统，为八路军的壮大和革命战争胜利发挥了巨大作用。

太行工业学校

　　1941年3月，太行工业学校在武乡诞生了。其前身与上文中提到的抗大六期有深厚联系。抗大六期成立特科大队，有参谋连、机枪连、通讯连、兵器研究室。后来大队归属军工部，改称八路军干部训练队，下设两个分队，一分队培训军事工业技术，二分队培训军事通讯联络。为配合百团大战第三阶段，干训队开赴武乡石门村。战斗结束后，干训队在温庄村驻扎，一分队学习金工常识和钳工操作，二分队学习电台、通讯和密码等。1941 年 3 月，干训队扩大成为太行工业学校，校址是土改前李姓财主家。1941 年 4 月，从各地选派出的学员通过敌人封锁线，共 96 名学员来到温庄村。学校教职工 20 人，专科班学员 129 人。设不同的学制和教学计划。分预科、普通科、专科三级教学，根据文化程度分别编为 2 个机械专科班、2 个普通科班、1 个预科班和 1 个会计班。学校场地较大，学习条件好，临近柳沟铁厂，学员可以根据学习进度去厂里实习。

军工企业发展壮大，技术人员严重缺乏，面对这一问题，八路军总部决定扩大招生，在部队和兵工厂挑选了一批文化素质较高的学员，直接进入专科班学习。原定的机械专科班分为机械专科、化工专科、矿冶专科 3 个班。学习的内容也较为高级，涉及几何、代数、热学、力学、电学、机械加工、热处理、化学工程，等等。以课堂为主要教学场景，有时也在窑洞、大树下、场院内教学。武乡十分缺水，早晨的洗脸水一般都是十多人共用。大家都严格遵守纪律，借老乡的东西一定要还，还不能损坏。空闲的时候就帮老乡担水、推碾子、扫院子。1943 年，太行工校 4 个普通班学员升级，分别编入机械专科班、化工专科班、冶金专

◎ 太行工业学校旧址

科班学习。这一年是太行山遭受干旱的第二年，工校学生响应八路军总部号召，开荒 80 余亩，抢种蔬菜。粮食标准下降后，用野菜和树叶合煮充饥。

1943 年 6 月，日军 3000 余人攻占了武东蟠龙镇，距工校驻地仅 4 公里，再加上连日干旱，粮食供给不稳定，工校不得不采取停课大生产。1944 年 5 月，遵照上级指示，太行工校在学生全部毕业之时停办。太行工校创办三年，为党培养了近 500 名工业管理干部和初、中级技术人员，这批学员在抗日战争后期和解放战争中发挥了重要作用，许多同志成为新中国国防企事业单位的领导骨干，被誉为"人民兵工第一校"。太行工业学校在共产党工业发展史上，留下了光辉的一页。

本章问题探索

1. 抗战年代，为何要在战火纷飞的武乡驻扎或兴办除军事学校之外的其他学校？

2. 当时的各类学校是如何引导学生思想、提高实操技术的？

第二章　名流荟萃　文化繁荣

　　抗战时期，太行山巅聚集了一批文艺精英，他们抖擞精神，用文艺传播红色理念，让身处炮火中的人们领略到了一种红色文艺精神。1937年11月14日傍晚，以丁玲为主任的西北战地服务团40多人，随朱德总司令为牺盟游击队进行演讲来到了武乡，战地服务团在街头教周围的人们跳中国舞和弗吉尼亚乡土舞，还表演了小调、快板、舞蹈，簇拥着的人们，给欢快的旋律和轻盈的舞步打拍子，战地服务团的表演给武乡人民带来了特殊的精神食粮。1939年春，有两批文化工作者从延安鲁艺先后到达武乡，分别是：鲁艺实验剧团，团长是王振之；鲁艺文化工作团，团长是作家陈荒煤。在此前后，来到武乡的还有剧作家李伯钊，作家徐懋庸、王春、阮章竞、苗培时、伊林、刘白羽、卞之琳、陈克寒、朱光、杨朔、周立波等。1939年11月，在多名作家的推动下，武乡下北漳村成立了"中华全国文艺界抗敌协会晋东南分会"，并创办《华北文艺》《文化哨》等刊物，新文艺空前活跃。1940年2月，八路军电影团成员李肃、徐肖冰、吴本立3人冒着华北深冬的鹅毛大雪，通过敌人的封锁线，向太行山华北敌后根据地的心脏晋东南太行山区武乡县进发，在极度危险的战争环境下，记录了根据地千千万万坚持敌后浴血奋战的八路军的英雄形象。无论是作家、艺术家还是电影工作者，都在武乡这片土地上，注赤胆忠心于自己擅长的艺术形式，将其作为武器，化成民族气节与坚韧不拔的品质，以及不断前行的动力。

第一节 赵树理："文摊"作家

赵树理出生于沁水河畔。

他曾 3 次来到武乡工作和生活，总时长 4 年之久。第一次是 1940 年 4 月到 1942 年春天，在安乐庄、大坪《新华日报（华北版）》担任《抗战生活》和《中国人》副刊编辑，其间写出文章 300 余篇，极大地鼓舞了群众的斗志，振奋起民族精神。第二次是 1945 年 2 月到 8 月，两次以战地记者和调查员的身份深入武乡权店、分水岭、南关等 12 个村庄，走访调查日军侵略暴行，为"远东国际法庭"审判日本侵华战争战犯搜寻铁证。第三次，1951 年 3 月到 1955 年 10 月，在监漳、窑上沟、枣烟等村，指导合作化试点，推动农业社会主义改造，并以此为原型创作了长篇小说《三里湾》。这里我们着重介绍前两次赵树理在武乡的经历。

赵树理与《中国人》报

1939 年，《黄河日报》创刊。日寇侵入长治，《黄河日报》以白晋铁路为界，分别出版路西版和路东版。路东版社长王春同志请赵树理担

"文摊"作家：赵树理为了让农民摆脱封建思想和道德习俗的束缚，树立民主的革命的思想，宁愿不做"文坛文学家"而做"文摊文学家"。他的写作，要"老百姓喜欢看"，还要"政治上起作用"。他是以一个有觉悟、有文化的农民的眼光观察农村、认识农村、评价农村、表现农村的，即他是站在农民一边的。赵树理在汲取民间传统的基础上，创造出"新鲜活泼的、为中国老百姓所喜闻乐见的中国作风和中国气派"，所以他是一个身在文坛，却想上"文摊"的人。

◎ 赵树理作品

任《山地》副刊编辑。来稿少时，赵树理亲自上阵，用犀利和富有战斗性的文字鼓舞斗志、针砭时弊。《黄河日报》和《太南日报》合刊为《人民报》后，赵树理又担任其副刊《大家看》的编辑。1940 年，汪精卫南京国民政府成立，这一消息在全国引起了极大轰动，赵树理为当时讽刺汪精卫政权的一幅漫画题诗："做了日本官，好像猴爬杆。一时不听话，就要挨皮鞭。再说不干吧，人家用绳拴。抗战胜利后，怎么到人前？"讽刺漫画和诗的结合，效果奇好，解放区所有报纸纷纷转载，敌占区、蒋管区的报纸也予以转载。前文提到的王春同志看到了赵树理的潜质，决定派其前往《新华日报》实习。从此，赵树理与武乡的四年之约开始了。

1940 年 4 月 15 日，赵树理听从组织安排来到了武乡安乐庄（圪隆蛟）、大坪等地接受新的任务。《新华日报》建有通讯联络部，下设通讯、采访、电讯、编辑 4 科。根据形势需要及赵树理本人特长，安排其到编辑科（即"八科"）工作，主要任务是编辑月刊《抗战生活》，不久，又任命赵树理为报纸《中国人》的主编。《中国人》是专向敌占区发行的周刊。《关于出版敌占区报纸〈中国人〉的通知》中，明确刊物"用通俗化的语言和群众喜闻乐见的形式"，执行"向敌占区人民宣传共产党政治主张、进行抗战教育；揭破敌寇汉奸的一切欺骗宣传；介绍敌后抗日根据地，鼓舞敌占区人民斗争情绪"的艰巨任务。华北新华日报馆领导十分信任赵树理，由他全权编辑这一战斗性极强的周报。

赵树理的通俗文风

领受这一任务后，赵树理先后用冷哉、一鸣、玉成、王甲士、宋元、海光等上百个笔名发表了文章上百篇。多采用民间文艺形式，突出通俗、活泼和生动的调性。1940年8月，《中国人》创刊不久，报社计划向敌占区民众宣传毛主席关于"持久战"的思想。经由联通部和编辑科的同志们商议，一致推举赵树理为主笔。赵树理以"画瓢"为笔名，以毛泽东同志写于1938年的名篇《论持久战》为指导底本，加入自身学习和理解写成了《漫谈持久战》政论文，经过何云修改，送彭德怀审阅。彭总盛赞："写得好，这是对毛主席《论持久战》的阐述和发展，值得每个人去阅读！"报纸连载10多期，标题为《打一个比方》《抢与抗》《日本人凭什么抢》《我们扛得住吗》《谁的朋友多》等，在解放区和敌占区引起高度关注，将其当作毛主席原作的讲义和注释。

1941年3月，《中国人》三版发表的《神枪手刘二堂》，是将《新华日报（华北版）》一则300余字的消息改编成110字的快板诗，朗朗上口，流传四方。四版《大家看》副刊上的文章，更是花样翻新，有故事、小说、诗歌、相声、鼓词、童谣、笑话、寓言，等等。华山曾回忆道："对他运用通俗文学的才能佩服极了。总共几千字一期的小报，居然搭配出了那许多栏目，抗日根据地的新事物和新的政治概念都要宣传出去。还要明白易懂、引人入胜，真了不起！"[1]除了编辑《中国人》文稿之外，还要负责版式设计，校对和跑印刷，兼顾《抗战生活》的部分编辑工作。任务繁重，但赵树理做得十分出色[2]。

赵树理的文风通俗易懂，面向农民进行创作。但取材走访却从不马虎，没

---

[1]　华山：《赵树理在华北新华日报》，见高捷编：《回忆赵树理》，太原：山西人民出版社，1985年，第217页。

[2]　邰林涛：《赵树理与〈中国人〉报》，《新闻采编》2007年第1期，第26—27页。

有闭门造车和故意俗气的取向。比如《李家庄的变迁》，是赵树理第三部反映中国农村伟大变革斗争的叙史作品，正是基于在武乡大量的实地走访，才成为不朽名作。

赵树理同武乡群众

赵树理在安乐庄和大坪，都被派作单位代表，进村入户，联系村社干部，帮助做群众工作。不仅帮助村干部开展生产、支前、民兵、备战备荒、减租减息，而且在繁重的工作中抽空走家串户，想尽办法解决群众生活困难。

安乐庄是干石山区，全村人用水困难，吃水全靠老天下雨，冬天下雪积存在旱水窖中，供全年吃用。男人小孩平时很少洗脸，就连刷锅水也要澄清了存起来再作他用。时逢天干无雨，老乡们吃水更困难了。赵树理对此心急如焚，当作一件大事，想要打水井、修水窖，一定要帮助群众解决吃水难问题。社长何云支持赵树理，决定由报社出钱，每天抽出部分同志帮助村民打水井。虽然，凿井计划从春到秋，再到冬天，掘地二三十丈深，最后没有成功，但赵树理和同志们以实际行动关心群众生活疾苦的工作精神，给安乐庄村民留下了深刻的印象。后来，报社发动工作人员帮助群众修水窖、解决群众春耕生产中的种子、耕牛、人力等方面的困难。赵树理和其他同志们利用业余时间帮助群众锄草、耕地、割庄稼、打晒粮食，并轮流分头帮助军烈属、困难户进行生产。

1940 年夏，麦子成熟收获时节，赵树理恰好下乡采访，来到太行三专署所在地——王庄沟村。专员刘亚雄向赵树理讲述全区抗战形势和当前农作物生长情况，说："眼下正是苗荒麦黄的非常时期，我们正在发动群众抢收小麦，既不能叫鬼子得到一粒粮食，又要抓紧时间在雨季龙口夺食。"第二天，赵树理同专员一起参加抢收麦子战斗。山上、沟里，大家挥镰割麦、打晒贮藏的火热景象令赵树理感慨万千。晚饭后，赵树理写成了一段《割麦对唱》："男：麦田一片黄，眼看快登场；谁知鬼子不讲理，大批人马到我庄。女：鬼子太猖狂，咱们不能让，今夜大家一齐来，你拿镰刀我拿枪……"这篇稿子在《中国人》和《人民报》上发表后，对各地抓紧割麦起到了促进作用。

除了田间地头的劳作，赵树理办扫盲夜校、教群众认字、练习毛笔字，还教村民写文章，写诗歌。在两年多的时间里，安乐庄被评为晋冀鲁豫区第一个无文盲村，受到了边区政府的表彰。赵树理酷爱文艺活动，特别是对武乡戏剧、曲艺颇有情缘。在武乡工作期间，经常为光明剧团创作修改剧本、指导排练，打鼓板、拉二胡。同武乡秧歌界的领军人物、四大"青衣旦角"演员崔来法成为朋友，得知崔来法一字不识后，说："这可是你的弱点，看我有空时帮你补补文化课。"后来，送给崔一本《四角号码字典》，有空时便来光明剧团手把手教崔查字典、读音，不厌其烦，反复教授。

赵树理的作品

《李家庄的变迁》是赵树理继《小二黑结婚》和《李有才板话》之后的第三部反映中国农村伟大变革斗争的作品。其基础素材是赵树理以《新华日报》战地记者身份，只身秘密深入武西地区的十多个村庄进行采访所得。

书中的地名和人物，有许多取材于武西区。据知情人讲述，书中的小常原型是孙汉英，铁锁原型是赵天虎，冷元原型是李兰成，李如珍原型是郝泉香，等等。

李逸三目睹白晋路沿线军民与日寇英勇斗争过程，向赵树理提议："你去吧，那里斗争故事多得数不清，会让你感动的，一定要把这些英雄人物的光荣事迹写出来，让后人敬仰他们，学习他们，为新的生活去奋斗！"1945 年 2 月，赵树理一副农民打扮，拿着李逸三给的介绍信，徒步来到武西地区，寻找到了以行医身份收集敌方情报的、可靠的地下党员杨效田，在杨效田的配合下，赵树理开启了秘密采访旅程。在杨效田掩护下，二人来到了南关，走进了维持会长郭大恋的家。郭大恋人高马大，机智果决，对鬼子、汉奸满脸堆笑，低头哈腰，又递烟又点火，对敌人俯首帖耳，惟命是从。扭头对村民吆三喝五，指手画脚，骂骂咧咧。这都是郭大恋的"计谋"，他正是在与敌人的周旋中解救群众。郭大恋向赵树理讲起了八路军和民兵三战南关的斗争经历。述说了武西地区民兵铁道游击队配合九团黄定基部四连成功袭击南关火车站的经历。讲述地下工作队员、党员和民兵联合为民除害，杀掉无恶不作的特务和狗仗人势的翻译的事。赵树理听得如痴如醉。回到分水岭的住所，赵树理对杨效田说："此行跑得不冤枉，这真是收获不小，想不到有这么多的鲜活素材……这场轰轰烈烈的抗日战争主角和配角缺一不可，前方有战斗，后方有支援，这场仗才能打胜！"

辞别杨效田后，赵树理来到权店村，见到了权店村地下党组织负责人赵天虎、李兰成，记录了二人在中共武西县委秘密工作人员李天才的引领下，15岁秘密加入共产党，建立权店村地下党支部，组织起民兵基干队的过程。民兵武装经常配合八路军和武工队打击敌人，1940年5月，权店村民兵秘密配合八路军、武工队和白晋沿线群众开展交通破击战，不论男女，手扒道轨，肩扛枕木，掀翻铁轨，让日军经营一年的白晋铁路成了"死蛇"。

就是这些栩栩如生的人物，给赵树理无限的灵感，他们又经历一个多月的整理和升华，成为小说故事的主人公，跃然纸上。1946年1月，《李家庄的变迁》送交华北新华书店出版发行，轰动了解放区。

赵树理调查日军暴行

1945年8月22日，赵树理跟随"日军罪行调查队"一行十多人，来到武乡西部。虽然赵树理在写《李家庄的变迁》时，已经来过权

知识 链接

白晋线，是日军从大本营向晋东南运送军火物资的主要补给线。日军企图以白晋线为界，摧毁抗日根据地。这是一条十分重要、多方争夺、不断遭到破坏的铁路。白晋线应是指从祁县东观白圭村到晋城的铁路线；是南同蒲线的一条长达300公里的支线。它在路线上基本上和今天的208国道相同，是省城通往晋东南的主通道。这条本可以很早就造福于山西人民的重要铁路，从来就没有全线修通过。今天提"白晋线"的概念，仅是指它曾经修通过的那一段：东观到长治潞安。白晋线设计修建时处在七八十年前最激烈的战争时期。于1935年开始施工，到1937年停止；1939年6月，日军中村中队组织继续修建，1940年7月修到临近长子门便开始投入使用，成为在晋日军的生命线。

店，但这次才明白"权店"村庄名字的由来。宋代，许多当朝权贵出巡办事经过此处，催生此地开设客栈以供歇脚打尖，正式成为朝廷的驿站。往来人物皆是权贵，人们将村名改为"权店"。作为来往晋东南的必经咽喉，在抗日战争中，权店被日军所占。当时从权店到南关沿线的十多个村庄，人们出行携带良民证，有劳动能力的壮年劳力被迫成了苦役劳工，随意打骂，甚至杀害。在这里，赵树理与同行调查人员记录下数不清的惨案，日军放狗撕咬人、用铁锹烙烫皮肤、割耳朵剜眼睛、煮熟心脏当下酒菜、直接爆头、拿活人当训练靶子、对妇女泄欲、将人骨头打折放进笼子里供他人参观……丧失人性的日本鬼子在这里的罪行罄竹难书，听过的人不禁潸然泪下。

经过二十多天的走访调查，赵树理一行人回到了长治，形成充实、详细、真实的《关于日军在太行、太岳地区侵略所犯罪行调查报告》，记录日军"三光"政策下惨绝人寰的行径，并上报北方局。据不完全统计，八年全面抗战中，太行、太岳地区被日军屠杀人员 27 万之众，抓去军民 48.8 万之多。武乡县被日军屠杀抓捕 2 万余人，烧毁房屋、窑洞 8 万余间（孔），被毁物资不计其数。这份报告为远东国际法庭审判提供了可靠证据，送交盟军东京审判法庭，帮助法庭对日本甲级战犯进行大审判。1948 年 11 月 12 日，远东国际法庭第 818 次开庭，最终，对日本主要战争罪犯作出定罪和处罚。

◎ 第二节　胡一川：伫立于时代战场的先锋木刻家

　　前一部分主要讲述了"文摊作家"赵树理的文学作品和在武乡的生活场景。本部分介绍著名版画家、油画家，将艺术奉献于"建设一个新的中国"伟大理想的革命美术家——胡一川。

　　胡一川 1937—1949 年的日记于 2010 年正式出版，名为《红色艺术现场——胡一川日记（1937—1949）》。同一时期的手稿、书信等文献资料，也在近几年若干大型艺术与文献研究展览中相继公开。2021年 9 月，广州美术学院举办了"时代先锋的现场——胡一川艺术与文献展"，展出 600 余件珍贵的作品、

◎ 胡一川

手稿、口述史等丰富的档案资源，从多元视角对胡一川的人生经历进行视觉呈现。胡一川是教育者、艺术家、美术运动者、学校建设者，在其不同的年龄阶段有不同偏重的身份角色，个体微观叙事阶段对应着中国不同的社会背景。这次艺术与文献展通过三大板块来呈现胡一川的美术生涯，第一板块为"到大时代中去"，第二板块"到生活中去"，第三板块"到前线去"。开赴武乡的经历和作品在第三板块中淋漓尽致地展现。作为新兴木刻运动的一名干将，胡一川与许多木刻艺术家一样，将木刻创作纳入针砭时弊、救亡图强的民族抗争的浪潮之中。他在各个战场的"前线"，用刀和笔刻写了众多令人热血沸腾的作品，发出振聋发聩的时代吼声。

奔赴延安和敌后："勇敢地跑到时代的前头当旗手"

闽籍青年胡一川，1929年考入杭州国立艺术院，翌年就投身左翼美术运动并加入革命组织，在5月和7月先后成为左翼美术社团"一八艺社"和"中国左翼美术家联盟"的基干分子，并在一个冬日宣誓加入了中国共产主义青年团。他的早期木刻《饥民》《流离》《征轮》《失业工人》，包括产生历史影响的《到前线去》都产生于这一时期。1933年，胡一川在上海由共青团员转为共产党员，但同年7月被捕并遭受三年牢狱羁押，其间，革命同志和恋人夏朋牺牲，这样的经历锤炼了他革命的思想品质和不屈的精神意志，也坚定了他对人生和艺术的方向与信念。1936年，在被永安堂保释出狱回到福建在厦门《星光日报》任木刻记者时，胡一川已非常清楚自己向往的充实有力的艺术——木刻，其主题内容的获取与表达，离不开对社会生活的深入体验和在生活实践中不断锤炼的技巧，而在日本帝国主义的不断挑衅和侵略中，他也越来越清楚地认识到"坐在亭子间或课堂里是创作不出充实的作品来的"。他在1937年6月23日就提出要用木刻抓牢社会特质，用木刻启示社会大众的艺术观。"七七事变"一爆发，27岁的胡一川就带着木刻刀奔向延安和敌后，投身救亡宣传，而不是考虑下一步如何避难和逃亡[①]。

木刻轻骑兵创作的作品与观众审美脱节

胡一川初抵延安，因擅长歌咏被组织先后任命为儿童剧团剧务科主任、抗战剧团第一大队副大队长。木刻版画则是在剧团本职工作以外的抗战宣传活动。胡一川在日记中这样写道："抗战剧团到什么地方，我的木刻也到什么地方。"

1938年这一整年的时间里，从带领抗战剧团巡演到率领鲁艺木刻工作团出

---

① 曹庆晖：《"跑到时代的前头当旗手"——从日记、手稿看胡一川在抗战中的艺术思考与木刻实践》，《中国国家博物馆馆刊》2022年第5期，第51—69页。

征，胡一川经历了从"与群众打成一片"的思想路线，到发动组织木刻队伍，再到联系实际普及工作方法，积累了丰富的经验。成立于1938年7月24日的鲁迅艺术学院木刻研究班（以下简称"研究班"）是木刻工作团的前身。胡一川日记写道："（1938年9月30日）因为我的性情比较孤僻，所以我不愿意跟着其他的团体跑，因为附属在其他的团体里面行动是受其他的团体限制的，因为工作计划根本就不相同啊！人越少灵活性当然就越大，而生活也比较容易解决。"但是，走出象牙塔、往前线去、到更火热的战斗环境中去"充实作品"的信念，让胡一川放下成见，提出成立"木刻轻骑队"的想法。同年11月，胡一川向鲁艺院长沙可夫提出组建木刻工作团的意见，并提交工作计划。11月20日，日军轰炸延安，胡一川收到通知，"工作团"以其为"队长"，先到冀中去。1938年11月24日，一个星星闪烁的冬夜，胡一川作为团长率领彦涵、华山、罗工柳组成"是以鲁艺木刻研究班为基础"的鲁艺木刻工作团，在北方局宣传部部长李大章的带领下奔赴晋东南，渡过黄河，越过敌人的封锁线，翻过绵山到太行山敌后抗日民主根据地开展木刻宣传工作。

从1938年冬自延安出发到1939年春，木刻工作团办过7次展会和4次座谈会。在根据地，胡一川等人才发现左联的那套经验不管用了。虽然追求进步的鲁艺木刻工作团成员们秉承着一颗面向大众，以画笔为武器宣传抗日，鼓舞民众的宏愿之心，可他们的民间生活经验实在太少，也太理想化。农民群众最重要的意见是"你们的作品都很好但是看不懂""为什么画上的人都是阴阳脸"，大多数群众感到内容与敌后丰富的斗争生活距离很远，能激动人心和结合敌后斗争的，思想性较高而又易看懂的作品太少了。

胡一川发现"新年画"是群众喜闻乐见的艺术表现方式

胡一川发现，群众喜爱的作品是故事有头有尾的连环画和套色木刻。人物塑造方面受批评较少的作品是接近速写线描的单线木刻，它们都有民间年画的形式特征。故事有头有尾的连环画，源自民间四条屏年画，把四四成体的吉祥寓意、文图形象、戏曲段落，分格制作独立成章，贴在屏风或多扇联窗上。传统四条屏

◎ 胡一川部分木刻版画作品

年画主题多为春夏秋冬，梅兰竹菊，戏曲人物等。传统戏曲大约都有三出戏，四条屏年画将三出戏场景和角色画在上面，再加入结局一格，使故事变得有头有尾。套色木刻的原型就更明显了，是华北地区流行的旧年画。根据民间年画重镇文化辐射地域划分，当年给工作团提意见的农民群众，很可能受到了河南朱仙镇年画、河北武强年画的影响。此地域流行的旧年画中有大量以单线木刻形式印刷的年画，多为灶王爷、天地诸神、春牛图等，是与农时、年俗息息相关的文化产物。因品质不高，售价便宜，多为偏远地区的贫困农民购买。他们的经济水平难以支撑购买精致的木板套色年画，但这也不能阻止他们消费年画①。再加上，工作团在 1938 年底赶赴晋东南途中曾路过长治县，在这里参观了当地印年画的作坊，并详细观察其中的工具与颜料，由此对套色刻制与印刷流程有了初步认识。这是一个重要转折点，意味着工作团队新年画的实践乃至木刻工场的建立都不是凭空

---

① 吴天，吕胜中:《新年画运动研究》，中央美术学院博士学位论文，2018 年，第 30 页。

想象的。

胡一川是一位勤于思考和总结的木刻工作者，他在革命宣传的过程中总结经验，发现问题。为了让革命根据地的木刻宣传具有思想高度，能够更好地为服务于革命斗争，他曾经在《给木刻工作者的信》中这样说道："一、要把狭小的圈子打破，真正地变为大众的东西，吸收工农兵分子来参加木刻工作。二、木刻工作者的生活，要和大众的生活打成一片，深刻地去理解大众的一切问题。三、木刻工作者同样是一个抗日战士，要抓紧中国的中心问题，要注意题材的选择。四、表现手法要真实，画面要明朗，主题要更明朗，线条要简洁而实在，为了使群众能够感受到一种实感作用，应该要注意到画面的空间性和时间性，但是千万要把手法处理得非常适当，要按照大众可能接受的水准，发展木刻的特殊性。发扬每个木刻工作者独到的、为大众欢迎的、好的表现手法。五、不但要分出中国人的眼神、鼻梁、表情和姿态都与外国人不同，就是在国内各种人物的性格、某时某地的人情风俗、住所、服装、用具、生活习惯等，都要特别留心。六、虚心地去研究中国旧有的遗产，大胆地去利用旧形式，但要批判地去利用，千万不能因为过于迁就落后的群众，变为庸俗的东西，甚至反被旧形式所利用。七、拜老百姓当老师，要随时随地地把刻出来的作品给各种水准不同、生活情况不同的老百姓看，注意他们的接受程度，脱离开了群众的判断，常会是不准确的。八、多制作目前需要的木刻画报、木刻壁报、木刻标语、传单、木刻卡片、套色木刻和木刻连环画的小册子。大量的印刷，利用一切时机和方法多开各种各样的木刻展览会，广泛的把这些作品散发到农村、队伍、工厂区、街头巷尾，敌区里去。收集各方面的意见，集体地讨论和研究中国新兴木刻运动过程中，所发生的和以后应该努力的问题。"①

---

① 胡一川：《给木刻工作者》，见广西美术学院四十周年校庆筹委会编：《美术论文选广州美术学院四十周年校庆专辑》，广州：岭南美术出版社，1993 年，第 6 页。

胡一川在武乡

　　木刻工作团来到武乡，驻扎在拐埚村。他们到达八路军总部所在地武乡县后，一方面深入生活，积极创作反映军民抗战的木刻作品，一方面也开始为华北《新华日报》刻制插图。为了集中展示木刻作品，提供更便捷的与广大军民见面的机会，木刻团与华北《新华日报》联合，创办了副刊《敌后方木刻》，共出 5 期《敌后方木刻》，每期印两万份，随报送发。由于日寇不断地进行"扫荡"，敌后的印刷机器和纸张越来越困难，《敌后方木刻》只好停刊。有 3 套反映敌后斗争的现实题材连环画：华山刻《王家庄》，彦涵刻《张大成》，胡一川刻《太行山下》，最终没有印出来，而且原版也被敌人烧光了。

　　1940 年春节，胡一川创作了表现军民合作题材的两幅年画《军民合作》和《开荒》，这在工作团创作史上占有重要篇章。其中《军民合作》（1940）曾在 1941 年的延安鲁艺被予以广泛讨论。在这里，胡一川立足于简洁的线条、明快的颜色、疏朗的画风，无论是单线条还是少量颜色的运用，抑或是摒弃了场景的描绘，均可看出胡一川画风做出的巨大改变，与此前创作大为不同。与之形成联系的，有罗工柳的一幅插图，形象地刻画了老百姓对胡一川《军民合作》进行品头论足的场景，或可一窥胡一川作品的当时情境。虽然新年画是抗战时期民间美术形式与政治宣传相结合的一次重要尝试，它不仅为抗战胜利作出了贡献，而且还创造出一种全新的艺术样式，具有重大的历史意义，但对于工作团来说，细节刻画上存在错误，多靠想象而缺少生活体验是创作套色木刻初期阶段作品暴露弊端的根源。而细节，指向的便是真实与深刻的问题。如有观者老农对于胡一川《军民合作》的意见是："画驴儿的胸绊太紧了，这样驴儿会勒杀，哪能驮子弹箱呢？松一点，弯下面一点就成了……还有驴儿的屁股没有这样高，尾巴没有这样长……再就是赶驴儿的人要站在右手边，你却把人儿放在左边了，这样牲口便不好牵了。"老百姓的批评言语，在工作团"拜老百姓当老师"（胡一川语）的认识下不仅没有打击工作团的创作热情，相反地，成了他们创作的重要参照与助推剂。

关于 1940 年春的新年画实践，胡一川曾这么总结："它批判地接受了民族文化的遗产，灵活地运用了科学的方法，而且相当地解决了严重的实际问题——制版与印刷的困难问题。"李伯钊则认为工作团新年画及采用民间形式的套色木刻，之所以能受老百姓的喜爱与欢迎，在于"在木刻版画同群众的连接上发生了效力"，使"群众接受了木刻版画的形式"。更重要的是，工作团的创作能向前发展，逐步解决细节与真实问题的背后，是他们虚心向老百姓请教，充分重视批评与建议的作风。由此，工作团的创作才能真正走向人民、结合人民，才能在木刻民族化、大众化进程上走出成功一步，这也是朱德、彭德怀、陆定一均对工作团的创作实践给予肯定的主因。

胡一川作品风格

胡一川进行了大量刻制木版年画和宣传画的工作，他的作品总是能够深深地吸引我们。在他的作品中，注入了深刻的思想和浓厚的感情，其作品中的人物形象面容饱满刚硬、肌肉丰满结实、线条流畅生动，人物的眼神，似乎真的有生命的气息吐露出来，仿佛这些作品已经不再是普通意义上的木刻版画了。例如他的作品《卢沟桥抗战》，图画中运用了大块的黑白对比，形成了强烈的视觉冲击力，而且作品中刀痕干净利落，人物形象深刻坚毅，充分为我们展示了战斗的激烈。他还有抗战时期创作的《出击之前》《破路》《八路军开赴华北抗日前线》《大桥沟伏击战截获了敌人的重要文件》《血战卢沟桥》等大量激动人心的优秀版画作品，都是我们珍贵的精神财富。

第三节 冈夫：甘作无名却有名的世纪诗翁

晋冀鲁豫边区诗歌（1937—1948）是晋冀鲁豫文艺的重要组成部分，具有地域性、阶段性和发展性的特征。晋冀鲁豫诗歌在发展过程中形成了一支诗人兼文艺战士的创作队伍，在抗日战争时期发挥了积极的作用。冈夫、王博习、高沐鸿、高鲁、高咏、叶枫、袁勃、张秀中、江横、马紫笙、郭影秋、磊生（石玉淦）、陈艾、刘大明、夏川、田兵、毕革飞、洪荒、柯岗、刘艺亭，以及从陕甘宁边区、晋察冀边区到此的诗人如高敏夫、王亚平、张光年等的创作与活动，为晋冀鲁豫诗歌的生成与发展作出了不可磨灭的贡献。

◎ 冈夫

在 20 世纪中国诗歌发展史上，冈夫的成就与郭沫若、徐志摩、艾青等诗坛大家相比，或许有诸多不及之处，然而，冈夫的诗作"别具一种中国诗的风格"（李伯钊语），在诗坛留下了独特的痕迹。他长达 70 余年的创作生涯，几乎完整地贯穿了 20 世纪中国新诗的发展历程，具有不可多得的个案研究价值。少年时的诗情萌动，青年时的奋起呐喊，壮年时的激情放歌，老年时的淡泊雅致，一条悠远而又多彩的人生走廊，构成了诗人冈夫丰富充盈的诗意人生。

青少年时期冈夫的诗歌启蒙

冈夫，本名王玉堂，清光绪三十三年农历十一月二十（1907 年 1 月 4 日）生于故城镇。故乡的青山秀水滋养着冈夫的童年，父亲王国桢的望子成龙又使冈夫从幼年起就开始接受祖国传统文化的熏陶。父亲王国桢是冈夫一生都崇敬的人。王国桢在科举考场上屡试不第，一气之下改学中医，在乡间开了一个诊所，把所有希望寄托在儿子身上。王国桢思想开明，顺应时变，辛亥革命的消息传到闭塞的乡间，他第一个剪了辫子，后来，他又在故城镇办起了第一所新式学堂①。

1919年7月，冈夫考入太原"山西外国文言学校"，进了德文班。在这所阎锡山任校长的学校，冈夫度过了7年学生时光。冈夫先前就十分喜欢咏吟中国古典诗词，进入外文学校读了歌德、席勒、拜伦的诗作后，对诗歌的迷恋更加如痴如醉。1924年，印度诗哲泰戈尔访问太原，外文学校负责接待，冈夫与他的同学们一同到榆次火车站接站。第二天，泰戈尔在太原文瀛湖自省堂发表演讲，青年诗人徐志摩做翻译。在冈夫等诗迷听来，那一个多小时的演讲简直就是一首完整的长诗，一次长篇清馨的艺术朗诵。这一幕深深刻进了冈夫的脑海，成为他后来一生读诗写诗的不竭动力。

从那时起，冈夫也开始了新诗写作。1923年，17岁冈夫的处女作《明志》颇有慷慨悲壮之气，又隐现着他当时上下求索中的彷徨。这个时期，青年冈夫写了许多青春萌动、宣泄个人苦闷、渴求个性解放的"唯美"诗作。

投身革命经受革命洗礼

1926年秋，20岁的冈夫走出校门，先在太原兵工厂担任德文翻译，后与任行健、高沐鸿等友人创办《SD》《白光》《前线上》等文学刊物，继续从事新诗创作。

1929年，他结识了狂飙诗人高长虹，参加了太原的狂飙文艺运动和北平的狂飙演剧队活动。1932年秋，由段复生介绍，他加入了北平左翼作家联盟，致力于革命文艺的宣传活动。不久，年轻诗人冈夫遇到了人生的第一次严峻考验——他被捕了。1932年12月8日晚，冈夫与"左联"的同志在北平街头散发抗日传单时，被国民党当局以"共产党嫌疑犯"的罪名逮捕。从此，他在"北平军人反省分院"（草岚子监狱）度过了整整4年的铁窗生涯。他不仅没有被皮鞭、镣铐、血

① 夏明亮：《冈夫：留影百年 世纪诗翁》，《文史月刊》2022年第8期，第25—33页。

迹所吓倒，而且在狱中秘密加入了中国共产党，成为一名自觉为人民大众利益奋斗的无畏战士。

1936 年冬，经中共中央北方局党组织的营救，诗人冈夫与难友们走出监狱。出狱后，冈夫先是回太原在牺盟会编写宣传抗日救国的小册子，后与高沐鸿、常芝青、卢梦、亚马等筹组成立了"全国文艺界抗敌联合会山西分会"，从事抗战文艺的组织和创作。

回到武乡奋力高歌

1937 年 10 月，冈夫奔赴太行山抗日根据地参加抗战动员和文化领导工作，历任中共武乡县临时工委书记、山西第三专区民革中学政治主任、晋东南文教界抗日救国总会理事、《抗战生活》杂志编委，前方《鲁艺校刊》编委主任，太行区文联副主任等职务。由于职责所在，他十分熟悉党的文艺政策，并且不遗余力地进行宣传、组织学习，在当地开展在党的文艺思想指导下的各种抗战文艺活动，也承担了很多的政治工作。冈夫在回忆文章里提到，边流动、边创作、边宣传，随战事变化而流动迁徙以及文艺机构人事多有变动，在当时是一个普遍现象。

冈夫在英雄的太行山上战斗了 12 年，歌唱了 12 年。在战斗的前线，在转移的途中，在太行山麓，在清漳河畔，到处可以看到他战斗的身影，到处可以听到他高昂的歌声。冈夫把自己的所做、所见、所闻、所感，与人民的苦难和欢乐、民族的忧患与奋起融为一体，都化作了诗。在《我喊叫向全世界》中，冈夫用"粗糙的无训练的喉咙"，喊出了祖国受到日军蹂躏的愤怒和苦痛，号召中华儿女勇敢地保卫自己的祖国：

祖国！这也正是

我的骄傲

我中国人

我中华民族的儿女

> 百年来，你的名字
>
> 曾被强盗们恣意侮辱
>
> 如今
>
> 你的儿女
>
> 将走遍全世界的角落
>
> 受到
>
> 震耳欲聋地欢呼……

但久久留在太行山百姓记忆中的可能是《敌人来了困死他》：

> 恶狗扑人人不怕，
>
> 敌人来了困死他。
>
> 搬走粮食搬走锅，
>
> 敌人来了活受饿。
>
> 填了水井断了水，
>
> 敌人变成渴死鬼。
>
> 破坏了桥梁和道路，
>
> 敌人来了难迈步。
>
> 城墙创它个一漫平，
>
> 咱来游击好进城。

这首诗完全运用农民口语，用武乡秧歌韵味格调写成，易学易记，朗朗上口，标志着冈夫运用民歌体进行诗歌通俗化、大众化探索的初步成果。在太行山上，冈夫创作了大量通俗化、大众化的诗作，《河边草》《路之歌》《申海珠》可谓这一时期的代表作。

1939年9月发表于《文化哨》的小叙事诗《河边草》，完整而生动地描述了一个故事：太行山区一个小脚老婆婆在日军欲对儿媳实施强暴的危急时刻，乘敌不备用马缰拴住日军的腿，使出平生力气猛抽马匹将其拉死。诗作表现了太行山普通妇女在对敌斗争中机智勇敢，人自为战，构筑"铁壁太行"生动形象。文学评论家张谦高度评价："在五四以来中国新诗的人物画廊里，是找不到第二个能和这位光彩照人的女性媲美的。"

冈夫还广泛汲取民歌民谣的艺术营养，运用民歌形式创作了《申海珠》《九月谷上场》《高高山上一根蒿》等晓畅易懂的诗，有的还谱了曲，在解放区广为传唱。其中《申海珠》荣获了晋冀鲁豫边区政府教育厅第一次文教作品评奖诗歌甲等奖。他还受到革命现实主义创作观念和民间叙事歌谣的影响，开始写作长篇的叙事诗、抒情诗，语句更为直白浅显，几乎不假雕琢。

太行山时期是冈夫诗歌创作的丰收期，也是确立其诗坛地位的奠基期。文学评论家李伯钊 1941 年在《敌后文艺运动概况》一文中说："关于诗的写作，敌后有两员主将，一是晋察冀的田间，另者为晋冀豫的冈夫。"她称赞冈夫"富于中国文学修养，且从事于诗歌的写作年代也久，同农村的生活接触时间甚长，对民间语汇颇肯下功夫。因此，他的作品，别具一种中国诗的风格。从他的短诗中，我们可以看出他特有的情趣和象形化了的人物来"。可以说，冈夫是中国新诗通俗化、大众化探索过程中筚路蓝缕的开拓者，这也是他在中国新诗发展史上的独特贡献①。

1943 年，毛泽东《讲话》全面传到晋冀鲁豫根据地之后，掀起了文艺工作者走向民间，切实学习民间形式，向农民学习的热潮。创作者不再生搬硬套形式，而是在深刻理解现实生活和主题内容的基础上融入恰当的民间形式。冈夫的《申海珠》《故城翻身谣》正是在这种环境下产生的。处在这样一个潮流下，在诗歌民族化、民间化的趋势下，冈夫写出了很多有着自身特色的史诗性作品，他用满腔的热情、热切的理想观察现实，书写壮烈，歌颂正在发生的革命历史，用相对纯正的白话诗形式记录了血与火的历史，像《小司号员和他的号》《五月的悼念》《太行山赞》都是这样的诗。冈夫在抗战时期的创作有明显的主旋律色彩，这是时代造就的，在当时具有积极的意义，但不可避免地对文学创作的艺术性有所损害，然而他在诗歌的整体风格上并未盲目地跟随当时的风潮，没有丧失作家自我

---

① 李茂盛：《论冈夫抗战时期的诗歌创作》，《山西青年》2017 年第 16 期，第 111—112 页。

的个性，体现了一位诗人对诗艺的个人追求，即使这追求是非常隐晦的。

冈夫就是这样一个自觉地以诗为革命武器，坚守岗位的战士，所以他给自己起了笔名"岗夫"，后来为了掀掉压在人民头上的大山又改为"冈夫"。他的创作曾受到赵树理、李伯钊等人的高度评价，这些匕首投枪般的诗歌在抗战时期产生了很大影响①。

本章问题探索

1. 各地文化名流汇聚武乡，给武乡留下哪些文化财富？

2. 在传播诗歌和版画艺术的过程中，当时的文艺者是如何处理艺术形式与人民群众联系的？

---

① 杜学文，杨占平主编：《世界反法西斯战争中的山西抗战文学》上卷，太原：北岳文艺出版社，2015年，第115页。

第三章 文艺团体 以艺为媒

　　中国共产党在以太行山为支点的华北抗日根据地开展战时宣传活动，以各种文艺形式为载体，以各种文化团体为发力点，传播红色革命文化和先进文化，动员民众参加抗战，提高民众素质，改变不良风气。在武乡乃至全国农村发展新文化运动，包含着与两种文化进行的斗争，一是对封建落后思想进行改造，二是对奴化思想和政治阴谋的粉碎。文艺团体创新形式、转变思想，以喜闻乐见、通俗易懂的方式向民众传播抗战思想，像汩汩清流，浸润着武乡民众的心。同时，文艺团体对农民进行政治宣传与社会动员，对抗日战争的胜利发挥了重要的支撑作用。武乡文化团体组织的文艺运动所取得的巨大成就和宝贵经验，为现代文艺史和文学宝库增添了数目可观的财富和耀眼的光彩，值得大书特书。前线战火纷飞，敌后文化战场也打得火热。本章选择出版、美术及戏剧三个最具代表性的文艺行业，重点以新华日报（华北版）社、鲁艺木刻团和星火剧团为起点，讲述文艺团体在武乡以艺为媒、加强文艺队伍建设、繁荣文艺创作、引导文艺下乡，使根据地文艺日渐繁荣的艰辛历程。

第一节　报社艰苦开拓新闻出版事业

太行抗日根据地的新闻出版事业，是随着根据地的开辟和发展建立起来的。自太行抗日根据地创立起，无数的文化志士战斗在太行山间的崇山峻岭，笔杆与枪杆齐飞，在中国共产党的领导下，开展政治、军事、经济斗争，推动太行抗日根据地新闻出版事业的发展，为实现民族独立和人民解放留下了浓墨重彩的一笔。一些报纸杂志以武乡为据点，在笔尖和纸张上激烈战斗。出版业和报业在武乡这一敌后园地是很辽阔的，本部分重点讲述新华日报（华北版）社在武乡的成长发展壮大经历。

《新华日报（华北版）》

1986 年 5 月 28 日，太行新闻烈士纪念碑在麻田西山举行揭幕仪式，碑的正面镌刻着杨尚昆的题词："太行新闻烈士永垂不朽！"左侧面镌刻着陆定一的题词："一九四二年五月，华北新华日报社社长何云同志等四十余位同志壮烈牺牲，烈士们永垂不朽！"1942 年 5 月，日军集结重兵，对太行山辽县麻田一带进行"铁壁合围"式的大"扫荡"，企图摧毁八路军总部和新华日报华北分馆。何云率领全馆同志坚持工作和战斗。5 月 28 日，他在率部突围与日军激战中不幸中弹牺牲，时年 37 岁。以何云为代表的 40 多位新闻战士英勇牺牲，他们用生命践行共产主义信仰，其光辉事迹与不朽精神永载中国新闻史册。

《新华日报（华北版）》的曲折诞生

1938 年 8 月，朱德总司令正途经西安，去延安参加六届六中全会。当他得知

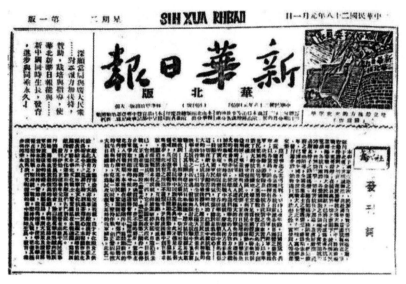

◎ 新华日报（华北版）

《新华日报》准备创办西北版与国民党交涉遇阻后，便对负责人何云说："如果他们不欢迎你们，华北军民欢迎你们。在偌大的太行山地区，只有一两张油印、石印小报，字体又小又模糊，看它的时候还得戴老花镜，真费劲！" 9月初，彭德怀副总司令去延安路过西安，当他见到何云，了解了西安办报的难处，也表示："他们不让你们在西北出版，人员和机器就给我，我到太行山去出版。"彭德怀副总司令回到延安，又把在太行山出版华北《新华日报》的意见报告了中央。经党的六届

《新华日报（华北版）》
——《人民日报》前身

1943年10月，八路军总部与一二九师合并，太行分局与北方局合并，晋冀鲁豫根据地领导机构作了较大的调整。《新华日报》华北版在涉县桃城改为太行版，也称为太行《新华日报》。1946年6月，从太行《新华日报》抽调人员，创办了《人民日报》，作为晋冀鲁豫中央局机关报。1948年与《晋察冀日报》合并，改为中共华北局机关报。中华人民共和国成立后，《人民日报》成为中共中央机关报，她又成为党中央的喉舌，担负起了宣传党的方针政策及国际国内新闻的重大任务。

六中全会决定和新华日报总馆同意，由何云带领部分人员到敌后太行山出版《新华日报》华北版。

10月初，何云、江横、周永生等同志一行十几人，分两路起程奔赴太行抗日前线。于10月7日到达八路军野战政治部驻地——潞城中村。经野政领导与何云、江横等人认真研究，确定办报地点，选在由决死纵队控制的比较安全的后方——沁县后沟村。11月中旬，何云、陈克寒以及印刷厂职工先后到达沁县后沟村，立即进入紧张的筹备中。

◎ 何云

1938年12月19日，在沁县后沟村，新华日报华北分馆宣告成立，何云任分馆管理委员会主任（社长）兼总编辑。《新华日报（华北版）》于1939年1月1日正式创刊。《新华日报（华北版）》的工作人员都具有较高的素养，他们主要是来自新华日报总馆及西安分馆的编辑、印刷人员、"记者训练班"的学员、抗大及鲁艺派赴太行抗日前线的一批知识青年等①。《新华日报（华北版）》为隔日刊，逢单日出版，每期4开4个版一大张。第一版登载社论，刊发以晋冀豫为主的华北各地新闻；第二版为国内版，刊登华北战况和全国各战场战况、国内要闻、陕甘宁边区要闻；第三版为国际版，刊登国际新闻、国际评论、外国报刊译文；第四版是理论与副刊版。

《新华日报》华北版的初创期，报社硬件条件欠缺。印刷设备只有两台四开平版机和一台对开机，靠人力摇把，印多少份报纸需要手摇多少次，工人需要付出艰辛的劳动轮流摇机。另外，缺乏字模无法铸字，改用老五号仿宋字和木头雕刻字，十分不便。但是《新华日报（华北版）》备受太行区广大军民的喜爱与支持，报纸的发行量一开始就不是以千计算，而是以万计算的，后期发行3万余份。

---

① 黄伟：《〈新华日报（华北版）〉对沦陷区民众的宣传教育研究》，《学理论》2021年第11期，第67—69页。

拓展 阅读

各种《新华日报》之间的关系

《新华日报（华北版）》和《新华日报》以及武汉《新华日报》、重庆《新华日报》一脉相承，密不可分。

全国性抗日战争开始后，同年9月22日，国民党中央通讯社发表《中共中央为公布国共合作宣言》，23日，蒋介石发表谈话，承认中国共产党的合法地位。国共两党实现第二次合作，标志着以国共合作为主体的抗日民族统一战线正式形成。1937年10月，以周恩来为首的共产党代表团同南京政府反复交涉，争取到了在国民党统治区出版《新华日报》的合法权利，但在实际的发行中却总是受到顽固派的阻挠和日军逼近，不仅报社地址从拟定的南京迁至武汉，还延期于1938年1月11日才正式创刊。创刊后报社营业部曾被国民党暴徒捣毁。《新华日报》在武汉共出版了287期（5月2日曾休刊一天），维持仅10个月。1938年8月武汉会战后，根据南方局的指示，新华日报分社分两路做疏散准备，一路为水路经宜昌到重庆，另一路为陆路经郑州到西安。如果武汉一旦失守，《新华日报》马上就能出版重庆版或西北版。8月，杨放之、何云率领武汉新华日报馆的15位同志来到西安，计划先建立西安分馆，并在西安出版《新华日报（西北版）》。但与国民党当局交涉遭遇拖延，一直未果。1938年10月25日武汉失守后，报社迁至重庆继续出版，被称为《新华日报（重庆版）》。它是抗日战争时期和解放战争初期中国共产党在国民党统治区公开出版的唯一机关报，周恩来领导《新华日报》在重庆出版发行达8年之久，毛泽东曾赞扬《新华日报》如同八路军、新四军一样，是党领导下的又一个方面军，可见《新华日报》在舆论战线上的重要影响力[①]。

---

① 师莹：《血染太行铸丰碑新闻烈士载史册——浅述〈新华日报〉(华北版) 发展史》，《新闻采编》2021年第4期，第17—21页。

华北《新华日报》的社会影响与日俱增，不仅在根据地，而且在国统区也影响颇大，甚至得到全世界的关注，美国纽约的《今日中国》杂志，莫斯科外交人民委员会都长期订阅。

报社转移武乡

1939 年 7 月，敌人进占沁县，也就是日军对晋东南地区的第二次"九路围攻"。何云在混乱危机局势中，返回北方局与领导研究对策，作出迁移武乡的决定。一二九师派出部队随何云前往掩护，趁夜闯过日军封锁线，赶回到白晋路西的报社驻地——后沟村，指挥全体同志，带了机器、铅字等，冒着敌机轰炸和扫射，蹚过齐胸深的漳河水，搬迁到白晋路东武乡县大坪村，尽快恢复报纸的出版工作。这里位于太行山麓，背靠大山，便于隐蔽，又靠近八路军总部，有警卫部队，是一个较为安全的办报场所。10 月 19 日，新华社华北总分社在大坪村成立，何云兼任总分社社长、总编辑。报社与通讯社是两块牌子一套人马，由报社编辑科（后由电讯科）肩负向延安总社发送新闻稿的任务。12 月，由于报社人员大增，大坪村容纳不下，又移址安乐庄村，大坪村只留下石印厂①。1940 年，太行文化教育出版社与新华日报社合并，为报社队伍充实了 80 多人的力量。报社还建立了通讯员队伍，一年之内就发展了 500 多名通讯员，并且注重挑选优秀通讯员到报社来工作，很快就形成了一个拥有 500 名员工的阵容。同时将鲁艺木刻工作团的部分成员调入报社，为报纸刻美术插图，大大美化了报纸版面，深受广大读者喜爱。

但是艰苦的出版环境还是没有太大的改变，日军对根据地的加紧封锁，报社纸张、油墨奇缺。报社经理部部长王显周提议，改建当地造纸作坊。1940 年收购武乡苏峪村造纸厂，对厂子进行扩大，成立太行造纸厂一分厂。在栗家沟建二分厂，襄垣县西营村建三分厂。分厂合组为联营纸厂，由报社指导技术、出资改建，此后该厂生产的纸张就全部供应给了新华日报社。为解决油墨紧缺，在安乐庄村设立油墨厂，不断改进工艺，使油墨产量、质量进一步提高，基本满足了日常需求。

---

① 邓涛，孙发明：《钩沉抗战时期红色武乡的新闻出版》，《采写编》2015 年第 5 期，第 15—17 页。

    1940年，为了打破日军的"囚笼政策"，八路军在华北五千里长的交通线上，发动了举世瞩目的百团大战。华北《新华日报》为了及时地报道胜利消息，鼓舞我军士气，派出大量记者采写战地新闻报道。当百团大战第三阶段战役打响后，报社转移上庄村，坚持派出报道组赶赴前线采访，何云和陈克寒同志带领记者和油印机，跟随彭德怀副总司令、左权副参谋长和一二九师刘、邓首长，在战场上写好报道，立即审阅，油印发行。在激烈的斗争中，报社经常转移，但报纸从未中断。根据地在日伪分割封锁状态下，干部听取党中央指示一般有两种方式，一是开会，二是发文件，而报纸补充了干部和群众获取中央及各级领导精神的渠道，从中了解到形势分析、任务部署、政策规定和经验交流。1941年1月，国民党顽固派在皖南有预谋地围袭新四军，第二次反共高潮已达顶点。消息传来，广大军民愤慨万千，同时又情绪低沉。华北《新华日报》及时刊发1月20日中共中央军委发表的命令和谈话，内容为任命陈毅为新四军代理军长，张云逸为副军长，刘少奇为政治委员，赖传珠为参谋长，邓子恢为政治部主任；谈话宣布新四

◎《新华日报（华北版）》号外捷报

军在华中、苏南一带尚有 9 万余人，把支队扩编为师，共编 7 个师。这个消息使广大军民一扫沉闷，革命精神重新振奋，新四军军部的重建和部队的整编，意味着国民党当局企图消灭新四军的计划彻底破产。朱德总司令给予高度评价："一张《新华日报》顶一颗炮弹，而且《新华日报》天天在作战，向敌人发射出千万颗炮弹。"所以，侵华日军将华北《新华日报》当成仅次于八路军总部首脑机关的重要打击目标。1942 年 5 月，侵华日军华北派遣军总司令冈村宁次调动数万兵力对八路军总部进行铁壁合围大"扫荡"，何云等 46 位华北《新华日报》的同志在突围中壮烈牺牲……

《新华日报（华北版）》的重要作用

自 1939 年 4 月起到 1942 年 11 月的 3 年多时间里，报社先后搬迁过 7 次，迁移路线是：沁县后沟—沁县计刀岩—武乡大坪—武乡安乐庄—武乡上庄—辽县山庄—辽县熟峪—涉县桃城。1943 年 9 月，华北《新华日报》停刊，改为《新华日报（太行版）》，该版前后共出版 894 期。作为中共北方局的机关报，该版存在的时间虽然不算太长，却具有重要的历史价值。通过该版的宣传，中国共产党表明了坚持敌后抗战的决心，而对沦陷区民众的宣传教育，不仅让他们看清了日寇的丑恶面貌，而且还警醒沦陷区民众，其创立也无异于黑暗中的灯火照亮了民众心灵。

自报社成立之日起，就不断向广大敌后群众宣传党的主张，阐述各个时期党的路线方针政策，并与一切反团结和反进步的思想进行坚决地斗争。它揭露了日寇汉奸和反共顽固分子的造谣诬蔑与欺骗宣传，提高了边区人民对敌斗争的勇气和信心。

其他在武乡驻扎或创办的红色读物

《中国人》周刊

前一节提到了赵树理与《中国人》周刊，这份存在时间较短、篇幅短小精悍的报纸对敌占区的群众和伪军士兵起到了强烈的宣传、冲击作用。

1940年7月20日，中共中央北方局宣传部发出《关于出版敌占区报纸〈中国人〉的通知》："为了开展对敌占区的宣传工作，特决定自八月一日起，由新华日报华北分馆出版对敌占区宣传刊物——《中国人》周刊。"要求该刊运用通俗化的语言和群众喜闻乐见的形式，宣传共产党政治主张、进行抗战教育。经过紧张的筹备，《中国人》周刊编辑部在武乡安乐庄村的一个又黑又小的土屋里成立了。一盘土炕和一个泥抹的火台，就占去了大半个屋子，炕头、窗台上零乱地摆满了书报杂志、碗筷脸盆、油灯纸张。此报自1940年8月1日创刊，至1942年5月反"扫荡"后停刊，在一年多的时间里，共出50多期，因内容丰富，形式多样，编排生动活泼，深受读者欢迎。

《胜利报》

《胜利报》创刊于1938年5月1日，创刊与当时敌后抗战的形势密切相关。1938年4月，日寇对晋东南地区发动的"九路围攻"被根据地军民粉碎后，晋冀豫抗日根据地局面相对稳定，广大人民群众对中国共产党和八路军开始重新认识，改变了国民党多年来对他们所灌输的错误认识，纷纷积极参军参战，开展各种救亡活动。但是，各种"速胜论"和"亡国论"的错误思想仍不时抬头。为了宣传共产党正确的抗战指导思想并推动根据地各项工作的展开，急需一份联系广大人民群众的强有力的媒介。因此，它的创刊，是抗战形势发展的必然产物。

报社最初设在山西和顺县园街村，为石印（有时油印），四开两版，三日刊，最初是中共晋冀特委的机关报。由于驻地遭敌频繁"扫荡"，报社离开和顺县，先后转移到辽县西河头村、榆社县岚峪村。1939年9月，晋冀豫区党委在武乡东堡村召开首次党代会，为报道、采访会议情况，《胜利报》社从榆社出发移驻武乡石门村。记者们步行数十里去东堡村进行了采访，回到石门村进行编写稿件、刻蜡纸、油印等工作，驻扎一个多月时间。也在这期间，根据中共晋冀豫区党委决定，该报改为中共晋冀豫区党委机关报，9月20日，正式归晋冀豫区党委领导，安岗任社长兼总编辑。晋冀豫区首次党代会结束后，区党委机关离开武乡迁至辽县。10月，《胜利报》社也离开武乡，经黎城迁往辽县高家井村。

1941 年 7 月，更名为《晋冀豫日报》，隔日刊，四开四版，石印，每期发行 4000 余份。同年 12 月底因与华北《新华日报》合并而终刊，历时三年七个月，共出版 390 余期。

由于篇幅的关系，本节详细讲述了《新华日报（华北版）》的诞生，转移到武乡办报期间的艰苦时光，以及此报在抗战过程中所起到的巨大宣传作用，简要概述了《中国人》周刊及《胜利报》的办报背景和影响力。其实在武乡驻扎或诞生的报刊还有许多，从受众的角度划分：有引导妇女逃出家庭羁绊、识字学习的《华北妇女》，是北方局妇委于 1940 年春在王家峪创办的月刊；有团结全体文化人，结成统一、广泛文化战线的《文化哨》，是 1939 年 5 月 4 日在沁县创办，在日军对晋东南围剿时，转移到武乡的；有组织华北青少年抗日救亡工作的《青年与儿童》，主要针对有高小文化的青年学生、小学教师和部队青年，同华北《新华日报》一同发行，1939 年 12 月在王家峪组织创办。除此之外，还有《生产小报》《漳西战报》《大众力量》《前线》《党的生活》等，它们像是一把把利刃，在黑暗中为民众破开了一扇明亮的窗。

第二节　鲁艺木刻工作团推动抗战题材木刻版画发展壮大

　　太行根据地初创之时，美术工作是文艺工作中较为薄弱的部分。随着根据地的不断发展，太行区党委和政府克服了物质、技术、人才等种种困难，扩大了根

中国新兴木刻运动的下北漳时期

——从下北漳走出的中国美术家

陈铁耕　　牛犇　　彦涵　　华山　　罗工柳　　艾炎

杨角　　范云　　古达　　黑丁　　杨筠　　胡一川

黄山定　　张晓非　　赵在青　　邹雅

◎ 下北漳走出来的中国美术家

据地美术人才队伍，使美术作品不仅在数量上大大提高，而且创作出了许多优秀的精品，促进了美术工作的整体进步。国画、西洋画、漫画也迅速兴起。[1]武乡可以称得上是敌后文化的中心，电影、木刻版画、新秧歌等文化类型在这里得到了充分发展。本节重点讲述一种特色红色美术武器——木刻，以及鲁艺木刻工作团在武乡工作期间的探索和创新。

木刻运动诞生

新兴木刻运动从诞生那天起，便和中华民族的解放事业紧密相关，与广大人民群众的命运息息相连，是中国共产党意识形态向工农大众传播的重要媒介。木刻刀成为美术工作者手中坚韧的武器，他们操刀向木，在作品中植入军民合作、支前拥军、英勇抗敌等革命话语，将枯涩难懂的文字转换成活灵活现的生动画面，将严肃的"政治用语"转换成活泼的"生活用语"，这对于当时普遍未接受过文化教育，甚至一字不识的工农兵来说，宣传和动员效果无疑是翻倍的，有效实现了革命与民众的对接。[2]木刻版画黑白分明、线条粗犷刚劲，善于表现战争生活。材料因陋就简，就地取材，一把钢锯条磨成刻刀向木而作。在宣传方式上，一般采用张贴宣传画，散发美术传单，为报纸、杂志中插图，以及在报刊上开辟专栏，创办美术画报，编辑出版美术画册等方式。鲁艺木刻工作团从延安到晋东南以后，掀起敌后木刻的创作运动高潮。

木刻团作品遇冷

1938年10月，鲁艺木刻工作团响应党中央"延安干部到敌人后方去，到对敌斗争的最前线去"的号召而组建，团长胡一川，主要成员有延安鲁迅艺术学院

---

① 郭瑾萱，李永福：《抗日战争时期太行革命根据地文艺工作研究》，太原理工大学博士学位论文，2022年，第67页。

② 刘瑶，沈宝莲：《"刀刻"革命：延安木刻与中国共产党革命话语的塑造（1937—1945）》，《当代美术家》2023年第3期，第36—39页。

木刻艺术班的罗工柳、彦涵、华山等。同年 11 月，该团在中共中央北方局宣传部部长李大章带领下，随延安赴前方的干部一起渡过黄河，来到山西抗日前线。他们带着经过遴选的抗战以来全国木刻界创作的数百件木刻作品，进入山西根据地。这些作品中，大部分是 1938 年春天在武汉举行的全国木刻展览会上展出过的，也有一部分是延安木刻工作者的新作品。从晋西到太行，共举办过 7 次展览会和 4 次座谈会，并在长治出版了美术专刊，但是由于当时的工作团还没有摆脱木刻西方化的倾向，作品的内容题材、技巧和表现方式，都与现实生活和人民大众所喜闻乐见的艺术有着明显的差距，所以不被大众接受。木刻团的艺术家进行了认真分析和深刻反思，意识到存在的问题，虚心接受在敌后活动的经验教训，结合群众的要求，总结出中国的新兴木刻必须是大众化和民族化的。[1]

木刻团因地制宜进行内容创新

木刻团来到了武乡，驻扎在拐垴村。他们也正是在其中越来越认识到发动群众的紧迫性和必要性，并因此急需进行因地制宜的且具有先锋意义的改变。1940 年春节，八路军总司令朱德与文艺工作者在一次座谈时，说到文艺工作落后于生产斗争需要的情况，他拿出日本人利用中国传统的判官图制作的《神判》，指出敌人都在利用中国民间的传统形式做宣传，而我们的艺术却是"笔杆赶不上枪杆"。这次谈话之后，彦涵在武乡县发现，年画是老百姓喜闻乐见的一种艺术形式，且具有广泛的群众基础，于是他就产生了一种用旧年画的形式加入新内容的想法。几经研究后，鲁艺木刻工作团决定采用民间传统木版年画的形式，创作一批反映抗战的"新年画"作品。为了有效地开展新年画活动，除了留下华山同志在报社负责木刻工作外，当时的木刻团成员如胡一川、罗工柳等其余同志都来到拐垴村。工作团召开全团会议，仅用了 20 余天的时间完成了从敌占区买纸、讨论新年画创作计划、分工、选题构思、创作和印制的全过程，按时完成了任务。

---

[1]　刘阳，李建权:《中国共产党在晋冀豫抗日根据地的文化动员研究》，太原科技大学硕士学位论文，2019 年，第 36 页。

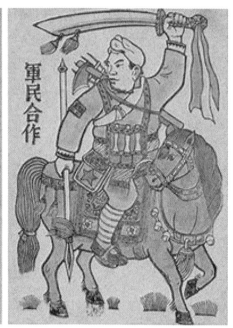

◎ 木刻新年画——新"门神"图

为了解决水色套印、刻字技术和人员的困难，特地从农村请来会刻字的赵思恭师傅，又从新华日报社请来一位曾经印过旧年画的工人王同志，在他们的帮教下，有些技术很快被工作团同志掌握。经过个把月的突击，这批新年画刻制出来了，作品有《军民合作》《破路》《开荒》《实现民主政治》《织布》《春耕大吉》《保卫家乡》等。这些新年画在印制过程中，村里的煤窑工人、农民，包括过路行人都跑来看新鲜，而且有人要买几张带回家里去，还有人把贴在村里的新年画揭走。农历腊月二十三那一天，是民俗祭灶的日子，村里人叫过小年，胡一川和杨筠二同志，亲自带着这批年画去赶集，到蟠龙集市上摆摊叫卖，不到3个钟头，几千份年画就被抢购一空。第二天，又有许多老百姓赶几十里地来买年画，有人在集市没有买到还直接跑到木刻工作团驻地拐垴村去买年画。木刻团这样做，当然不是为了赚钱，而是看看农民对它是否喜欢，喜欢到什么程度。木刻工作团所以能够创作这些新年画，首先在于明确了艺术为民众、为抗战这一目的，而且是以现实生活为其创作的题材内容，并从群众欣赏习惯出发而采用民间年画的一些

讲话前后，文艺工作者对"旧"文化形式态度的转变

20世纪30年代末的文化宣传中，部分文化工作者质疑"在新的艺术中采用'旧'形式"这一工作方向。驻扎于武乡的木刻团对木刻作品进行了创新和改良，收效良好，这为采用"旧"形式开展艺术创作进行了可贵实践，才被人所熟知和接受。

抗日战争时期，以延安为中心的抗日革命根据地所进行的"民族形式"（民族形式这一术语早在20世纪30年代早期已经用于艺术和建筑的讨论中）的讨论主要面向的是当地民众及军队的普通士兵，这里的"民族形式"实际上就是民间流行的美术样式。但在文化领域，却存在着对这种形式的质疑。例如，集政治家、文艺家于一身，中国现代文艺史上著名的马克思主义文艺理论家，无产阶级革命文学运动的先驱者之一——周扬，当时就不是完全赞成毛泽东提出的文化方针中的一些内容。尽管对于"民族形式"这一主要原则表示支持，但是看到这些与封建思想有着千丝万缕关联的"旧"形式，周扬还是不太接受广泛采用民间形式的方法。他认为，当文艺工作者与大众的接触和联系更加紧密的时候，新的"民族形式"自然就会出现。当时在延安，受到五四新文化运动影响的知识分子，对于在新的艺术中采用"旧"形式更加持有怀疑的态度。毛泽东等党内领导推广使用"旧"形式，实际上是因为这种形式为吸引教育程度较低的民众提供了一种便利，并不是因为他们相信这些形式的内在价值。但是许多知识分子，把使用"旧"形式看作是一种偏离了党的教育和宣传方向而向低级趣味妥协的行为。此种顾虑的存在使延安及其他根据地的美术工作者，几乎很少在艺术作品中采用民间美术的形式。但是至少还有一些艺术家想到了"抗战年画"，这样的想法并没有得到广泛的接受。采用"旧"形式进行艺术创作，经过了鲁艺木刻工作团的实践之后，才逐渐为人所熟知和接受。到1942年初，中共面临着一系列严重的问题。共产党和国民党之间的统一战线破裂，国民党对陕甘宁边区进行经济封锁。与日军的前线作战大大削弱了共产党的兵力，共产党不得不放弃一些根据地。在此局势下，毛泽东及其领导层决定必须严肃党的纪律，加强中央政策的贯彻落实，牢牢掌握文化工作和宣传。为了完成这一转变，共产党展开了轰轰

烈烈的"整风运动"。整风运动中，毛泽东就在艺术创作中采用传统"旧形式"的话题进行再次阐述。在这一思想的指导下，艺术家们开始渐渐接受对民间传统艺术的借鉴。[1]

格式和印刷方法，所以能收到预期的良好效果。看到群众如此喜欢，大家深受感动。木刻创作上这一新的发展，是一次大胆的尝试，更是一次重大的突破，既密切了美术创作与群众的关系，也教育了美术工作者，使大家进一步体会到了尊重群众的欣赏习惯，认真向民间美术学习的现实意义。鲁艺木刻工作团的这次尝试得到朱德等领导的高度赞扬。

1940年春，晋东南根据地发生严重旱灾，粮食异常短缺，工作团随前方鲁艺迁移到武乡下北漳。此时工作团的编制有所扩大，先后调邹雅、黄山定、刘韵波、赵在青、艾炎、古达、张宇平、范云等美术工作者来充实队伍，并调来十几位小同志学习印刷，正式成立了木刻工厂。百团大战后，为了更广泛地开展木刻工作，组织上决定留彦涵在鲁艺，又增加了一些新的木刻干部继续开展水印套色木刻工作。木刻工作团针对当时敌人的残酷"扫荡"，创作了不少政治宣传画、领袖像，更创造了不少与敌人展开宣传战的办法。如通过武工队把各种宣传品连夜带到敌占区去散发，有时甚至把宣传画结合其他宣传品捆绑在箭头上射到敌人碉堡区里去。[2] 胡一川、罗工柳、邹雅等人则继续深入敌后，到冀南地区开辟新的宣传战线。在那里他们先是办木刻培训班，接着开办冀南木刻团，建立木刻工厂，继续宣传画的创作。有了之前的经验，木刻工作团在新的地区所开展的宣传画创作活动更加顺利，他们所探索出来的工厂生产性质的作品制作，为抗日革命的宣传工作产生了积极的推动作用。1940年末，工作团在艰苦的环境中创作出一大批反击日军文化侵略、破除封建迷信、鼓舞军民革命斗争、宣传统一战线的作品，形式也从一开始的单色木刻，发展到后来的套色木刻，如《改造二流子》

---

① 李黎，吕品田：《抗战宣传画对民间美术的借鉴》，中国艺术研究院硕士学位论文，2015年。
② 胡一川：《回忆鲁艺木刻工作团在敌后》，《美术》1961年第4期，第45—48页。

《人桥》《抗日人民大团结》《太行山下》《王家庄》《张大成》《积极养鸡，增加生产》《开荒》等作品。

木刻版画的影响力

1941 年 10 月晋东南鲁迅艺术学校出版彩色木刻画册，晋冀鲁豫边区出版《新美术》《华北画报》《山川画报》《大众画报》等，各专业剧团、出版社都设立了美术科组，美术的力量在抗日根据地日渐凸显。抗日根据地报刊有选择地大量使用受群众欢迎的木刻版画样式，经过一定的时间和过程，在群众的意识中逐渐形成一套红色经典符号、革命视觉系统，进而发展成群众新的政治、文化、道德、信仰、价值观等规范力量，确立起其对中国共产党、根据地政府的文化认同、政治认同，并引导其自觉地按照媒介所提供的架构来规范自己的思想和行为。1945 年 4 月 9 日，美国《生活》杂志刊载了古元和彦涵的 8 幅版画作品，同时发表了标题为《木刻帮助中国人民进行战斗》的文章，美国的另一本知名刊物《幸福》也对中国的抗战木刻版画进行了介绍，中国的抗战版画转化成了国际传播新闻产品。

其他美术形式

国画一直被认为是抒发作者主观情绪，追求"妙在似与不似之间"的意象承载形式。未曾想过国画有一日发挥反映现实、号召抗战的作用。敌后画第一幅中国画的勇士是老木刻版画家——陈铁耕，1940 年，他在太行山根据地创办"鲁艺"分校并任校长。陈先生从前在上海美术学校学国画，后来研究西洋画，专门从事木刻版画工作时获得了鲁迅先生和美术界人士一致的好评。他常常称赞国画技巧的优美，探索怎样使国画从陈规里翻出新的姿态来。陈铁耕共创作了两幅（组）中国连环画，名为《黄阿福》和《穷孩子》，作品结构优美，尤以黑色线条渲染得宜，充分地运用了国画的长处。前者被公认为是抗战后第一幅在敌后出现的成功的连环画，后者比《黄阿福》更成熟、更老练，奠定了运用中国画技巧来绘制抗战现实题材作品的基础。两幅中国连环画的成就主要有：第一，对从前中国画的山水、人物和花鸟题材进行内容扩充，大胆尝试现实主义的创作方法；第二，保留国画风格和技巧，特别是笔线墨色的优点；第三，构图简练，主题突出，画面简洁有力。敌后运用中国画抗战现实题材不多见，这是国画在抗战中发挥作用的开端。[①]

单幅画的创作同样受到抗日军民的欢迎。胡一川、彦涵、罗工柳、华山、杨角等的创作，都在根据地有较大影响，其中创作的领袖像尤其受到群众的喜爱和好评。敌后的连环画创作成就很引人瞩目。太行革命根据地的墙头画的数量远过木刻，所起的作用也最大，在太行革命根据地深山僻壤的村庄里，都满布着墙头画，而这些都是有现实的生动的内容。[②]

---

① 李伯钊:《敌后文艺运动概况》,《中国文化》第三卷二、三期合刊, 1941 年。

② 太行革命根据地史总编委会编:《太行革命根据地史料丛书之八：文化事业》, 太原: 山西人民出版社, 1989 年, 第 108 页。

第三节　剧团戏剧演出改善社会风貌

报纸、图书、期刊的主要传播元素是文字，在当时山西乃至中国受教育程度较低、文盲较多的背景下，其受众面还是较窄，而戏剧打破了这种传播困境。战火中诞生的抗战剧团和抗战戏剧，将内容说唱或表演给群众看，是在特定区域内，向还是文盲和半文盲的群众开展宣传活动，最直接、最简便和最易收到成效的方式。宣传红色文化的方式有许多，但创办剧团有其普遍性，并发挥了巨大作用。可从一组数据看出，1944年太岳地区22个县城临时性的秧歌队有2200多个、农村剧团700多个，农村剧团演员共有12400余人。经统计，进驻或创办于武乡的剧团，主要有三种：一种是反对"班子化"的部队的大剧团，一种是职业剧团，还有一种是不脱离生产的农村剧团。具体有八路军火星剧团、太行山剧团、抗大总校文工团、前方鲁艺实验剧团、先锋剧团、光明剧团、盲人曲艺宣传队等15个剧团。本部分详讲八路军火星剧团和武乡秧歌团——光明剧团。

火星剧团

火星剧团的前身

抗战爆发后，各级文艺宣传队随着八路军一同进入根据地，并成为根据地文艺工作的主导力量。1938年4月经历日军"九路围攻"之后，出于宣传抗战的需要，动员旧剧团参战成为根据地文艺工作的中心内容之一，晋东南地区剧团数量显著增多。

工农剧社1932年9月成立于江西瑞金，是在"八一"剧团的基础上经过调

◎ 武乡秧歌《小二黑结婚》

整、扩充后成立的专门负责指导和组织苏区戏剧创作与演出活动的艺术团体。[1]
总社成立不久，中央苏区所辖的许多县、乡俱乐部以及红军中的各军团俱乐部都
先后成立了工农剧社分社或支社（红军中的工农剧社分社又名"火线剧社"）。总
社还于 1933 年 3 月征调了一批"青年工农"组成"蓝衫团"，同时创办了"蓝衫
团学校"。1934 年初，中央教育人民委员部正式颁布了《工农剧社简章》，并将
"蓝衫团"改名为"中央苏维埃剧团"，将"蓝衫团学校"改名为"高尔基戏剧学
校"。1934 年 10 月，工农剧社总社的部分干部和社员随红军主力长征北上，留
下来的干部和社员在社长赵品三同志的领导下，与"中央苏维埃剧团"的演员和
"高尔基戏剧学校"的部分学员合并，编为红旗剧团、战号剧团、火星剧团 3 个
剧团，分赴苏区各地农村，其中，石联星、王普青带领火星剧团给坚持斗争的工
农兵群众演出。

  1939 年 2 月，火星剧团总结了在根据地工作的经验："能受群众欢迎的剧团，
第一个先决条件就是要使群众能看得懂。剧本中的事件和人物等必须是群众所熟
悉，必须与群众的生活相接近的剧本，才能使群众懂。"火星剧团刚到太行抗日

---

① 《中央苏区文艺丛书》编委会编:《中央苏区文艺史料集》,武汉：长江文艺出版社，2017 年，
  第 88 页。

根据地时，演过从敌后方搬来的一些舞台剧，结果在群众中并不能引起共鸣。同时也考虑到，戏剧运动的目的是宣传动员群众参军抗战，因此，良好的剧本必须注重宣传鼓励。

火星剧团来到武乡

1939 年 7 月，火星剧团随八路军总部进驻武乡，主要驻扎于西垴村，团部住在张发祥的院内。此院正面三孔土窑洞为演职员住室兼排练室，东房三间为团长裴一平、导演朱熹、音乐指导海啸的住室兼办公室。为了宣传抗战，鼓舞抗日军民的斗志，他们自编自演了《百团大战》《破铁路》等几十个小剧，同时还演唱歌曲。为了能够即时排练出新的文艺节目，经常采用"旧瓶装新酒"的办法，以武乡秧歌调、开花调，编排了《骂汪小调》等歌曲，到总部和各机关、驻军前线去宣传演出。火星剧团曾参加过晋东南的"百团会演"，粉碎"九路围攻"祝捷会，晋冀豫区党代会，"反顽"战役庆祝会，聂荣臻、吕正操南下支队欢迎会，百团大战祝捷会等大型演出活动，还多次派员到部队和地方各剧团帮助工作，指导演出业务，帮助他们培训文艺人才。

火星剧团的美术宣传

火星剧团还有一个特点，就是结合剧团的戏剧演出，增加美术宣传和演出。当时政治部宣传部文娱科的牛犇，在这方面做了大量的工作。牛犇 1937 年冬到达太行山根据地，第二年即分配到野战政治部民运部工作。后来又转到了火星剧团。火星剧团在音乐、戏剧以及舞蹈方面均达到了一定的水平，唯一不足的是美术工作，尤其是舞台美术显得十分薄弱。尽管舞台美术并非牛犇同志的专业，为了适应客观需要，他精心设计舞台美术，对舞台布景、服装、化装等都进行钻研和探索，并设计了简易的宣传画，结合抗战的中心工作进行宣传。这些画多用在开会、演出的会场上，起到了很好的宣传作用。他还创造了"新式拉洋片"的方法。旧式拉洋片表演者通常用载有四面安有镜头的大木箱，以木箱为舞台，用手拉动线绳控制内装的图片，配合唱腔、曲调和音乐旋律来讲述故事的传统民间艺术。为了配合战时形势，牛犇弃用旧式拉洋片的笨重箱柜，只将画好的图片放在简易的架子上，边演边翻边唱，效果依旧精彩，被很多剧团采用。

当时，来到太行根据地和八路军内的美术工作者并不是很多，但也有几位，而且还有一位美术界的老前辈，是参加过二万五千里长征的老干部，也是上海美专刘海粟的学生，即民运部部长黄镇同志。还有洪荒同志，他是一个音乐、戏剧、美术、诗歌的多面手。当然，黄镇同志由于工作繁忙，几乎没有时间来作画。文娱科科长是老红军孔繁彬同志，他少年时曾讨过饭，没读几天书，是一个自学成才的典型，当时他已经能写文章和创作剧本了。此外，还有从法国回国的唐恺同志，他擅长音乐、戏剧，能自拉自唱、自编自导，更是一位多才多艺的人。

光明剧团

光明剧团在武乡成立

1938 年 4 月初，日军对我晋东南区实行"九路围攻"大烧杀以后，唱戏赶会一类的娱乐活动停止了一年多。1939 年夏季，日军虽然在白晋线上扎下据点，但八路军总部和中共中央北方局却巍然驻扎武乡东部与敌抗衡，时局暂时处于平静状态。在这种形势下，其一是群众对唱戏赶会等娱乐活动有所渴望，需要恢复戏班活动；其二是政府发动群众抗日救国，需要一个剧团来做载体；其三是旧戏班散了摊一年多，老艺人希望有个发挥技艺的场所谋生。鉴于上述原因，武乡县抗日民主政府决定成立剧团。随即派曾任一区区长的王宣恒同志联络原鸣凤班、庆阳班等演员李海水、梁旭昌、崔来法、韩希江、梁全法、韩二全、崔海林、梁全会、郭子俊、王四孩等人筹建剧团。

1939 年 9 月 25 日，趁八路军柳沟兵工厂开庆祝会邀请艺人演出机会，王宣恒和王四孩在武乡东南部的几个村庄找了二十四五个人，成立了武乡县光明剧团。该剧团作为县政府下设的一个抗日救国文艺团体，从成立之初，团长王宣恒就宣布："我们是县政府领导的抗日剧团，没有供戏东家，也没有剥削，不唱烧香敬神戏。将来还要演新戏，为抗战服务，为大众服务。"剧团在柳沟村演了三天三夜，接着先后到蟠龙、洪水、西营等地演出，剧目主要还是传统戏。他们在演出的同时，利用上午的休息时间开始排练新戏，有自编自演宣传抗日救国的小剧目《换脑筋》《上前线》等。

由于日军常常到武乡"扫荡"，光明剧团也经常在演出中间不得不停止演出而转移。有一次，剧团在苑家垴演出时，敌人从榆社和段村两路袭来，在分散转移中，鼓板师温和尚同志与敌遭遇壮烈牺牲。还有一次剧团在涉县西辽城演出时，日军对太行区进行"铁壁合围"大"扫荡"，剧团亦在包围圈内，演职人员不得不连夜背负服装道具进行转移，在八路军战士的掩护下冲出外线脱险。

光明剧团剧种变化

1942 年，组织上派县青救会干部高介云同志到光明剧团任专职团长，稍后又派梁树森同志任专职指导员（内部兼党支部书记）。这期间，增加了幕景和道具，晚上停演古装剧，纯演时装剧，上午下午也不再"出头官"，改为开演前锣鼓吵台召唤观众。

1943 年夏季，正在精减人员的时候，张万一等几个知识分子参加了剧团。当时有几个老艺人认为增加人员就要增加开支，有所议论。但张万一同志未辜负领导期望，月余时间编写出大型反特锄奸剧《疤三会》《战争之夜》等剧本，不久，又把赵树理的《小二黑结婚》故事改编成剧本，兄弟剧团获悉纷纷前来抄录。同时，高介云团长编写了大型古装连本戏《朱仙镇》和《风波亭》，都得到了领导的表扬。就此，新老人员的关系更加融洽。

1943 年 6 月，日军占领武东重镇蟠龙，剧团活动的范围大大缩小，再加上连年灾荒，群众无意搞文娱活动。光明剧团的演职员又大多是蟠龙附近的人，都不敢在家，政府出于搞宣传和解决剧团人员生活的需要，向各村推荐演戏，团员只能吃派饭，无法养家糊口，有些演员只好另谋生路。有的担煤卖炭；有的被雇用教农村剧团；有的投亲靠友，生活之艰苦，超过社会上任何一种职业人员。但是环境越恶劣，斗争越坚强！在这一时期，每当敌据点兵力减少时，政府和地方武装紧密配合，掩护剧团到敌占区和游击区演出。每地只演一个晚场，都是抗日内容的时装剧，演完当夜即自带服装道具向后方转移。有时应群众要求演到凌晨两三点钟，在撤退时演职人员一字形排队，边走边在路上打瞌睡，走三四十里路才敢正式休息。光明剧团到敌占区和游击区做抗日宣传，大大地打击了日军的嚣张气焰。

1944 年秋，组织上派政治工作经验较丰富的陈凤翔同志来剧团担任指导员兼党支部书记。他和团长高介云同志密切配合，吃苦耐劳，以身作则，抓团内的思想政治工作，把剧团一切工作搞得井井有条。这年 11 月，晋冀鲁豫边区在黎城南委泉召开太行首届群英大会。光明剧团专为群英会排演了反映真人真事的大型剧《劳动英雄李马保》和《地雷大王王来法》。在南委泉群英会上，有 40 余个剧团会演，光明剧团原计划演《李马保》，但边区整风队已先在会上演出了同样的戏，为了不重复，光明剧团立即决定改演《地雷大王王来法》，又加演《万象楼》等剧，取得了好评。

在太行区乃至晋冀鲁豫边区范围的职业剧团中，武乡光明剧团和襄垣农村剧团原来是并列榜首的。为了提高剧团的演出水平，1944—1945 年间，八路军一二九师先锋剧团艺术指导员李谟和导演辛鹰两位同志，在光明剧团蹲点辅导时装剧的排练、化装、布景、表演等工作达半年多时间。光明剧团原来唱古装戏的旧艺人，也成了抗日根据地最早学会表演现代剧的双重演员。

光明剧团的进步和发展

1945 年春，八路军三分区兵工厂赠给光明剧团长短枪 18 支。从此，演出带有军事、武装、战斗场面的剧，再不用临时向部队或民兵借枪支了。同时，光明剧团在修改好以往已取得声望的时装剧《天灾人祸》《关家庄》《大拥军》《小二黑结婚》等基础上，破天荒地创作出反映军民鱼水情谊的《胡春花拥军》和反映开展民主运动整顿干部作风的《改变旧作风》，同时还成功地演出了反映蒋管区黑暗的《血泪仇》。在此剧中扮演联保主任兼黄先生的李海水，扮演老农民王仁厚的梁旭昌，表演逼真、技艺超群，全边区几十个剧团演同样角色的演员都望尘莫及，观众赞叹不已，都说光明剧团演《血泪仇》是首屈一指。

这三个剧的巡回演出，获得边区政府"突飞猛进"锦旗和"鲁迅艺术"奖金。在太行区乃至晋冀鲁豫边区，光明剧团的声誉大大提高，人们都热情地称他们是"政治鼓动家""宣传教育家""表演艺术家"等。1946年初,光明剧团奉命调归太行行署直接领导,改称太行光明剧团(以后又先后改称太行剧团,太行文艺工作团),演员改为全供给制。其间在涉县温村学习排演了以郭沫若文章改编的剧本《甲申三百年祭》和《水浒传》节录《逼上梁山》,并成功地进行了演出。冬季在长治召开的太行第二届群英会上,太行剧团演出了名剧《白毛女》和高介云团长编写的《风波亭》,还有移植剧《逼上梁山》,获得了大会好评,这是光明剧团的鼎盛时期。

1947年春,有些人想纯粹地搞文工团,认为剧团唱古装戏仍有"旧戏班"的嫌疑。经过认真讨论,多数人想搞文工团,结果决定停止演古装戏。一部分演古装剧的演员听到老家武乡又要组织新的剧团,就申请调动工作,经领导批准,梁旭昌、韩希江、梁全法、郭子俊、韩二全、任八孩、郝国川、杜发荣等同志离开了太行剧团,回到武乡县伙同原武西县战斗剧团一部分成员及社会上的新老艺人,在县委宣传部直接领导下,组成了土改以后的翻身剧团(后来相继改称武乡大众剧团、武乡新兴剧团)。

1947年6月,太行剧团奉命长途跋涉到安阳的水冶、曲沟、阜城、北当山、东北店等村镇慰问军队,当时正值刘邓大军准备渡黄河,十几万部队集结在几十个村镇,每处每晚演一场(《官逼民反》或《血泪仇》),观众主要是部队将士。在野外搭台,每场观众都在5000人以上。刘邓大军渡河后,剧团返回太行行署。8月,排演了作家阮章竞同志编导的《赤叶河》,演出效果良好,轰动了太行区,人们把太行剧团称为"赤叶河剧团"。

1948年9月,太行剧团(即光明剧团)奉命和晋冀鲁豫军区政治部人民剧团合并,改称太行文艺工作团。

武乡戏剧运动是一个部队剧团、职业剧团引领全民戏剧运动的过程。在发展中农村戏剧显示出蓬勃的生命力,农村剧团、秧歌队逐渐建立,参与演出创作的群众人数急剧增加。伴随着不同时期的社会现状,编写应景的剧本。戏剧活跃农村空气,启蒙农民思想,配合同时期的各种运动,促进农村的文化建设,活跃根据地社会环境,为抗战胜利提供先决条件。在"群众翻身,自娱自乐"的旗帜下,共产党充分尊重农民群众的精神诉求和物质需求,尊重"狂欢"的娱乐性,从传统戏剧的沃土中汲取资源，进行戏剧运动。在保证农民基本利益的基础上，吸纳群众自编、自导、自演，配合中心工作，达到动员和"翻身"的目的，使数量庞大的农民阶级参与到这场决定中国命运的战争中，以戏剧为媒介，使农民不再"失语"，在演出中借角色的口表达内心世界。

本章问题探索

1. 下北漳村为何能被称为太行山抗战文化的主战场？

2. 戏曲演出如何才能更好地服务于抗战宣传的目标？

3. 在本书第一编第二章中介绍了武乡本地民俗文化，这些当地文化是如何与共产党人带来的红色文化有机融合的？

4. 人民群众喜闻乐见的艺术作品都有哪些特征？

第四编

民族脊梁

太行精神的孕育与发展

本编导读

红日照遍了东方，

自由之神在纵情歌唱！

看吧！

千山万壑，铜壁铁墙！

抗日的烽火，燃烧在太行山上！

气焰千万丈！

听吧！

母亲叫儿打东洋，妻子送郎上战场。

我们在太行山上，我们在太行山上；

山高林又密，兵强马又壮！

敌人从哪里进攻，我们就要他在哪里灭亡！

——《在太行山上》

巍巍太行，镌刻着我们党领导太行儿女艰苦抗战的光辉历史，流传着无数感人至深的红色故事，承载着共产党人和群众的崇高理想。从长乐之战到关家垴歼灭战，从百团大战到反"九路围攻"，从南关奇袭战到黄崖洞保卫战，武乡这片红色热土，见证着一场场斗争的胜利，也承载着无数英雄的血泪。在硝烟弥漫中，一个个有名或者无名的英雄，用热血和生命挺起了中华儿女不屈的民族脊梁，孕育了伟大的太行精神。

本编以"太行精神在武乡的孕育与发展"为专题进行编排，第一章从革命英烈英魂长存、杀敌英雄浴血奋战两方面讲述了一些武乡代表性英模的事迹，意在突出武乡人民不畏艰险、不怕牺牲的大无畏民族精神。第二章对抗战中武乡人民团结一心、积极抗战中涌现出的部分抗战组织进行了简要介绍，旨在让大家了解全体武乡儿女团结一心在抗战中所作的巨大贡献，让大家深入认识团结的力量，增进爱国情怀。第三章对抗战中根据地军民在反动派残酷的军事"进剿"和严密的经济封锁下，面对艰难的物质生活条件和严峻的斗争形势，艰苦奋斗，不断攻坚克难，最终取得胜利的历史进行了回顾，让大家透过历史深入体会学习"艰苦奋斗"这一党和人民在历经艰难险阻、创造历史辉煌的进程中铸就并代代相传的传家宝。

抗日战争中太行区军民付出代价统计表

部队损失 1937.10—1944.10		阵亡	13503人
		伤残	32345人
		中毒	2459人
民兵自卫队 1940.10—1943.4		牺牲	3842人
		伤残	4836人
群众死亡		总计	170034人
	其中	区级以上干部	1434人
群众经济损失		总值	23970000元
		被敌烧毁房屋	2262688间
		被敌抢劫劫食	12056100石
		被敌抢劫衣物	30275140件
		被敌抢劫牲畜	279774头

武乡军民支持抗战统计表

全县村级机构	215个行政村
全县总人口	14万人
参加八路军人数	14600人
参加抗日团体人数	9万人
外调抗日干部人数	5380人
抗战支前勤工	387万工日
为部队筹集粮食	240万石
妇女为部队做军鞋	494500双
织米袋、挎包、慰问袋	107500件
提供蔬菜、油等副食	507500斤

第一章　勇于奉献　不怕牺牲

在抗日战争中，武乡这一老区经历了极其艰苦的岁月。1939年，日寇占领了白晋线上的南关、权店、南沟、故城；1940年，日军在段村扎下大据点，将武乡分割成了武东、武西两块；1943年，日军又侵占了武东重镇蟠龙作为据点。敌人盘踞占领点，通过反复的大"扫荡"，施行残暴的焦土政策，妄图"蚕食"我抗日根据地。为了保卫根据地，八路军与武乡地方人民武装配合，先后在长乐村、南关、关家垴、大有、砖壁、韩壁、柳沟、蟠龙、段村等地进行了大小战斗6368次，歼敌28830人。在对敌的斗争中，也涌现出了如段若宗、武华、张效翰、王来法、马应元等众多革命烈士、杀敌英雄。

如此辉煌的战绩背后，是无数英烈们的鲜血和生命。抗战年间，5500余名八路军将士把热血洒在了武乡的土地上，在抗战中，八路军牺牲的团以上干部有883人，而牺牲在武乡的就达15人。武乡民兵、游击队员和群众有22000余人在战争中牺牲、失踪、遇难、遇害。山山埋忠骨，岭岭皆丰碑，众多的英雄烈士，用他们的鲜血，染红了这片土地，武乡的每一条沟沟壑壑、每一座山山梁梁，都埋葬着烈士的遗骨。

第一节　革命烈士　英魂长存

段若宗

　　段若宗（1913—1936），原名元江。1913年出生在武乡县茅庄村一个贫苦农民家庭，其父兄皆为本村地主白士良的长工，其母在白家当佣人，受尽压迫与剥削。少时的苦难使他对社会的不公与黑暗的世道深感痛恨，写下了多篇揭露地主对农民剥削，反映旧社会不公的文章。他自幼聪敏好学，15岁便考入了武乡第四高等小学，连续三年均名列第一。

> **贫富篇**
>
> 　　冬日天寒地冻，冷气逼人。那些富而且贵的人，围着火炉口喷甜酒；那些贫穷的人沿街乞讨。人都是一样的，为什么贫的贫，富的富，这样不平等？
>
> 　　　　　　　　——段若宗

　　1930年夏，段若宗考入山西国民师范学校。他在校期间，适逢日本帝国主义制造九一八事变，国民党政府奉行"攘外必先安内"之策，集中兵力对付中国共产党领导的工农红军，对日寇的侵略采取妥协退让，造成国土大片沦陷，形成了日益严重的民族危机。作为太原学生运动的中心，山西国民师范学校思想开放，有不少同情革命、支持抗战的进步青年。在太原临时工委张伯枫等同志的帮助下，段若宗开始接触马克思主义，参加学生运动，经常化名"赤子""赤松"，在报刊上发表抨击时政的文章。如他曾经在《武乡周报》上化名"赤子"撰文揭露

知识 贴士

山西国民师范学校

山西国民师范学校是阎锡山于 1919 年创办的一所专门培育全省小学教员的师范学校，学校 61% 的学生来自劳动人民及贫寒家庭子弟，因此成为党传播马克思列宁主义的一个阵地。1924 年，国师进步学生梁其昌等人秘密建立起社会主义青年团，次年山西党组织成立了中国共产党国师支部，从此革命的火焰在这里熊熊燃烧。在学校创办的 18 年间，徐向前等一批无产阶级革命家在这里受到马克思列宁主义的启蒙教育，走上了革命道路。1936 年后，这里又培养了大批军事人才，为建立抗日民族统一战线作出了重大贡献。

武乡南沟地主郝泉香剥削农民的劣行。[①] 他十分关心家乡的革命斗争，通过青年学生殷士肤不断将《苏俄的真相》《青年的信仰》等进步书籍不断传到故城"四高"青年学生中，并多次利用假期回乡宣传马克思主义与抗日救国思想，扩大党的影响。

1934 年秋，在张伯枫介绍下，他正式加入中国共产党，负责领导组织国民师范的学生运动。同年 10 月，中共山西工委负责联络上海的交通员叛变，严重威胁了山西地下党组织的安全，张伯枫等党组织的领导成员被迫分批转移到北平，工委书记王伯唐被捕后牺牲。尽管太原党组织被持续破坏，环境日益恶化，但他仍然坚持进行斗争，开展学生工作，一直与党保持着密切联系。

1935 年 12 月 9 日，北平大中学生数千人举行了抗日救国示威游行，掀起了全国抗日救国高潮，大大激发了广大青年的爱国热情。段若宗等党员成立了"山西省立国民师范学生抗日救国会"，准备组织学生罢课游行，声援北平学生爱国斗争。为避开敌特的骚扰与刺探，他们经常晚上在宿舍开会，制定斗争策略。12 月 12 日，平津学联派武尚仁赶来太原国师邀请"太原市学联"派代表到北平参加华北学联筹备会。由于这时的"太原市学联"为反动分子所把持，段若宗当机立断召集国民师范、第一师范、成成中学和太原女师等校学生代

---

① 武乡县政协文史资料委员会编：《武乡文史资料通讯·第二辑》，内部资料，1985 年，第 123 页。

表开会，宣布成立四校抗日学联。四校抗日学联推选他和冀春寿、李美秀（即李铭新）三人到北平参加会议。到北平后，他们先参加了全国学联筹备会，后又在北大三院参加了"一二·九"纪念会。其间，他曾给乔增禄写信打听太原形势，收到如下回信："年关在即，债主齐集门前。"① 他马上明了，太原的形势不容乐观。于是准备立即返并，三人做了伪装，在敌人眼皮底下悄悄回到了太原。返并后，段若宗、李美秀根据全国学联筹备会决议精神，分别起草了《山西省立国民师范学生抗日救国会宣言》《山西省立国民师范学生抗日救国会工作纲要》，并印发传单张贴散发，这两份文件后来实质上成了太原乃至全山西学生抗日救国运动的纲领，为后续建立统一的学生联合组织奠定了基础。为取得合法地位，有力进行斗争，在省工委的指示下，他与"太原市学联"指派的右派学生代表进行了谈判，于12月下旬组织发动了全市学生罢课，万人上街大游行，高呼"反对南京政府对日妥协的不抵抗主

知识链接

一二·九运动

又称一二·九抗日救亡运动，是中国共产党领导的一次大规模学生爱国运动。1935年12月9日，北平（北京）大中学生数千人举行了抗日救国示威游行，反对华北自治，反抗日本帝国主义，要求保全中国领土的完整。北平学生的爱国行动，得到了全国学生的响应和全国人民的支持，形成了全国人民抗日民主运动的新高潮，推动了抗日民族统一战线的建立。一二·九运动公开揭露了日本帝国主义侵略中国、吞并华北的阴谋，打击了国民党政府的妥协投降政策，大大地促进了中国人民的觉醒，标志着中国人民抗日民主运动新高潮的到来。

义"，要求"停止内战，一致抗日"。声势浩大的太原学生运动引起了"土皇帝"阎锡山的恐慌和仇视，特务机关和警备司令部派出了许多便衣，经常到学校内部侦探进步学生活动。1936年2月的一个晚上，学生抗日救国会正在开会，太原公

① 武乡县政协文史资料委员会编：《武乡文史资料通讯·第二辑》，内部资料，1985年，第124页。

安局杨玉文与一名便衣特务又潜入了国师，但被学生发现并遭到痛揍，阎锡山准备借机对国师进行血腥镇压。

3月1日夜，阎军警突然包围国民师范进行搜检，段若宗不幸被捕。敌人将扣捕的一百多名学生押解到太原警备司令部，段若宗等几名学联代表当晚就被提审。在狱中，段若宗受尽了毒打，在敌人的威逼利诱下，始终不为所动，坚守党的秘密，充分表现了共产党坚贞不屈的英雄气概与坚定的革命理想。

1936年8月16日，敌人开庭审判，以"宣传共产，吊打警官"的罪名，判处段若宗、曹津等6人死刑。在被押赴刑场时，他大义凛然、毫无惧色，在囚车上高呼"中国共产党万岁"。临刑前，他视死如归，领着大家唱悲壮的《国际歌》，烈士的鲜血染红了大南门外的荒郊野土。为实现共产主义的伟大理想，段若宗献出了宝贵的生命，这一年，他才24岁。

武华

武华（1917—1943），乳名绵生，曾化名李子魁，武乡县段村人。出身于破产地主家庭，幼年在南沟外祖母家寄养，九岁返本村读书。武华少时便聪颖过人，学习颇有天赋，1930年以优异成绩考入山西省第一师范学习。入学不到一年，父亲武灵初因思想激进、同情革命，参加反蒋、反阎活动被国民党开除党籍而失业。武华也被迫辍学，闲居太原。九一八事变后，父亲武灵初创办太原市青年图书馆，

武华游击队队长武华

武华阅读了大量进步书籍，开始信仰马克思主义。其间，他参与了太原群众要求政府抗日救亡的请愿活动。1932年，在友人介绍下，加入了左联抗日反帝同盟。

同年，青年图书馆改选，武华当选为宣传委员，并加入了共产主义青年团，随后加入中国共产党。年底，阎锡山在全省进行"清共"，反帝大同盟被阎锡山当局破坏，武华也遭到通缉。无奈之下，只好返回偏僻的老家与家中雇工武三友

发动农民开展抗租抗债运动，与反动地主进行斗争，此举侵犯了当地封建顽固势力的利益。当地土豪劣绅向当局告状，阎当局逮捕了一批进步青年，武乡党组织遭到了破坏。适逢武华赴并联系工作幸免于难，但由于党组织遭到破坏，与上级失联，因此返乡后他隐蔽数日，便火速与段宏绪踏上了去北平寻找党组织的征程。在到达北平后，他重建了与党组织的联系。1933年出任北平东区区委宣传部部长，次年春，调任唐山市委书记，后因故调离；同年10月复返唐山巡视工作，途经天津被国民党宪兵三团逮捕，判刑三年，送往南京中央监狱。1937年全面抗战爆发，国共进行第二次合作，武华在党组织的积极活动下获释。[①]

武华出狱后返回家乡，设法联系到当地党组织，积极参加抗日救亡活动。他发动青年，收集武器，于10月发动群众组织起武乡第一支地方抗日武装——武华游击队。1938年5月，改编为决死队附属游击第二团，武调任八路军第三十二团政治部主任及四分区宣传科长，1940年调任段村敌工站站长，奉命到监漳村搞地下工作。[②] 1942年初，党组织发现他在南京监狱时有自首嫌疑，未搞清之前，师党务委员会决定，暂停武的党籍，待查清后处理。

1943年6月3日清晨，日军包围监漳村，由于叛徒出卖，武华被捕，后被押往蟠龙据点，遭受严刑拷打，坚贞不屈，惨遭杀害，头颅被悬空示众，尸体抛入井中，年仅26岁。

1947年1月6日，晋冀鲁豫军区政治部、组织部根据武华南京监狱获释后能在党的路线下进行工作，在敌人严刑下英勇就义的表现，决定恢复武华的党籍，太行区党委组织部党刊《战斗》第104期发表了"关于恢复武华同志党籍的决定"，以慰死者。

张效翰

张效翰（1905—1948），乳名秀孩，又名保良，武乡县王海峪村人。1930年

---

① 李树生：《抗战精华遍武乡》，太原：山西人民出版社，2010年。

② 同上。

毕业于太原北方军官学校步兵科。后在山西新军中任排长、连长等职数年。1938年4月，子洪口战斗后率全连人员改编为决死一纵队独立营，任营长，驻防沁源县。1938年夏，调归决死三纵队建制，驻防长治地区。

1939年12月，阎锡山发动"十二月事变"，决死三纵队三个团遭阎锡山暗算，张部复归阎晋绥军编制。1942年，张所属部队归山西驻军第一师赵瑞、段丙昌部

十二月事变

1939年12月，国民党顽固派阎锡山部在山西省西部永和、石楼地区进攻山西新军和八路军的反共事变。亦称晋西事变，是国民党顽固派掀起的第一次反共高潮的重要组成部分。

管辖，驻潞安。次年春，率部到太原北门外享堂村大营盘受训。暮秋，回师部驻地蟠龙，晋升为少校，任三团一营营长，不久，又奉命参加日军在太原举办的军官训练班受训。此间，阎锡山从阳城、沁水一带招来五百余新兵，补编为三团二营，张任营长。1944年秋，训练班结束，张带队驻段村，晋升为中校，任师部参谋主任兼二团团长直至段村解放。[①]

在张效翰担任参谋主任期间，太行三分区的工人员对其进行了多方争取工作，在思想上感化、教育他，使他从一名爱国民主人士转变为一名共产党地下工作者。曾多次为我军提供重要情报和武器弹药，策反下属军官，还积极参与我军被捕同志的营救工作，为段村的解放作出了重要贡献。段村解放后，他随我军主力部队赴沁县、太谷一带做策反工作。1948年春天，他接受新的使命，奉命深入敌后，伪装身份进行地下工作。不幸的是，因在洗澡时卸去伪装被曾经的下属认出而暴露身份。被捕后送往国民党"返乡团"接受审判。张效翰意志坚定，面对敌人的严刑拷打仍坚贞不屈，不久，被秘密处死，时年44岁。

1980年，中共武乡县委高度评价了张效翰为解放段村所作的贡献，并追认张效翰为革命烈士。

---

① 武乡县政协文史资料委员会编：《武乡文史资料通讯·第二辑》，内部资料，1985年，第118页。

国民党返乡团

国民党返乡团是在解放战争时期，由国民党政府支持的以地主、豪绅为基础的反动武装组织。因共产党号召"打土豪，分田地"，把许多土豪劣绅赶出家乡。抗战结束后，这些地主土豪想打回家乡，继续称霸乡里，就组成了返乡团（还乡团）。他们在国民党的支持下，随国民党军队进攻解放区，到处反攻倒算，烧杀抢掠，无恶不作。

程坦

程坦（1917—1945），乳名水旺，武乡县故城镇故城村人。少时聪颖过人，勤学好读，内心最是向往《三国演义》中"文能提笔安天下，武能马上定乾坤"的名将姜维。1931年9月18日，日本"关东军"制造了九一八事变，侵占东北，正在武乡四高就读的程坦义愤填膺，写下了《青年猛醒》《还我河山》《勿忘九一八》《戏说告全国同胞书》《救国要团结》等时政文章。

1937年日军悍然发动"七七事变"，抗日战争全面爆发。11月8日太原沦陷，程坦毅然投笔从戎，参加青年抗日先锋队，投身于抗日救国的浪潮中。1938年秋，他加入中国共产党，任故城抗日副村长、武委会主任兼民兵游击小组组长、民兵指导员等职。

1939年9月2日，日军占领故城。为掌握敌人动向，程坦受党组织派遣，打入驻扎在南沟的"洪部便衣队"从事了一段时间的内线活动。1940年因暴露身份奉命撤出，继续担任故城民兵游击队队长，领导游击队在白晋线上神出鬼没，炸桥梁、破铁轨、割电线、毁公路，给敌人的机动、联络和补给制造障碍，牵制和打击日伪军。由于程坦胆略过人、智计百出，敌人闻风丧胆，他被根据地群众盛赞为"杀敌英雄、飞虎队长"，可谓敌人听了胆战、革命群众听了亲切。在太行第三军分区于1943年10月召开的榆武祁三县杀敌英雄大会上，获得"孤胆英雄"荣誉称号与"勇敢善战、孤胆英雄"锦旗一面，他领导的故城民兵游击小组荣获我们堂堂的大国家，已到了最危险最可怕的时候，大家还是一盘散沙。要挽救国难，在吾看来，有个简单的办法，就看我国人做到做不到！第一，就是要有血气的人民，团结起来，快些猛醒，不要在那里舒快做梦，赶紧起来和我们的仇敌奋斗呀！要知道国际是不能依靠的，他们都是互相观望。必须铁血一般青年和仇敌敢拼一死命，挽救中国。第二，国家有救没救，就在我们这般小青年身上。我们在这个时候，要发愤图强，做一个有能力的主人翁，大家联络起来，努力和倭奴交战，个个把枪头向外，不要学过去军阀的样子，国家终有强盛的一日。总而言之，救国非团结是不成功的，我们仍旧是没有希望的。

——《救国要团结》

"模范民兵小组"称号。①

1945 年 2 月 5 日，因叛徒告密，"红部便衣队"和警备队包围了驻扎东寨底的联防民兵指挥部，为引开日军，解救被敌围困的联防民兵及群众，时任民兵指导员的程坦，舍身诱敌，不幸胸部中弹牺牲，时年 28 岁。

2 月 15 日，武西县人民政府于蒲池村举行了隆重的追悼大会。会后，中共太行区武西县第五区指挥部为烈士程坦颁发了"舍身取义"金色牌匾，以表彰程坦的英雄事迹。

太行第三军分区授予"孤胆英雄"称号的玫城村民兵队长程坦，在对敌斗争中牺牲，图为武乡五区赠给英雄"舍生取义"牌匾

① 白凤鸣：《孤胆英雄：武乡程坦》，山西黄河新闻网，2016 年 7 月 28 日。

第二节　杀敌英雄　浴血奋战

王来法

王来法（1908—1972），武乡县李峪村人，原籍河北省沙河县。1914年家乡大旱，随父逃荒武乡，被卖于李峪村王森林为儿，以给地主放羊、卖炭为生。1938年4月，日军入侵武乡，其父被杀，愤然参加抗日人民自卫队，同年7月加入中国共产党。抗战中，先后任村自卫队长、党支部书记和武委会主任等职，带领李峪村民兵活动于蟠武公路上，充分运用地雷战配合主力部队，粉碎敌人上百次"扫荡"，先后毙敌123名，俘敌40余名。1943年，武乡县抗日政府奖赠"杀敌英雄"金字大匾。1944年出席太行区首届群英大会，被誉为"太行地雷大王"。晋冀鲁豫边区奖给"抗战柱石，建国先锋"锦旗一面，从此，誉满太行，为人敬佩。解放战争时期，率民兵远征参战，支援部队，打沁县，战上党，屡建奇功。

新中国成立后，曾先后任洪水公社武装部长和石门林场副场长，坚持做民兵工作，多次出席省、地、县各级民兵先进代表会议，受到上级表彰。1960年应邀参加全国民兵代表会议，受到毛主席的接见。晚年不顾体弱多病，多次为外宾表演地雷技术，为宣传人民战争思想竭尽余力。1972年因患胃癌不幸与世长辞，李峪村全体干部群众为他举行隆重的追悼大会，省、地、县各级政府派人参加。山西省军区为他献上"太行劲松千秋翠，英雄之花万代红"的挽联。

魏名扬

魏名扬，1906 年出生在武乡县枣烟村。他出身贫苦，少年习武，练就了十八般武艺，曾单枪匹马力挑数十名响马而名播太行。1933 年加入中国共产党，组织领导了农民抗债团，与封建地主阶级斗争，保护穷苦农民利益。1935 年，魏名扬打入"防共团"，一面以耍拳练武、结弟交友为掩护，在敌军中建起了党的队伍，一面打探传递情报，保护党的组织，使许多党员免遭抓捕。

1937 年全面抗战爆发后，党指派魏名扬组建游击队，他以从敌营中拉出来的人员、枪支为基础，组织起一支 500 余人的抗日组织。1937 年 10 月底，武乡县青年抗日游击队在大有泰山庙宣布成立，人们都称其为名扬游击队。抗战中，他参加了百团大战等几十次战役，带领游击队出入虎穴，灭日寇杀汉奸，被授予独立自由勋章、红旗勋章等 4 枚勋章。敌人更是闻风丧胆，日寇曾悬赏 5000 金票买魏名扬人头。他领导的名扬游击队前后 6 次组建，又 6 次集体转入八路军，先后给八路军输送了 3000 余名优秀战士，多次受到八路军首长的表扬。1940 年 2 月 22 日是元宵节，武乡县抗日政府在韩壁村举行军民联欢会，朱德总司令在会上亲手将"太行名扬游击队"的队旗授予魏名扬。太行军区及太行第三军分区多次表扬及推广名扬游击队的经验。

1960 年，他从部队转业，后居住于太原市并担任北城区名誉区长，直至1994 年在并去世。他的老战友、原广州军区司令员尤太忠上将撰写了"武出奇功威震太行留芳名，乡音未改德高亮节党风扬"的挽联。

2012 年，中共党史出版社出版了《游击队长魏名扬传奇》一书，中共中央政治局委员、国防部长迟浩田上将题写了书名；中共中央委员会原副主席李德生为该书作序。

关二如

关二如，生于 1927 年，武乡县关家垴村人。1940 年秋自愿报名参加抗日民兵，因年幼未被批准。1942年正式参加民兵组织，任学习小组长，参加了秋季反"扫荡"，胜利完成侦察任务。1943年敌占蟠龙后，随民兵在关家垴村北、柳沟附近及尖山顶等地多次截击敌人，截回大批耕畜羊群，并单独下蟠龙据点和河不凌、中村等地做侦察、联络工作。1944年任本村武委会主任，指挥民兵掩护八路军侦察员突围，袭击关家垴敌哨棚，被誉为武乡县民兵杀敌英雄。他作战勇敢，指挥果断，并练就了一手好枪法。1944年7月，在襄（垣）武（乡）民兵检阅大会的射击比赛中，三枪打了25环，围观者赞不绝口。同年11月参加太行区首届群英会打靶比赛，夺得头名。当场博得太行军区邓小平政委和李达司令员的称赞，被评为边区腹地"一等民兵杀敌英雄"，荣获小六五步枪一支及"神枪武状元"锦旗一面（现珍藏于中国人民革命军事博物馆）。

◎ 神枪武状元关二如

1945年4月，他带领民兵随八路军出击祁县城，攻打日军纺纱厂，抢出洋布500匹供给军需民用，受到太行军区嘉奖，同年6月加入中国共产党。抗日战争胜利后，参加了中国人民解放军，打上党，战平汉，后任连指导员。1948年11月8日，在徐州马围子口战斗中壮烈牺牲。

马应元

马应元（1921—1945），武乡县马家庄人，出生贫苦农家。自幼父母双亡，孤身无倚。1940年参加抗日游击小组，秋季正式加入民兵组织，配合八路军打游击。他枪法娴熟，曾一枪致二命，成为闻名全县的民兵射击手。1942年加入中国共产党，任马家庄民兵指导员，在反"清剿"、反"蚕食"斗争中，带领马家庄民兵，搞侦察、探敌情、除汉奸、捉内奸、埋地雷、打伏击、缴武器、截物资，多次夺回被日军抢去的耕牛羊群等。1943年敌占蟠龙后，马应元任蟠武线飞行射击爆炸组组长，在漳河两岸，运用麻雀战术歼敌小股部队，配合八路军夜袭段村据点，又用"地雷加冷枪"等游击战术，打了许多胜仗。5月反"扫荡"中，一次布雷13处，炸死炸伤日军90余人，缴获步枪11支，子弹500多发。1944年11月，出席了晋冀鲁豫边区群英大会，被授予"民兵杀敌英雄"称号，奖励"日夜出击蟠武线，飞行爆炸显神威"锦旗一面。

1945年1月在本村突围战斗中落入敌手，敌人抓来其母亲和妻子劝其投降，均被拒绝，被敌秘密杀害，年仅24岁。1946年12月，太行区第二届群英会追认马应元为特等英雄，并在英雄台广场设灵位，隆重公祭。

本章问题探索

1. 从武乡的革命先烈身上应学到什么样的品质？

2. 凡人都畏惧死亡，革命者为何能够不惧生死？

3. 在和平年代，我们应该如何传承革命精神？

第二章　军民团结　万众一心

习近平总书记在庆祝中国人民解放军建军 90 周年大会上指出："人民军队从胜利走向胜利，彰显了军民团结的伟大力量。人民军队始终和人民同呼吸、共命运、心连心，完全彻底为人民奋斗，哪里有敌人，哪里有危难，哪里就有人民子弟兵。谁把人民放在心上，人民就把谁放在心上。'最后一碗米送去做军粮，最后一尺布送去做军装，最后一件老棉袄盖在担架上，最后一个亲骨肉送去上战场'。这首战争年代广为传唱的民谣，就是军民团结如一人的生动体现。"艰苦的工作环境，残酷的战争生活，使根据地军政军民关系结成了鱼水深情。八路军在打仗、军训间隙，经常帮助老百姓。日寇的烧杀掠抢、飞机轰炸，导致百姓生存环境遭受极大破坏，八路军就帮助他们修房子、打窑洞。日寇总会在夏收、秋收时"扫荡"，抢劫粮食，八路军就与民兵积极配合武装保卫夏收、秋收。为了扩大粮食生产，八路军与武乡民众一道修边打坝，开荒造地，挖井筑池，开渠引水。1940 年夏天，八路军官兵、北方局党校组织学员同武乡民众一起，在上北漳南滩修筑了一条百米长坝，造地 200 多亩，党校学员们利用课余时间，在这里种植了蔬菜、粮食，使生活基本达到自给。"八路军来爱护老百姓，老百姓来也要帮助八路军。军民要合作大家一条心，打败那个日本鬼子享太平。"真心换真心，八路军对人民的深厚情谊换来的是人民群众积极参军拥军，工、农、青、妇、儿童团等抗日团体，有力地支援了八路军在武乡的生存和发展，用鲜血和生命谱写了一曲曲拥军颂歌。

◉ 第一节　全民总动员　妇女儿童齐上阵

抗日儿童组织

为以新民主主义精神教育后代，使儿童在政治、思想、组织、劳动等各方面的斗争中得到革命锻炼，党一直以来非常重视根据地的儿童工作。在党的组织领导下，根据地成立了诸多抗日儿童组织，如抗日儿童团、抗日儿童剧团等。

抗日儿童团

抗日儿童团的主要任务是学习、生产，同时他们也担负着"宣传抗日""站岗放哨送情报""捉汉奸"等任务，利用自己年纪小，不被注意的特点，儿童团总能深入敌后，出色地完成任务。儿童团的成立不仅给孩子的生活带去了乐趣和希望，同时壮大了抗日队伍的力量，为抗战胜利作出了巨大的贡献，也培养了一大批优秀的革命接班人。在晋冀一带，仍流传着小英雄海娃（以抗日小英雄李爱民为原型）借放牛与敌周旋，把鸡毛信送给八路军，并机智地把日本鬼子引进八路军包围圈的故事。

晋东南八路军总部所在地的武乡县王家峪儿童团，便是其中的优秀代表。在百团大战中，他们割草喂军马，为前线送干粮，为兵工厂搜集废铜铁和子弹壳；在反"扫荡"战斗中，他们写标语作宣传，看护八路军伤员等，做了许多力所能及的工作。1944年"四·四"儿童节时，王家峪儿童团被正式命名为"朱德儿童团"。

曾是武乡儿童团团长的肖江河至今记得八路军刚进驻砖壁村时的往事：

战士们军纪严明、生活规律，每天都有打靶、驯马、操练等多样的军事活动。一天，肖江河和其他几个孩子看到战士们在崖壁上练习攀登，几个人平日里就调皮，心里嘀咕也想试试，便不由分说模仿着向上攀爬起来。没想到，孩子们一个个身手矫健，惹得一旁围观的指挥官们不再看战士们爬山，都来看这帮孩子们。肖江河第一个爬上了崖壁。

由肖江河撰写、被山西省委党校图书馆收藏为馆藏文献的《光辉永照砖壁村》记录下了当时一名老战士与他的对话：

鸡毛信

旧指需要迅速传送的公文、信件，上面插上鸡毛。现存全国唯一的鸡毛信实物，在安徽省档案馆档案展示馆展出。它长155毫米，宽74毫米，白色纸质，封面及封底均为竖式书写。在信封背面接缝处，加贴有淡黄色封条，封口处粘有一根长90毫米的白色鸡毛，横贯两端。抗日战争时期，共产党的抗日武装用鸡毛信传送紧急信息。

老战士问："小鬼？如果我没有看错，第一个爬上去的就是你？"

肖江河答："就是我先爬上去的。"

老战士："这个崖头你们初爬还是爬熟练的小道？"

肖江河："这个崖头上是砖壁羊工们用羊铲铲了脚窝，成为一条赶羊的捷径，俺们常爬这条崎岖小路。"

肖江河记得，过了四五天，这名老战士便带着另外两名青年战士，来到孩子们上课的教室，说要在学校里组建儿童团，负责在重要地段站岗放哨、检查通行证。因爱护同学、活泼好动，肖江河被老战士任命为儿童团团长，团成员不多，都是8—12岁的学生。通过老师介绍，他才知道，这位"老战士"其实便是八路军总司令朱德。

"我们当时有四项任务，第一，在进出村的三条大路口站岗放哨、查通行证，八路军通行证是印刷体，后面有记号，老百姓的通行证是手写体，盖有村公所的公章，如果没有通行证，不管是谁，都把他送去村公所；第二，

抗日小英雄李爱民

人物事迹：李爱民，1930 年生于山西武乡县白家庄一个佃农家庭。抗日战争后任本村儿童团长，积极为抗战工作。1943 年，他和各村民兵到日本鬼子据点附近抢收庄稼，返回路上，与日本鬼子的巡逻兵相遇。为了掩护民兵和乡亲的安全，他挺身而出，被鬼子逮捕。在鬼子的威吓和毒打下，他坚贞不屈，不吐露八路军的秘密，最后牺牲在鬼子的刺刀下，年仅 13 岁。

——节选自《光辉永照砖壁村》

宣传抗日；第三，读抗日书籍；第四，唱抗日歌。"

有一次，肖江河和小伙伴遇到一个骑马的战士。对方声称是八路军，来砖壁村开会，忘记带通行证了，请他放行。肖江河和小伙伴坚决不同意，硬是把他送去了村公所。没想到，一到村公所，这名骑马的战士哈哈一笑，突然掏出了通行证，夸他们勇敢、负责任。后来，这名骑马的战士又在村里帮忙打水窖，他才慢慢听别人说，这名战士就是邓小平，时任八路军一二九师政委。

抗日儿童话剧团

武乡县抗日儿童话剧团的前身是武乡县牺盟会组建的县抗日儿童演出队，后更名为武乡县抗日儿童话剧团。全面抗战爆发后，在牺盟会号召下，武乡成立的武华游击队、名扬游击队、工人游击队等地方武装，奉命编入八路军主力部队，但一些年龄较小的队员未被部队接收。当时的县委就决定以这一批小游击队员为主，建起了武乡抗日儿童演出队，共七十余名成员，由县牺盟会特派员张烈、县委书记刘建勋直接领导。队长为牺盟会会员赵浚川，指导员为县抗日游击队的殷士肤。主要以学演抗日题材的话剧来唤起民众积极投入抗日救亡运动。1944年春，剧团集体参加八路军并入三八六旅野火剧团，实现了向专业化、军队化的转型。在山西抗日根据地的文化宣传运动中，儿童剧团起到了很大作用。

武乡抗日儿童话剧团主要排演了《日本哨兵》《打倒汉奸卖国贼》《送郎参军》《誓死不做亡国奴》《空室清野》《慰劳伤员》《逃难》《游击小组》《保卫抗日根据地》《军民合作》等小剧；演唱的抗日歌曲有《救亡进行曲》《义勇军进行曲》《大刀进行曲》《救国军歌》《全面抗战》《游击队之歌》《打回老家去》《中国人不打中国人》《军民合作》《拿起我们的红缨枪》《保卫黄河》《保卫山西》等。抗日儿童话剧团在抗日根据地的演出，发挥了唤醒民众，鼓舞根据地士气的积极作用。

妇女救国会

"一铺滩滩杨树枝儿一铺滩滩草，一队一队的抗日军，啊格呀呀呆，数咱八路军好。一粒一粒的金黄米，一袋一袋的装，一担一担的抗日粮，啊格呀呀呆，送到前线上。一团一团的白棉花，一条一条纺，一机一机的新棉布，啊格呀呀呆，给部队做衣裳……"在根据地广为流传的一首《妇女拥军歌》唱出了太行妇女对子弟兵的热爱与支持。

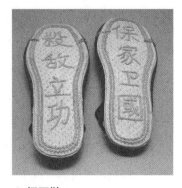

◎ 拥军鞋

抗战前，武乡县的广大妇女不仅受着封建制度的压迫，并且由于传统的男尊女卑的思想，广大妇女还忍受着来自父权、夫权的压迫，在各个方面都深受其害，没有自由。武乡县妇救会于1937年7月在县城正式成立，县妇救会建立初期，便开始进行妇女解放宣传，动员广大妇女走出家门，走向社会。与此同时对广大农村妇女进行抗日救国宣传，组织妇女给八路军做军鞋、筹军粮，支援八路军打鬼子，最大限度地动员农村妇女参加抗日救国。

抗日战争开始后，中共北方局妇委曾长期驻扎于武乡县的王家峪一带，中央北方局妇委领导人浦安修、刘志兰、徐若冰等同志，特别是我国著名妇女运动领导人康克清、李伯钊等同志，都曾在武乡生活、战斗。在武乡驻扎期间，她们一方面进行组织建设，开展妇女干部培训，培养妇女工作领头人。于1940年初，在王家峪附近举办了中共北方局第一期妇女干部训练班（简称"妇训班"）。妇训班的学员，一部分是来自晋东南各县的妇救会主席和副主席，一部分是十二月政变后来自晋西北的妇女干部。其中武乡妇救会的王炽、范承秀、武兰芳等五十余名妇女干部都参加了学习。妇训班由刘志兰同志任支部书记，卓琳同志任组织委员。浦安修同志经常到妇训班来进行辅导。朱德总司令和彭德怀副总司令也曾先后到妇训班来作过报告，号召妇女干部帮助广大妇女从族权、神权、夫权的封建统治下解放出来，积极为抗战作贡献。妇训班的学习内容主要是马克思列宁主义理论，抗战形势，统一战线，党的基本知识及根据地妇女工作，妇女解放的道理和内容，妇女解放和民族解放运动关系，同时还适当讲一些军事常识。另一方面组成妇女工作队，由北方局妇委直接领导，深入到妇女群众中，通过挨家挨户宣讲、张贴大字报、出版刊物等方式，积极进行妇女解放与党的抗日民族统一战线政策。北方局妇女委员会于1940年在武乡创办了《华北妇女》杂志，积极宣传党的抗日政策及党对妇女工作的方针、政策，从妇女的家庭、婚姻问题入手，提倡男女平等，婚姻自由。北方局妇委会的活动有力地推动了这里的妇女解放运动与武乡妇救会等妇女组织的发展。

在妇女组织的宣传和发动下，勤劳勇敢的武乡妇女，冲破了封建牢笼，纷纷加入妇救会，投身抗日战争。她们或是送夫、送子参军，或是积极开展生产，甚至有的妇女直接参军上战场，为抗日战争的胜利作出了卓越的贡献。

直接参军。据记载，在抗战期间，武乡参加自卫队的妇女有1800多人，参加其他民兵组织的有3600余人。在战场上她们从事战士、医生、护士、通信兵等各种各样的工作，除此之外还有许多没有被记载的。妇女积极参加自卫队和民兵组织，进行站岗放哨、送信、传递情报等工作，为抗战作出了很大贡献。

◎ 太行山妇女运送军鞋

动员亲人参军。抗战中的武乡妇女，除了直接上战场之外，更多的是从多方面支援战争。"母亲送儿打东洋，妻子送郎上战场"成为每个妇女应尽的义务和抗日救国的崇高表现。如，禄村的李改花先后将三个儿子分别送上战场，1945 年农历正月十五，全区召开群众大会，为抗日母亲李改花送了刻着"岳母遗风"四字金匾，表彰她为民族解放作出的伟大牺牲。从 1937 年到 1945 年，全县参军7400 多人，在参军运动中广大妇女立下了不朽的功绩。

支援前线。在抗战中，少数妇女组织站岗放哨、监视汉奸配合部队作战，大部分妇女通过积极给军队送饭、送柴、救护伤病员、做军鞋等来支援前线。据不完全统计，在整个抗日战争中，武乡妇女有 1900 多人参加了各种战斗，救护伤员 10000 余名，做军鞋 49 万双、慰问袋 65000 多个、米袋 41000 多个，她们从各个方面为抗战作了很大的贡献。

参加生产。1940 年前后，日寇对我根据地推行了残酷的"三光"政策，使得我军陷入极端困难的境地。为了解决敌后根据地的困难，中共中央北方局号召开展生产自救运动。由于大部分男人都参加了武装斗争，所以广大妇女成为生产的主力军。1941 年，武乡县妇救会向广大妇女发出号召，号召全县妇女立即投入"百日纺织运动"。该运动主要是号召妇女参加生产，解决前方战士的被服供应问题。此外，妇女们在农业生产、搞互助组、变工队和研制硝土熬盐、土燃料等方面都是一支不可缺少的力量。

拥军模范

韩国栋

韩国栋（1883—1973），生于武乡县韩壁村一个贫苦农民家庭，7 岁便去放羊，15 岁开始给同村地主家打长工，深受剥削压迫。

1937 年，八路军首次进驻武乡，朱德总司令在武乡进行了抗日宣传演讲。武乡的减租减息、囤粮支前运动在广大农民中如火如荼地开展起来。韩国栋深受鼓舞，积极参加当地农民组织的抗日救国活动，于 1938 年任韩壁村农救会主席。1940 年，他被党组织吸收为党员，开始领导组织本村群众开展减租减息和囤积公粮活动，并建立农民自卫队为驻地八路军担当后勤补给、联络通讯等工作。1942 年，他应邀参加八路军总部庆功大会，荣获"抗战功臣"锦旗一面。1943 年，日寇占领蟠龙，他长期在敌后带领民兵与敌人周旋，在一次突围中因掩护群众而腿部中弹，退下一线。伤愈后奉太行三军分区命令，到戈北坪帮助大部队绘制蟠龙地形图，为蟠武战役的胜利作出了重大贡献，多次受到军分区表扬。1944 年，他毅然送独子韩元龙（牺牲于解放战争中）及两个侄儿参军报国，抗日政府为他家奖"革命家庭"和"热心公务"两块门匾。1945 年，任韩壁村党支部书记，带领群众开展土改，互助生产，拥军优属等项工作，被誉为"劳武结合"的模范。武乡县人民政府奖给"模范抗属"门匾。1946 年出席太行二届群英大会，在他的带领下，韩壁村也获县政府奖励的"组织起来"锦旗一面。

新中国成立后，组织六老林业队，带领动员村民植树造林，常以"气不断，一直干"自勉。1965 年出席山西省劳模会，1973 年病逝，终年九十岁。①

胡春花

胡春花（1909—1995），女，武乡县洪水镇窑湾柳树烟村人。1938 年春，八路军第二次进驻武乡，先后转战武乡马牧、义门、寨上等地，29 岁的胡春花积极组织本村妇女拥军支前，支持抗战工作。

> **知识 贴士**
>
> ## 六老林业队
>
> 六老：即为老党员、老干部、老教师、老职工、老队长、老农民。"六老林业队"大多由政治坚定、德高望重、热心公益的老同志组成。

1940 年 3 月，工作积极的胡春花当选窑湾村妇救会秘书，至此她更加积极地投身于抗日拥军的工作中，经常带领妇女给八路军做军鞋、补军衣，送公粮。此外，她还组织本村妇女建立部队接待站，和姐妹们一起为转战中路过的八路军、游击队提供食宿。每次有部队路过，她总是提前带领姐妹们热好窑洞，烧好火炕，提前准备好热腾腾的饭菜，让在前线浴血奋战的将士们在这里能感受到家的温暖。一次，三八六旅一部分战士在这里驻扎，由于敌人围住了储粮店，部队的给养遭遇危机，她主动把砸锅卖盆换回的 5 斗小米送给了部队，成了部队的救命粮。胡春花的模范事迹得到了武乡县委的多次赞扬。

1940 年 6 月，她正式加入中国共产党。同年 11 月，日军集中 5000 多人的精锐部队，分多路进犯我黄崖洞兵工厂。敌军兵力数倍于我，且装备精良，甚至使用了火焰喷射器等高杀伤力武器。战士们为了保卫兵工厂与日寇进行了殊死搏斗，战斗打得异常惨烈，有许多伤员甚至抬不下火线。"胡春花听到消息心急如焚，她把发着高烧的 4 岁独生女儿留在家中，组织起妇女担架队，冒着炮火上了前线"②，运送伤员到后方医院，由于医院人手不够，她还主动担起了护士的职责，洗绷带、换药，照顾伤员生活。"有一位重伤员上下肢都骨折了，不能自己吃东西。胡春花特意到村里找木匠制作了一把小木勺，一勺一勺喂他吃饭。"③她

---

① 李树生主编：《抗战精华遍武乡》，太原：山西人民出版社，2010 年。

② 政协山西省武乡县委员会编著：《武乡人物志》，太原：山西人民出版社，2003 年，第 632 页。

③ 付明丽：《八路军太行纪念馆：太行精神光耀千秋》，《人民日报（海外版）》2021 年。

给伤员喂饭的只有 9 厘米的黄褐色木勺至今还在八路军太行山纪念馆珍藏。当她忙完医院的事赶回家时，女儿已经奄奄一息，仅 4 岁的小生命在去往医院的途中不幸去世。

胡春花舍小家为大家的模范事迹在太行区广为流传。1944 年 11 月，胡春花受邀参加太行军区在黎城县南委泉镇召开的群英大会。会上，一二九师政治委员邓小平亲自授予她"拥军模范"锦旗一面，表彰了她的模范事迹。次年，她又被推选为晋冀鲁豫边区政府参议员，1946 年到河北邯郸参加了边区参议会。[①]1995 年因病逝世。

石榴仙

石榴仙（1898—1950），武乡县下广志村人，14 岁时，与马堡村的一位贫穷的农民结了婚。在她 30 多岁的时候，丈夫不幸去世，留下她带着孩子艰难度日，以种地织布为生。为养家糊口，石榴仙经常日夜织布，在长期的锻炼下，石榴仙的纺织技术日益精进。1940 年，在武乡妇女干部动员下，她加入了妇救会，纺花、织布、做军鞋，积极拥军支前，为抗战作贡献。1943 年，她在党的号召下，与男人们一起参加"变工互助组"，组织、带领广大妇女开展纺织竞赛，用纺出的土布

◎ 纺织英雄石榴仙

换回大量根据地紧缺的棉花、粮食等物资，被评为"拥军优属模范"，她所在的马堡村也成为全县发展生产、支援抗战的抗日模范村。1944 年，石榴仙在妇救会的推荐下加入了中国共产党，为了更好地组织和发动群众积极参加竞赛运动，她更加积极地投入到纺花生产中去，石榴仙纺织技术高超，可日织布两丈、纺花十两。同时她并不藏私，但凡有向她请教学习纺

---

① 王建华主编，政协山西省武乡县委员会编著：《武乡人物志》，太原：山西人民出版社，2003 年，第 634 页。

织技术的妇女，她都倾囊相授，受到了根据地群众的认可与赞扬，被选去参加区县劳模会。会上，她被评为先进生产者，并荣获了织布机等奖品。同年，她出席了太行首届群英大会，获"纺织英雄"锦旗一面，还受到戎伍胜、李达等将军的亲切接见。群英会后，石榴仙的大名在太行区无人不知、无人不晓，群众把她的事迹写进了歌谣里："马堡村石榴仙46岁整，她是纺织女英雄，武乡头一名，越干越有劲，一天能纺花十两，织布两丈零，咱们分区政委奖给她机一锭。"1945年12月，武乡县政府又奖给她"纺织模范"的金字匾额，表扬她在妇女中的模范带头作用。次年，她出席了太行二届群英大会，再次受到了表彰与奖励。会后，她组织村上妇女成立纺织合作社，又积极活动，为村上筹办了一个小型的纺织厂，新建立的纺织厂

知识 贴士

变工互助

变工是由两户或两户以上的农民为满足各自农业生产临时需要，而组织起来相互调剂使用劳力、畜力与农具，主要在农忙季节进行。1943年起，为解决因大批青壮年男劳动力奔赴抗日前线导致的根据地劳动力短缺问题，抗日根据地开始重视变工互助运动的开展，在党的发动领导下，变工互助运动在根据地兴起，其组织规模日渐扩大，而且形态也更为多样化，主要有劳动互助组、妇女学习组与义务耕田队等，以劳动互助组最为典型。

采用新式织布机（拉梭织布机）进行纺织，织布又快又好，可织出大量新花样，此外，还添置了几台织毛巾机，织出大量毛巾，为解放战争中的军需民用作出了巨大贡献。1950年，石榴仙因积劳成疾离世。

第二节　统一战线　团结中间力量

　　早在 1939 年 10 月 4 日，毛泽东就在《〈共产党人〉发刊词》中说，统一战线、武装斗争、党的建设是中国共产党在中国革命中战胜敌人的三个法宝。从地下党组织的创建到抗日战争，武乡各级党组织始终坚持统一战线的政策和策略，团结一切可以团结的力量，共同对敌。在共产党的团结和领导下，武乡开明士绅表现出了崇高的民族气节，捐款筹粮，积极为抗战工作献计献力，为抗日战争的胜利作出了巨大的贡献。

　　早在 1939 年八路军总部及直属部队进驻武乡之时，国民党顽固派发动了第一次反共高潮，对抗日根据地实行经济封锁。为解决驻军及参战民众的粮食供应问题，9 月 19 日，武乡县抗日政府以牺盟会的名义在土河村召开了盛大的武乡士绅座谈会，朱德总司令和彭德怀副总司令应邀参加了会议，朱德总司令在会上发表演说，阐明了士绅在抗战中的地位及其作用，倡导各阶层精诚团结，共同抗战。参加座谈会的开明士绅纷纷慷慨献粮！武乡士绅裴玉澍、郝培兰等 50 人当场自报捐粮 190 石、捐款 220 银圆。其中，杜青史将家中的土地、钱财除生活费外全部捐出。朱总司令对武乡士绅毁家纾难、捐款献粮的爱国行动倍加赞赏，并为与会士绅躬授奖旗。这次座谈会推进了抗日民族统一战线的政权建设，许多士绅由中间派变为进步力量，抗战力量得到增强。9 月 22 日，驻砖壁八路军总部的英国记者何果先生，为华北版《新华日报》撰稿，报道了武乡士绅座谈会的盛况，盛赞我军民团结抗战之热忱。同版《新华日报》还发表了题为《巩固与发展农村中的统一战线》的社论。

　　接着县政府又在姚庄召开了士绅大会，座谈《中共中央对时局的宣言》和政府的囤粮法令，并发起了在全县囤积 6 万石公粮的运动。在实行合理负担、征收公粮公款的基础上，本着有粮出粮、无粮不出的原则，制定了具体的囤粮办法。

囤粮运动从 9 月 19 日开始，全县各级领导召开各种囤粮会议，宣传抗日政策，发动群众，鼓励士绅献粮。全县士绅也热烈响应号召，拥护八路军坚持华北抗战，积极捐献粮款。如大有士绅裴会宝，在党的政策的感召下，捐献公粮 500 多石，并自愿供给"武乡子弟兵"粮饷一年多。在这次囤粮运动中，共囤积公粮 6.7 万石，超额完成了任务，解决了当时的军用急需。这次囤粮运动，是共产党抗日民族统一战线政策在武乡实施的成果，充分体现了党的"动员一切力量争取抗战胜利"的指示精神，为对粉碎敌人的军事"扫荡"和经济封锁提供了根本保证。

1941 年，为了实现共产党的统一领导，建立统一的抗日政权，实行统一的方针政策，集中力量进行对敌斗争和建设根据地，中共中央北方局提出"晋冀豫边区目前十五项主张"，其主要内容之一是实行民主政治，充实健全"三三制"政权。这是团结各阶层抗日力量的新的政权形式，也是新民主主义政权建设在根据地的体现。

武乡县委按照有关部署进行了宣传发动，并在活庄村召开了由各阶层人士参加的座谈会，特邀十八集团军政治部主任傅钟到会并讲了话。在这次会议上，傅钟主任从政府改革，充实各级行政机构，在武乡境内迅速成立"村政委员会"等八个方面作了动员报告。会议期间，成立了"三三制"政权筹委会，推荐武三友、郭茂宏、史玉麟、张滔等 9 人为筹委会委员。此后，县委书记亲自带领工作队，到蟠龙、洪水、监漳、大有等村镇进行广泛的宣传发动，认真解决群众中的思想问题。在广泛宣传发动后，广大群众思想觉悟得到了提高，统一了认识。县委开始组织公民核实登记，陆续在全县开展了村政选举，经过村选运动建立的新政权具有广泛性，新选出的村长，基本上都是由办事公道，热心抗战，敢于斗争的农民党员担任。平素为人公正、热忱抗日的开明士绅，也都入选新的政权机构。如大有镇的武乡"四大家"之一的开明士绅裴会宝、圪嘴头村的开明士绅郝培兰、石仁底村的王定一，都被选为晋冀豫边区参议员。开明地主和士绅参加政权，大大协调了各阶级的关系，维护了各阶层的政治地位，使各阶层的团结更加趋于巩固。在新政权的感召下，武乡全县在抗战初期逃亡的地主与国民党员 48 人中，有 28 人陆续回到家乡，努力生产，用实际行动支援抗日。

1943 年 2 月 9 日，为了进一步巩固和完善"三三制"的抗日政权，全县又普遍进行了一次村选运动，彻底贯彻"三三制"精神，试用新的村政机构。普选后的各级干部成分发生了变化，在村级政权中，贫农占 8.1%，佃农占 7%，中农占43%，富农占 15.4%，地主占 6.5%。

在党的领导下，武乡充实和健全了"三三制"村政权，保证了共产党在其中的领导地位，保证了贫苦农民在其中的绝对优势，得到了广大人民群众的拥护，同时也团结了农村开明士绅，维护了统一战线的稳定性，为深入开展根据地的减租减息和生产救灾运动提供了组织基础，为粉碎日军的军事"扫荡"和经济封锁，巩固根据地的建设和赢得抗日战争的最后胜利，奠定了牢固的基石。

第三节　踊跃抗战　户户出过子弟兵

　　我们都是神枪手，每一颗子弹消灭一个敌人，我们都是飞行军，哪怕那山高水又深。在密密的树林里，到处都安排同志们的宿营地，在高高的山岗上，有我们无数的好兄弟。没有吃，没有穿，自有那敌人送上前，没有枪，没有炮，敌人给我们造……

——《游击队之歌》

　　在抗日战争中，广泛发动人民参加抗战，是根据地开展游击战的基本特点。从 1938 年 4 月日军对晋东南发动"九路围攻"以来，武乡经历了日军 16 次大的"扫荡"，在反"扫荡"中，英雄的武乡人民在创建和巩固抗日根据地、配合八路军作战中，经历了极其艰苦和曲折的战斗历程。为了打击敌人，解放全中国，全县人民在党组织的领导下，先后成立了武装自卫队、牺盟游击队、名扬游击队、武华游击队等地方武装，而且在县以下各区都建立了抗日人民自卫队和基干队，形成了从城镇到乡村，村村是军营，人人都是兵的抗日网络。全县人民用土枪土炮与长矛大刀，以地雷战等战法，配合八路军开展了群众性的游击战。"村村住过八路军，户户出过子弟兵。"抗战时期，仅有 14 万人口的武乡，参加各类抗日组织的就达 9 万余人，14600 多人参加八路军，有 21000 余名干部群众为国捐躯。"八路军的摇篮，子弟兵的故乡"可以说是武乡的真实写照。

武华游击队

　　武华游击队是武乡县发展较早的一支人民抗日武装，它成立于 1937 年 10 月，是以最初发起者武华的名字命名的。它属于县战争动员委员会领导，武光清任大队长，武华任政治部主任，李应东任参谋长，开始时有 50 多人，下设 2 个排，每排编 3 个班。

这支早期人民武装力量，人数虽少，但大大鼓舞了人民群众的抗日斗志。他们经常活动在武乡西部的东良、故城、南关、石盘等地。

当时，日军还没有侵入武乡境内，这支游击队主要以宣传发动群众抗日救国，贯彻党的统一战线政策，激励人民群众抗日热情为主，武器装备大多持大刀长矛，少数枪支弹药则是从地主豪绅那里动员出来的。

1937 年 12 月，武华游击队进一步向武东地区发展，人数达到 300 多人。他们根据战争情况的需要，经常活动于监漳、窑头、蟠龙、韩北、东堡、石门、大陌等地。

1937 年底，大队长武光清调任榆社县公安局局长，抗日决死队派郑炎辉任大队长，白书祺、黄从述任副大队长，武华继续任政治主任，刘征田任副政治主任，李应东继任参谋长，全队人数增至 480 多人，分 3 个连，统归山西省第三专署指挥。

1938 年 1 月，这支游击队奉命到平遥、太谷等地打游击，月余调回武乡。4 月 16 日，日军发动"九路围攻"，武华游击队配合八路军参加了这次反围攻战斗，活动在蟠龙一带，在小西沟山上与敌人周旋，激战一小时，重创敌人小股兵力。反"九路围攻"胜利后，这支游击队奉命改编为决死队第一纵队，属山西游击队第二团，团长由薄一波兼任，副团长白书祺，武华调离游击队到八路军三十二团任政委及四分区宣传科长。此后，这支地方武装正式编入八路军。

名扬游击队

名扬游击队，是在抗日战争时期，由武乡县地方党委组织领导起来的一支地方人民武装，主要活动在武乡东部地区，由共产党员魏名扬发起成立。这支游击队曾先后六次整编并入八路军，为八路军输送了大量兵源。1940 年 4 月，受到八路军总部的表彰，朱德总司令亲自将这支游击队命名为"太行名扬游击队"。

1937年全面抗战爆发后，武乡人民掀起抗日高潮，党组织指派共产党员魏名扬同志组建游击队。1937年10月底，魏名扬与11名革命青年在大有泰山庙宣布成立武乡县青年抗日游击队，人们称其为大有游击队。党指定魏名扬任大队长，李旭任副大队长，杜忻任政委，李衍授任副政委，武铭、李安唐、王润华任宣传干事。1937年底经宣传发动，这支游击队迅速发展到500多人。1937年11月14日，朱德总司令亲率八路军总部首次进驻武乡，县委作出指示，将游击队编入决死队。在经过八路军的政治教育和军事训练后，这支队伍于1938年1月编入了决死队游击二团。

1938年2月，为了更多地为八路军输送兵员，在党的领导下，魏名扬在马村第二次发动成立游击队，因魏在搞地下斗争时是以国术团为掩护，此时又以过去老国术团员为基础，组织青壮年参加游击队。到4月反敌"九路围攻"前夕，这支游击队已发展到300多人，后编入八路军七七二团。

1938年4月后，为了适应日益残酷的对敌斗争形势，魏名扬又数次组建游击队，这支游击队直接由八路军一二九师三八六旅领导，排以下干部由部队派任，魏名扬仍任游击队大队长。

当时，八路军总部和中共北方局等党政军领导机关先后来到武乡驻扎，为了协助部队打击敌人，保卫总部等机关，这支游击队在魏名扬带领下，活动在东沟、大有一带的山区。经常站岗放哨、送情报、掩护群众转移，配合主力部队打游击，在武东颇受群众称赞。到1940年，游击队力量迅速壮大，发展到600多人，分为4个中队（其中有一个是青年队）。同年4月中旬在韩北召开联欢会，朱德总司令在会上表扬了名扬游击队和魏名扬同志。

6月，敌占段村后，名扬游击队分布在全县各地打游击，一连出击故城一带阻击敌人；二连在段村沁县大据点周围，侦察敌情，警戒边沿区；三连越过白晋铁路，到太岳地区活动。他们经常配合八路军打伏击，袭据点，捉汉奸，探情报，出其不意地打击敌人，敌人曾以5000元金票悬赏缉拿魏名扬。1940年8月，百团大战前夕，为了充实八路军主力部队，这支发展到800多人的名扬游击队开到屯留县补充了三八六旅七七二团，其中，一连补充二营，二连、三连补充三营，魏名扬任三营教导员，尤太忠任三营营长。

1940 年底，魏名扬回县继续组织游击队，一直到上党战役中，最后一批游击队编入八路军七六九团。

抗日自卫队

1937 年冬，为了进一步扩大地方武装，工作团（中共武乡县委）向全县人民号召，18 岁以上，59 岁以下的健壮男女公民，参加人民抗日自卫队，拿起镰刀、斧头、菜刀等武器和敌人进行斗争，绝不让敌人随便捉住一个人，抢走一点东西。县委的号召，得到了全县人民的热烈响应，各区、各村青壮年纷纷报名，参加抗日人民自卫队。

1938 年，全县 48 个大编村，村村建立了自卫队，涌现出义门、寨上、王家峪等许多模范村自卫队，这些自卫队和区自卫队后称基干队。到 1938 年春，全县自卫队发展到 2000 多人，县成立了自卫总队部，王玉堂任总大队长。这支自卫队不脱产，初期为部队担负送军粮、抬担架等战勤任务。

为了加强县自卫队力量，便于统一指挥，县委于 1939 年五六月间从各村自卫队中抽调 30% 的队员，组成县武装自卫队，受县动委会直接领导，人数达 700 多人。他们战时配合正规部队作战，平时学政治，学军事，在八路军帮助下搞好训练。

在武装自卫队成立的同时，各区为了加强区级武装力量，保卫区政府，在各村自卫队中抽调骨干，成立了区基干队，人数各区不等，一般在 30—50 人，基本脱离生产，受县自卫大队领导，后属各级武委会领导。在政治斗争中，自卫队还配合县政府进行反顽斗争和减租减息运动。如 1939 年 11 月，抗日县政府派 100 多名自卫队员，在韩家垴村人民的协助下，捣毁了阎锡山特务机关——晋绥军官干部学校，逮捕了 3 名首犯，清除了混进我根据地的反共顽固分子。又如在活庄，80 多名自卫队员，生擒了阎锡山派来的特务组织"暗杀团"成员 15 名，抄出大量反共文件。这支武装自卫队为打开我县抗日工作局面，保卫抗日民主政权，壮大人民武装力量，作出了一定贡献。

第四节　人民战术——抗战中武乡人民的游击战

抗日战争说到底是一场人民战争。中国共产党坚持全面抗战，把胜利希望寄托在人民战争上，一旦人民群众被充分地发动组织起来，便会创造出许多战争的奇迹，如地道战、地雷战、窑洞战、围困战、麻雀战，村村都是战场，人人都是战士，把日寇包围在了人民战争的汪洋大海之中。武乡是一个最典型的例子。

地雷战

抗日战争时期，抗日根据地军民创造了 10 多种地雷和 30 多种埋雷方式，诸如水雷、飞行雷、马尾雷、防潮雷、丁字雷、标语雷、梅花雷、连环雷、子母雷、头发丝雷、子母拉环雷。鬼子进村，脚下有踏雷，门上有吊雷，门后有弓雷，床下有拉雷，水井里的雷叫"蜻蜓点水雷"，柳枝上的雷叫"抬头见喜雷"。武乡老区人民通过大摆地雷阵，有效封锁敌人的交通要道，炸毁桥梁和日军据点，使突袭之敌寸步难行。在 1941

根据地军民使用的地雷材料

抗战时期材料有限，地雷多为根据地军民土法自制，使用的材料多样，有铁制的、石头的、陶瓷的，还有利用日用品改制的，比如家家都有的水壶、陶罐、酒瓶等。太行山山多，石头也多，石头的杀伤力也大，所以使用最多的是石雷。

年至 1943 年的对敌斗争中，全国民兵战斗英雄王来法，带领李峪村民兵群众，在蟠（龙）武（乡）公路交通要道大摆地雷阵，先后炸死、炸伤敌人 123 名；边区民兵、一等杀敌英雄、蟠武线飞行射击爆炸组长马应元，应用地雷战术独创了

◎ 抗战中武乡军民使用的地雷

"地雷加冷枪"的特殊战法,他曾一小时布雷 13 颗,鸣枪诱敌踏雷,毙敌 91 人,缴获步枪 11 支,子弹 500 发。位于八路军砖壁总部西侧的柳沟村兵工厂和马兰头村是通往砖壁总部的交通要道,当得知驻防武乡段村的日军妄图围困柳沟兵工厂时,两村民兵群众摆下了 5 里长的地雷战阵地,当敌人进入雷区时,地雷先后爆炸,炸死炸伤日军 300 余人,既保卫了柳沟兵工厂,使其不受损失,又保证了总部的安全。

故事 链接

爆炸大王王来法

1938 年 4 月,日军占领了武乡县李峪村,杀害了王来法的父亲。王来法决心为父亲报仇,参加了抗日自卫队,不久就当上了自卫队的队长,并且学会了使用地雷。

1943 年 6 月 16 日上午 10 点钟,1000 多鬼子和伪军沿着大路直奔李峪村。鬼子的尖兵班发现村口的路上有地雷痕迹,路边上有一块石头,准备用石头砸地雷,谁知正好中了王来法的计。原来尖兵看到的所谓地雷痕迹,其实下面没有地雷,而石头下面却连着一颗地雷。尖兵搬动石头,地雷"轰"的一声爆炸了。日军命令停止前进,让3个伪军在前面探雷。3个伪军又发现了一处痕迹,小心翼翼地挖,先挖出一顶破钢盔,再挖出一只破鞋子,接着又挖出一堆臭狗屎。敌人发现是假雷,于是大着胆子进村。就在这个时候,王来法率领民兵向敌人开枪。敌人乱了阵脚,踩响了许多地雷。一时间,东边响,西边响,马狂跳,鬼子叫,原来王来法是用枪声将鬼子引进了预先布置的蛇形布雷区。

被地雷炸怕了的鬼子想到村民屋子里躲避,可是推开大门,迎接他的是"开门大吉雷"。好不容易进了屋,想抢点东西,一拉橱门,地雷炸响。有的鬼子想喝口水,打开水缸盖,结果炸飞了脑袋。鬼子气得不行,想放火烧房子,一搬柴草,地雷把鬼子送上了天。

艺高人胆大,民兵制雷的手艺高了,胆子也大了。王来法率领民兵开始主动出击。他们在敌人必经的路上挖一条深沟,敌人为了过沟,一定会就地找门板。民兵们在门板上埋好地雷,专等敌人上钩。王来法还让民兵包上花头巾,化装成小媳妇,引诱敌人离开驻地,派出飞行爆炸组以极为迅速的动

◎ 抗日民众铺设地雷

作埋地雷。王来法率领民兵边打边埋，做到敌到雷到，敌未到雷先到，敌不到请敌到。

日军为了躲避地雷，"扫荡"的时候常常让伪军或老百姓在前面开路。民兵据此发明了长藤雷，把引爆线加长，让伪军和老百姓走过去以后再拉雷。鬼子被地雷炸得没有办法，缩在据点里不出来。王来法率领民兵封锁鬼子据点，弄得据点里没有粮食。鬼子用汽车运粮，民兵就在公路上用地雷炸汽车。鬼子又改用飞机，民兵对飞机开枪，逼得飞机不能低飞，结果空投的粮食大多投放到据点以外，被我方缴获。

窑洞战

窑洞战是武乡人民根据当地自然环境造出来的一种新战法，为了最大限度地保全自己、消灭敌人，全县人民结合丘陵山区地形，利用黄土高原特有的窑洞建筑特色，村村打窑洞，山山挖工事。这种窑洞的特点是弯弯曲曲，上上下下，洞道多岔，斗争有利，转移方便，其优点是找不见，熏不死，进不来，住得久，跑得脱。窑洞战变成了民兵和群众对敌作战的特殊阵地之一。在著名的漆树坡窑洞保卫战中，我民兵以窑洞为阵地，每天和敌人激战3个小时，拖住敌人，掩护了村东南住满了县、区干部和机关人员的窑洞，使数百人安全转移出去。1943年5月上旬，日军驻剿柳沟，洞内300多农民和工人，据险斗敌，用石头和沙子击退了搜剿的阪本中队长等敌人。据不完全统计，在八年全面抗战中，武乡人民共挖窑洞7500眼以上，在窑洞内外与敌人发生大小战斗570多次。

故事 链接

漆树坡窑洞保卫战

1943年6月14日，日寇小林大队所属的一部分日军侵占我武东重镇蟠龙后，很快纠集段村、沁县、襄垣等6个据点之敌1000余人，于19日黎明，向漆树坡"合击围剿"。漆树坡位于武乡、沁县、襄垣三县交界处，是武乡抗日县政府路南办事处和八区区公所所在地。这里不仅是武东地区的根据地，而且是太行、太岳两个根据地的交通要道。敌人此举意在吞掉我方抗日首脑机关，切断太行、太岳两个根据地的通道。为不让日寇的阴谋得逞，我抗日政府办事处，一面准备战斗，一面安排群众和机关分别转移到 6 个战斗窑洞。

民兵们分为 3 个战斗组，利用地雷战、麻雀战阻击敌人达三小时之久，大量杀伤敌人后，分别转入窑洞，指导员武志芳带着 6 名民兵进入桑树洞。由于汉奸告密，敌人发现了这个设在半山崖上的洞口，当即组织大队人马猛扑过来，洞口的地雷、石雷接连爆炸，炸死了十几个鬼子。进攻的敌人调整兵力又一次扑过来，企图强攻洞口，7 个民兵居高临下，用 5 支步枪配合手榴弹从洞口和枪眼一顿猛打，敌人再次败退。

手里拿着洋枪洋炮的鬼子兵，对这些民兵奈何不得，他们像发了疯似的，使出了用烟熏的毒计。民兵们早已料到了这一手，马上进洞翻口盖上石板，一丝烟也进不去，正好利用这个时间进行休整，研究对策。这时，敌人又从一旁发现了厕所口，许多敌人对这意外的发现欣喜若狂，蜂拥而上，搭起人梯，妄图从此突破打进窑洞，可是由于我方占据有利地形，敌人上去一个，就被守在洞口的民兵干掉一个。

敌人从早晨到中午，折进了几十个士兵，都没能攻下这座窑洞。恼羞成怒的日寇，拉来一门山炮，对着窑洞连续炮击。傍晚时分，窑洞被轰开了一个豁口，武志芳为了保护洞内群众的安全，大义凛然地带着民兵冲出洞外，端着刺刀与敌群展开了白刃战。

幸运的是，坚守在其他几个窑洞的民兵与联防区各村的民兵也闻讯赶到。夜幕之下，土枪土炮"叭叭""轰轰"的声音响彻山野，民兵犹如神兵天降。在茫茫的夜间，日本鬼子摸不清底细，以为八路军大部队赶到，急忙狼狈逃窜回蟠龙。

漆树坡民兵英勇顽强，就是这 7 个民兵 5 条枪，凭借着窑洞，经过一整天的激战，杀伤敌人五六十个，抗击了 1000 多敌人的重兵"围剿"，胜利地保卫了抗日县政府机关和广大群众的安全，打出了"以少胜多"的"窑洞战"典范。

麻雀战

这种打法是各地民兵三人一组、五人一伙，出没无常，飘忽不定，用灵活机动的战法与敌人进行斗争，使拥有飞机大炮的日本侵略者望而生畏，无法应对。1942年9月，上广志民兵高贵堂在保卫村庄的战斗中，三枪击毙三个敌人，获得了"太行民兵神枪手"的英雄称号和"民兵杀敌英雄"的称号，受到邓小平、李达等领导的接见。边区民兵杀敌英雄关二如，在1943年5月日寇占领蟠龙后八个半月的麻雀战中，先后打死打伤日伪军20多人。窑上沟民兵在敌炮楼边锄地，敌人朝他们走来，民兵用机动灵活的战术趴倒在地堰边，从草丛中伸出五六个锄柄，敌人以为是五六支枪口对准他们，扭头拔腿跑回了碉堡，从而保卫了农民正常劳动。在1942年到1943年5月的反"扫荡"中，武东民兵和群众广泛开展麻雀战，总共歼敌852名，这些辉煌的战绩，充分显示了人民战争的强大威力。

破袭战

1940年5月，武乡出动了5000多民兵群众参加了白晋线北段的大破袭，在八路军的掩护下，从南沟30公里的铁道线上开展了大规模的破袭战，有的毁路基扒铁轨，有的炸桥梁打火车，有的烧站房割电线，有的毁碉堡平围墙，往往在一夜之间突然把大部分地区的铁路、公路全部破坏，电线割断，电杆锯倒，

◎ 破坏敌人电线的民兵

使敌人的交通全部中断，通讯联络失灵，给敌军造成了严重困难。1940年5月，武西民兵装作苦力打入敌南沟车站，放火烧毁敌车厢124节，汽车8辆。岩庄、

阳坡等村民游击小组先后打毁火车 1 列，烧站房 5 处，炸桥梁 3 座，拆旧铁轨 3 万多斤，"电线王"乔猴儿一人在 1943 年至 1945 年割回敌电线 7300 多斤。秋天，为支援"百团大战"，全县上万名民兵、自卫队和群众，分头奔赴白晋、正太、榆（社）辽（县）诸线运弹药，抬云梯，帮助部队取得了一次又一次的胜利。

故事 > 链接

战斗在白晋路上的武西民兵

　　1940 年初，武西分水岭岩庄一带民兵群众，紧密配合主力部队，开展了大规模的白晋铁道破袭战。5 月，武西民兵破袭大军从四面八方涌向白晋铁路沿线。他们先用地雷、石雷封锁了通向敌人据点的要道口后，就不分男女，五人一组，十人一班，扛着铁铺在碉堡和岗楼之间，用铁钎拧开道钉和夹板，一截一截地拔起铁轨，再把枕木扒开，然后手扒道轨，人人肩扛枕木，一齐出力，几十米长的铁轨就来了个大"翻身"。就这样敌人白天修路，晚上民兵破坏，经过半个多月群众性的大破袭，日军苦心经营一年之久的白晋铁路，变成了一条"死蛇"。

　　武西民兵展开破袭战，敌人就在铁路沿线增兵布点，赶工修路，强行通

◎ 破坏敌人铁路的民兵

车。民兵在破路的同时寻找战机，袭击敌人的列车。1943年12月8日，武西民兵游击队29人秘密拧开道钉和夹板，把枕木横放在铁道上，埋伏于分水岭地段的高坡上。入夜，敌人从大原方向开来一列军车，当机车行驶到民兵埋伏点时，发现铁轨上放一横木，便停止了前进。这时民兵乔山流和李留锁乘敌不备，接连向第一节车厢扔进数颗手榴弹，埋伏在雪地里的民兵蜂拥而上，冲进驾驶室，抢起煤铲，砸坏仪表和机械。战斗组组长带领两名民兵朝末节车厢连投8颗手榴弹，并朝中部车厢甩了个炸药包。敌人被接二连三的袭击打蒙了，在车厢内仓皇逃窜，不到一个钟头，武西民兵营全歼火车上日军共二百余人。

敌人的列车多次遭到武西民兵游击队袭击，就在沿途加强了警戒，在民兵经常出入的东沟口筑起桥头堡。为了拔掉这个"钉子"，民兵们按照武委会的指示，先将刘努儿伪装成日军的情报员，打入敌人内部做内应。1944年3月初的一天深夜，民兵游击队配合八路军决九团第四连，围攻敌人桥头堡。刘努儿机敏地放下吊桥，还未等敌人清醒过来，埋伏在土坎上的民兵迅速冲了进去。这时，在二、三层楼上的日军被惊醒，架起机枪疯狂地向民兵扫射，张国斌连长见敌负隅顽抗，就让民兵搭起"人梯"，接连掷去3颗手榴弹，机枪马上哑了。攻破外围后，民兵乔三流带领爆炸组迅速至桥头堡，安设了炸药包和土地雷，当救援的敌巡车飞驶而来时，他一拉导火索，几声巨响，钢梁、桥墩、枕木一起炸飞，"桥头堡"灰飞烟灭。

——节选自《武乡县志》

人民是胜利之本。在八年全面抗战中，全县人民群众配合军队作战6368次，歼敌28830人。其中，民兵、自卫队单独与敌人进行大小战斗4445次，歼敌2500余人，俘敌220余人，缴获各种武器弹药等军用品3520件。民兵和民工随军参战共约85万人次，运送军粮720万斤。八年全面抗战中，全县涌现出不少民兵战斗英雄，如，全国民兵战斗英雄、地雷大王王来法和太行杀敌英雄高贵堂，关二如，马应元，程坦，乔猴儿和窑上沟民兵张家班，铁锹杀敌的李家俩弟兄，拥军模范胡春花，暴莲子和儿童英雄李爱民等。武乡人民为中华民族的解放事业，作出过重大的牺牲，被日伪顽杀害的干部群众 21000 多人，其中，正式载入革命英烈名录的 3200 多名，武乡被评为抗日模范县，这块誉满太行的抗日根据地，在中国革命史上写下了光辉一页。

本章问题探索

1. 武乡的人民和子弟兵为何能够亲如一家？
2. 我们的抗战为何能够取得最终胜利？

第三章　不畏艰险　百折不挠

　　"艰难方显勇毅，磨砺始得玉成。"千沟万壑的自然环境、艰苦卓绝的革命战争，孕育了太行儿女特别能吃苦、特别能战斗的优秀品质。一直以来，艰苦奋斗都是太行儿女的鲜明底色，不管是在与强敌抗争的战争年代，还是改天换地的建设时期，抑或是脱贫攻坚的决战阶段，太行儿女都始终保持百折不挠、艰苦奋斗的坚韧品格。

第一节　自力更生　艰苦奋斗

勤俭节约　艰苦奋斗

1938 年，日军为摧毁晋东南的抗日根据地，消灭我首脑机构，频繁对武乡地区进行"扫荡"，武乡县城几乎完全焚毁，百姓的生产生活遭到极大破坏。在段村、故城、南关等日伪占领区，市场冷落，商业萧条。1941 年，盘踞武乡的日伪政权控制了金属、煤炭、粮食等战略资源。同时，又在段村镇开办武乡合作社，垄断了棉花、棉布、食盐、煤油、火柴、纸张等生活必需品。当时正逢太行地区自然灾害频发，粮食收成锐减，加之抗战进入战略相持阶段后，国民党反动派消极抗战，对我根据地进行经济封锁。人祸加天灾使根据地本就困难的生活雪上加霜，广大军民陷入没粮吃、没衣穿、没被盖的困境。当时流传着一首歌谣：男人担一担哟，女人掂一篮，今天走出去，不知甚时候往回返……是当年艰苦生活的真实写照。

但艰苦的条件没有浇灭太行军民的革命斗志，他们迎难而上，想尽各种办法渡过难关。

粮食不够吃，就上山挖野菜，爬树刮榆皮，摘榆钱，采洋槐花等，在饭里掺糠配野菜加树皮，当时甚至有人因吃糠过多，无法正常排便，在危及生命之时，只好用麻油灌肠。在战荒环境中，主食困难，副食更困难。买不到食盐，群众自发起来，刮硝土，熬硝盐。硝盐吃起来，虽口感苦涩而味道轻淡，却总比没盐好很多。食用碱面同样奇缺，经反复试验，将谷脖烧成灰，放入缸里加水淋下来，上火熬制成膏型，出锅晾冷便成了固体碱块。蒸制发面食品时，用来当碱用，食用起来略有点谷草味，但完全可以替代碱面。

缺少衣服穿，根据地军民的衣服都是"新三年、旧三年，缝缝补补又三年"，坚持衣服破了加补丁，鞋底磨坏钉掌子，朱老总、彭老总的衣服都是补丁叠着补丁。很多贫苦百姓们更是一年四季就那么一身衣服，夏天种地舍不得穿，光着膀子在大太阳下锄地，冬天在衣服里缝点旧棉花取暖。

至于在日用上，就更不讲究了。缺少开荒工具，就用捡来的炮弹皮、废铜烂铁自制农具；买不到"煤油与洋蜡"，上山砍松材，借助其木质油性，点燃插在墙上，取代照明；或是将大麻籽剥去皮，用茭秆眉串起来点燃，便可替代"洋蜡"；买不到火柴，群众便创造了土打火机——火镰。以火镰打火石，产生火花而燃烧硝棉，即可取出火来。在艰苦岁月里，没有肥皂、洗衣粉之说。洗衣服时，采集灰灰菜，利用其含硝性和衣揉搓，可代替肥皂；把碱面化成水，与谷糠掺起来使用，就成了昔日的"洗衣粉"。八路军第一二九师师长刘伯承还提出"白天多干事，晚上少点灯"的要求，以身作则，自己坚持"一张纸用四次"。

自力更生 生产自救

在敌人推行残酷的"三光"政策和严密的经济封锁以及自然灾害严酷、我军物资供给紧张、人民生活极其困难的情形下，中共北方局和八路军总部发出"武装保卫生产，生产为了战争"的号召，动员广大军民开展生产自救运动，干革命需要艰苦奋斗，艰苦奋斗才能干好革命！

为深入贯彻总部发出"武装保卫生产，生产为了战争"的号召，在生产建设方面作出表率，北方局、八路军前方总部的很多机关领导，和普通战士一样，扛镢挑担，躬身下田，亲自参加生产劳动，带动部队和群众开展大生产运动。1943年秋天，邓小平和北方局的宣传部部长张际春、委员刘锡五等人合作，征得驻地村干部的同意，承包了两亩公产水田，并向村里立下"军令状"，保证第二年按规定交田租，出负担。邓小平等人都缺乏种田经验，所以，特意在当地聘请了一位老农担任技术顾问，指导他们如何上粪、犁地和下种。每天清晨，天刚蒙蒙亮，邓小平一行人便早早起床，拿着铁锹、镢头，挑着箩头，来到地头，一块儿担粪、施肥、锄地。在几人的努力下，顺利完成了秋耕任务。

1944年1月，中共太行区党委召开了县以上干部会议。会议决定把大生产运动推向高潮，努力生产，多打粮食，为迎接大反攻奠定坚实的物质基础。武乡（东）县委遵照中共太行区党委的指示，召开了区级以上干部会议，联系实际，研究讨论了大生产运动的方针及具体办法。各区、村的党支部根据县委的部署，积极组织变工互助组，发扬互助互济精神，解决耕畜农具困难，开展了大规模的大生产运动。

县委首先在树辛、韩壁等先进村，开展试点工作。接着，县委在树辛村召开了全县劳动英雄座谈会，县委书记麻贵书在会上作了动员报告，动员全县人民积极响应毛泽东"组织起来"的伟大号召，进一步扩大互助组，整顿劳武结合变工队，把大生产运动推向新的阶段。在树辛会议上，县委对劳动英雄声势浩大的宣传和表彰，使互助生产运动很快在全县展开，掀起了人人争当劳动英雄的喜人局面。当时，除县委培养的李马保、王海成外，还涌现出许多新的劳动模范，如东堡的史成富、史兰珍，洞上村的魏文秀等。县委对这些劳模进行了"组织起来，由穷变富"的前途教育，引导和扶植他们扩大变工队、互助组。前后1个月光景，全县以劳动英雄、党员、干部为核心的互助组很快组织起来。一般村庄建立3个互助组，有的多达四五个。

除农业劳动互助组外，还成立了手工业互助组。如上广志村的木匠互助组，为当地农民修理农具、做木工。木匠家的地交给一个人耕种，秋后，地也种好了，工匠的家庭收入也增加了120元。窑上沟成立了烧锅互助组，共7个人，其中3人种地，3人烧锅，1人管推销，生意很红火。由于互助组的蓬勃发展，农民普遍要求向更大的组织形式迈进，以集中力量，进一步挖掘农业潜力。1944年，县委在武东地区创办了树辛互助大队、东堡红旗互助大队、韩壁红星互助大队，在武西县创办了楼则峪互助大队。这种生产大队组织，一般都有二三十个劳力，农具、耕畜齐全，一方面提高了农民抗风险能力，另一方面也促进了资源的充分利用，增加了农民的收入。

在农民大都组织起来的基础上，县委和县政府开展了劳动竞赛，充分调动了广大农民的生产积极性。武西县一个村的武委会主任陈永和，领导民兵开荒地 40 亩，在他的带动下，五区开出荒地 477 亩。韩壁红星大队，涌现出 47 名生产模范，改造了 12 个懒汉、3 个小偷。在竞赛中，全县各村庄出现了对手赛、夫妻赛，村与村赛、区与区赛等竞赛形式。在大生产运动中，广大妇女积极响应县妇救会的号召，不但下地搞生产，而且还掀起了"百日纺织运动"。武西县大良村 220 名妇女在下地劳动之余，还参加了纺织运动，平均每人纺出 1 斤线，赚到 6 斤棉花。韩壁村 200 多名妇女，纺织 1 年，织布 3000 多丈。

热火朝天的大生产运动，使农业获得了大丰收。1944 年 11 月 1 日，全县劳动英雄、模范互助组、模范农家、生产技术能手举行集会，到会 500 多人。太行第三军分区彭涛政委到会并讲了话，大会选出了参加边区群英大会的代表。李马保领导的树辛村，粮食收成增加 120 石，做到了"耕三余一"。东堡红旗大队、韩壁红星大队获得了粮食丰收，所有的农民都成倍地增加了收入。据对 10 个村的调查统计，增产粮食 12.9 万多石。2200 个互助组中，有 1/3 的贫农达到"耕三余一"。1944 年 11 月，太行区第一届群英会召开，武乡县树辛村李马保、韩壁村王海成、东堡村史成富、马堡村石榴仙、柳树烟村胡春花、李峪村王来法、关家垴关二如、楼则峪王虎旺等，光荣地出席了这次大会并受到大会表彰。李马保名列甲等模范，荣获边区"生产模范"光荣称号，石榴仙荣获"纺织英雄"光荣称号，他们成为全区人民学习的榜样。

开展大生产运动，大大增加了粮食产量，减轻了人民负担，也大大减少了抗日部队在后勤保障上的后顾之忧。农业的丰收，带动了农村副业和家庭手工业的发展，群众中养猪、养羊、养鸡户多了起来，军政民机关也建起了许多小型工厂和作坊，涉及煤窑、造纸、铁货、皮革、纺织、手巾、肥皂、纸烟等多种行业，使边区的很多日常用品实现了自给自足。生活问题的解决。大大振奋了全县人民的革命精神，为夺取抗日战争的最后胜利，积蓄了物质力量。

相关　人物

李马保

　　李马保，1915年生于武乡县蟠龙镇树辛村一个贫农家庭，家中共6口人，但却没有地，靠放羊和给地主打短工、长工过活。尽管拼命劳作，但一家人仍然欠下一屁股债务，吃了上顿没下顿。少时的苦难生活使他对地主的剥削与反动政府的统治深恶痛绝，在早期武乡党组织发动的抗租抗债中，他踊跃参与斗争地主陈汉介的活动，被推选为斗争代表，由于他斗争坚决、工作积极，当上了青救会秘书，并于1938年加入了中国共产党。全面抗战开始后，八路军进驻武乡，抗日政府实行减租减息，他努力劳动，终于有了自己的地。

　　1940年春，李马保响应党组织起来大生产的号召，带头组织了互助组，他处处带头实干，带动了大家，第一年就夺得了丰收，全组实现了耕三余一，在他的号召与带动下，到1943年树辛村就实现了劳动互助化，被列为全县的生产实验村。1944年11月，李马保光荣地出席了太行区第一届群英会，获全区劳动英雄一等奖，奖励耕牛一头。回村以后，他带头拿出自己的奖品耕牛和农具帮助5户贫农耕种，促进了全村的互助互济。他还帮周围的小道场、陶家沟、小庄等村组织互助，克服春播困难，保证适时下种。1945年，李马保带头开展精耕细作，极大地增加了产量，被太行区确定为全区生产方针之一。在李马保的领导和带动下，树辛村各项工作都走在全县的前头，成为有名的模范村。"到1946年树辛村达到了耕二余一，全村65户，294口人，1100亩土地，平均每亩超过常年产量4斗5升。秋收后，有7户贫农脱掉了贫困帽，5户中农上升为富裕人家。此外，树辛村的纺织、养猪、养鸡等副业也很兴旺，全村农民穿衣吃饭能够自给有余。"此外，他还加强了对互助组的拥军支前工作，动员群众积极参军拥军，热情招待过往军人，随到随有汤水喝，吃饭给做饭，缝补衣服，住下给找房子。好家让军队住，好米让军队吃，冬天要睡暖炕，保证伤兵员的安全和抗属的生活。

　　他的模范事迹在全区广泛传颂，武乡光明剧团把他的事迹编成戏到处演出，太行三分区前哨剧团排演的话剧《李马保》中的主题歌曾这样唱道："李马保他本是受苦穷人，抗战以来翻了身，为了群众领导全村，组织互助发家致富，劳动英雄全县第一名！"

武乡县委曾发出号召："男学李马保，女学石榴仙。"1946年12月，李马保光荣地出席了太行区第二届群英会，并被选为边区一等劳动英雄。新中国成立后，常年劳作的李马保身患腿疾，但他仍顽强拼搏在农业生产第一线。于1995年7月去世，享年80岁。

发展军工　保证军需

全面抗战爆发后，党领导的八路军挺进敌后，开辟敌后抗日根据地，开展游击战争。随着根据地革命武装的不断扩大，武器弹药匮乏的问题日益突出。1938年10月，毛泽东在中共六届六中全会所作的报告中指出："游击战争的军火接济是一个极重要的问题。""每个游击战争根据地都必须尽量设法建立小的兵工厂，办到自制弹药、步枪、手榴弹等的程度，使游击战无军火缺乏之虞。"

此后，各根据地相继建立兵工领导机构。1939年3月，八路军后勤部成立了专门负责军工生产的第六科，科长刘鹏。第六科成立后，将原归属各师分管的军工修械所，加上太行军区的军工厂整合成立了总部修械所，地点设在山西榆社县，对外称"八路军总部流动工作团"。此后，第六科扩为军工部，刘鹏改任部长，驻地迁至黎城县赤峪村，下辖4个修械所加柳沟铁厂（即柳沟兵工厂）、下赤峪复装弹厂、实验厂。

柳沟兵工厂

位于山西省武乡县柳沟村，又称柳沟铁厂，保密代号为"焦作"。1937年秋冬，因抗日急需武器弹药，武乡县抗日政府授意工人抗日救国会筹建小型兵工厂。主要负责人有杜生旺、贾志厚、王化南等。厂址先在县城（今故县）东门外的城隍庙，后因敌机轰炸，搬到魏家窑关帝庙，又因地方小，迁到松庄附近

◎ 武乡兵工厂生产弹药

的佛爷滩。开始叫"武乡抗日武装自卫队铁工厂"，后因县政府所在的旧县城背靠鼙山，故定名为"鼙山工厂"，主要生产适用于地方武装练武和站岗放哨的大刀、长矛。1938年4月16日，八路军长乐大捷，缴获了敌人大量武器和军用物资，为鼙山工厂提供了军火样品和原料。这时工人由原来的37人增加到100多人。因工人增加，佛爷滩无法容纳，工厂又搬到枣岭与深泽滩之间的白龙洞。不久，工厂又请原来在太原无烟药厂的工人李盘明、籍三满等来厂指导，研制成功了手榴弹。

为解决原料问题，工厂于1938年夏季迁至煤铁资源丰富的柳沟，和当地地主集股创办的开源公司、成城铁厂和永恒铁厂合股生产。工厂合办不久，几家地主不愿合股生产，抗日县政府就将铸造厂买了过来。同年11月工人开始翻砂，制造手榴弹、地雷。到1938年底，有职工260人，每天可以生产手榴弹7000多个，地雷6500多个。

1939年4月，为加强兵工生产领导，经朱德总司令亲自到厂协商，决定由八路军总部第六科接管鼙山工厂，同时，将其与一二九师辽县杨家庄炸弹厂、

◎ 八路军总部军工部在山西省武乡县柳沟兵工厂设计的炮弹焖火炉

一一五师壶关县炸弹厂合并，还从冀南、晋冀豫各支队所属修械所调集工人，充实力量，正式扩建改名为"八路军总部柳沟铁厂"。扩建后，全厂职工达到了460 余人。先期主要生产手榴弹、地雷，及五〇炮弹壳毛坯，并逐步停止生产手榴弹和地雷，转而集中生产炮弹毛坯。1941 年春，开始研制无烟火药原料。

柳沟兵工厂是战争年代人民军队手榴弹、地雷、炮弹、麻尾弹等武器装备的重要补给基地，是华北敌后军事工业的一面旗帜，曾为抗日战争和解放战争胜利作出过巨大贡献，在我国抗战史上写下了光辉的篇章。新中国成立以后，柳沟兵工厂为诸多省份的厂矿输送了不少干部和技术力量，为新中国的城市建设与工业发展作出了重要贡献。

戈北坪兵工厂

1942 年初，太行三分区武委会在东沟、石板筹建兵工厂，并抽调柳沟兵工厂工人李盘明任厂长，贾志厚任副厂长。有工人 40 余名，一个小风箱，一架手摇钻床，两把钳子，十几把铁锤，主要生产手榴弹。到 1943 年 6 月，敌占蟠龙，工厂于 7 月迁至戈北坪南背，又从分区调来邢子祥、甄荣典，先后任指导员，工人百余名，主要生产手榴弹、地雷、石雷等武器，并负责训练各地派来的民兵使用地雷等武器。1943年9月，人员增加到200余名。由于住房、用水困难，将造地雷、手榴弹生产车间迁于羊圈村，并在该村挖了许多窑洞，作为宿舍、工房、炸弹库。戈北坪设造枪车间，生产步枪、八音手枪。当时，武东民兵用这里造的地雷，封锁蟠武公路这条重要补给线。1944年5月，戈北坪兵工厂改名"武建工厂"，持续生产一年多时间。1945年冬，厂址搬迁长治西门外，经改造扩建为长治轴承厂。

黄家山兵工厂

黄家山兵工厂，是抗日战争时期武西县政府在武西山区办的一个小型兵工厂，坐落在武西石盘山区的偏僻山庄里。该厂开始在暖水头，后转移到黄家山，最后搬到长谐南家沟。1941年创建，当时只是一个修械小组。组长朱光龙（沁县人），共五六个工人。1942年修械组扩大，人数增加到20余个。工具简单，只有两把老虎钳、一个烘炉、三把锉刀、两把钢锯，全靠手工操作。主要任务是修枪，装子弹，制造短枪（即独角牛镢把子和八音子两种）和六五、七九两种步枪；还制造火药、炸药、土枪和土炮，装配手榴弹和自制修配枪的零部件。每日生产1支枪，20多颗地雷。当时材料很缺乏，除工人们就地收取一部分外，大部分是从敌占区搞来的（到白晋线上搬道轨）。制造的枪和火药、炸药、地雷，主要是供给游击队、民兵开展游击战使用。到1943年，武西县政府和县武委会决定李光华（武西县武委会干事）负责领导修械组工作，这时人数增加到30多个。每天生产短枪两三支，手榴弹50多颗。

太行修枪所

亦称石门炸弹厂，其前身为1942年冬太行三分区在马岚头办的太行农具合作社，主要生产犁、钎、镢等民用工具。后来，因前方急需武器，决定该社转为制造弹药。工厂转产后，由于人员的增加，就搬迁到窑上沟，办起了太行修枪所，工人40余名。到1943年初，又迁到槐树湾，主要修理枪支。后因形势变化，于1943年3月迁到石门村，工人发展到50余个，所长曲峰海（定襄县人）、

◎ 石门炸弹厂旧址

指导员张杰（河曲县人）。工人大都是当地的铁木工，原料是从民间收集的破锅、碎铁。生产中必用的钢材，是从敌占区拆的铁轨。缺酒精，就用白酒经过蒸馏代用。火药自己配制。当时，前方不断送来需要修理的枪支。工人在当地人民的支持下，大力生产武器，支援前方。1943 年 6 月，敌占蟠龙，修枪所遭到袭扰，遂于 7 月撤离石门，迁至东部山区，直到段村解放，于武乡、武西合并后停办。

显王锻工厂

位于山西省武乡县显王村，代号"石灰窑"，1941 年建厂，厂房设在显王村赵丙林家院内，职工 100 余人。机器设备主要是自己改装的多头风箱和超重大型吊锤，没有动力设备。主要产品为道轨钢制步枪枪身、节套、机柄、撞针和炮弹尾管等钢制枪弹零件的毛坯和掷弹筒、炮身毛坯，制成后运送到黄崖洞兵工厂加工成成品。

第二节 开辟新区 精神远扬

1947年，武乡党组织公开之后，解放战争已打到了国民党统治区。随着全国解放区的迅速扩大，尽快向新解放区输送干部，成了老区党组织责无旁贷的光荣任务。为此，党中央指示，要迅速培养大批干部，支援新解放区。太行区党委根据中央精神，指示各地委要进行干部摸底工作，做好充分准备，坚决完成大批外调干部支援新区的光荣任务。

为了保证外调干部的质量，武乡县委根据上级党委的指示精神，作了严格的规定，所调出的干部必须称职，政治上确实可靠，历史清白，身体健康。妇女干部必须担任区级以上的职务。为了使外调干部能自觉地服从组织调动，到新区工作，各级党委都做了大量的思想工作。除深入进行时事政治和形势教育外，对一些干部所存在的具体问题，都有针对性地进行了耐心的思想工作，并解决了他们的后顾之忧。在动员过程中，绝大多数干部都是比较好的，能自觉自愿报名南下北上，但也有少部分人家庭观念严重，满足于眼前的利益。

针对上述问题，武乡县委做了深入细致的思想工作，同时对那些斗志松懈，不想继续革命的干部，进行了严肃的批评。对表现积极的，进行了表扬鼓励，以树立正气。对家庭确有困难的，合理地加以解决。对少数品质恶劣，对抗组织，经教育批评无效者，给予党纪处分。通过耐心的思想工作，广大干部思想觉悟迅速提高，他们积极报名，争着随军南下北上，去开辟新解放区工作。

武乡县除1944年调李甫堂、李振国、史尚华、胡景春、曹化琦、张青山、段德先、赵林田、董宏等30多名干部配合部队去开辟与巩固豫北新区之外，1944年12月，武乡（东）县第一批干部张天林、李兴唐、李玉堂、王晋儒、李振希、郝耀、梁德柱、李伸、巩忠明、李春藩、申子明等由太行分局随彭涛调往冀南开辟新区工作。1947年6月，中共太行区党委书记李雪峰和行署主任李一清，带领太行区党群干部随刘邓大军出征，挺进大别山。武乡县委书记姜一、县武委会主任李尚春，以及区委书记郝松如、乔拴纠、成家英，区长石岗、王玉轩、任水旺、陈水林等60多人参加"六梯队"南下。该队走时路经蟠龙镇，又有姚庄、上广志等村十几名党员、干部自愿随军南下。武乡县第三批南下干部由县委宣传部部长李树田带队启程，支援中原。成员多数是区委正、副书记，正、副区长和武委会主任，他们是武镇华、王贵清、王一峰、韩果全、郝本立、魏文玉、张兴盛、王纯、杜书田、郝永胜、郝成福、姜成宏、马步生、周旺银、王玉盛、石富元、武生堂、王星文、石玉珍、刘成发、李天才、周虎旺、郝希良、李火龙、张志耀、肖甫高、常久通、邢国礼等44人。他们于1947年10月辗转到达河南新区开辟工作。同年12月，武乡县第四批干部南下，由副县长李毓秀、财粮科长史仁澍、民政科长段子谟、区长王用予等53人组成，其中，县级干部23人，区级干部21人，村干部4人，医生、教师等5人。南下队伍从县城出发奔赴湖北、安徽。李景光、魏天云在南下途中作战牺牲，李春庆等10人相继病故。1948年秋，以魏志远、郝德为主，共40余人，全是妇女干部，在太行区党委集中后，分别分配到第一、二、三批武乡南下干部所在地区工作。

1949年元旦，毛泽东亲自撰写新年献辞——《将革命进行到底》，向人民解放军发出了"打过长江去，解放全中国"的号召，同时决定从老解放区选调大批优秀干部随军南下，接管新解放区的广大城市和乡村，开展新解放区的各项工作。在党中央的统一部署下，中共中央华北局决定从太行和太岳两个老解放区选调4000多名干部，组成四级领导班子，随军南下。

1949年2月，太行二地委发出关于调配干部南下的指示，武乡县委积极响应地委号召，由县委副书记秦定九带队，从县、区、村各级抽调出包括县公安局副局长聂石柱、一区区委书记郝兆文、四区区委书记郑本善、八区副区长王道祥、民政科长王桂芳、财粮科长侯同以及周永旺、赵奋三、杜金贤、段元明、安家秀、阎庶青、任文明、刘书木、赵来春、李圮鸿、李如江、成桂、李林旺、王二孩、梁贞祥、安中秋、梁仲祥、王福秀、关拴劳等共35名干部，与襄垣、昔阳抽调的干部在二地委机关所在地左权县马厩村会合，一道前往武安。3月2

日，他们与太行区一、二地委抽调来的干部听了新任南下区党委书记冷楚《南下进军把革命进行到底》的报告，并一起宣读了南下誓言："我愿和同志们接受这个任务，愿为党贡献力量，我们是毛泽东、党中央领导的队伍，坚决完成党的任务！"

3月30日，南下区党委在武安召开第一次全体南下干部大会。4月23日，南下区党委在武安召开第二次南下干部大会。会上决定，这批干部交华东局分配，随三野渡江接管苏南。为了保密和行军方便，根据华北军区指示，南下区党委对外番号改称为"中国人民解放军长江支队"。区党委、行署、军区改为支队部；下辖6个地专，改称大队，专员任大队长，地委书记任政委；30个县，改称中队，县长任中队长，县委书记任教导员；199个区，改称小队，区长任小队长，区委书记任指导员。还有南下区党委、行署、军区机关和6个地专直属人员编成9个直属中队。太行、太岳两区南下干部3000余人统一编为"中国人民解放军长江支队第三大队"，政委贾久民，大队长侯国英，下设中队、小队。其中武乡、襄垣、昔阳合编的第一县委班子改编为第一中队。

◎ 太行行署领导欢送南下干部

4月24日凌晨，这支队伍义无反顾地背起行囊，徒步踏上征程，日夜兼程南下。长江支队于5月12日到达南京下关码头，轮渡过江。来到苏南后，由于战争形势飞速发展，苏南地区已由先期到达的干部接管。由于解放战争形势发展很快，中央决定三野十兵团提前入闽，为解决干部力量严重不足，华东局告知长江支队要继续南下，随三野十兵团入闽接管福建。1949年7月13日，长江支队从苏州出发，随十兵团向福建进发。8月1日，进入福建最北端的县城浦城，8月11日，长江支队大部到达建瓯县城，与在福建坚持地下斗争的当地干部胜利会合。经过长达半年的征程中，途经山西、河北、河南、安徽、江苏、浙江、江西、福建八省，行程超过2000公里，头顶不断轰炸的飞机，地遇游兵散匪的骚扰，他们历经艰辛万苦，终于抵达目的地。福建省委在此召开了南下干部和坚持地下斗争的干部会师大会，根据此前福建省领导机构安排，并请示华东局，确定了长江支队所属的6个大队入闽后接管的地区：一地委到晋江地区工作，二地委到建阳地区工作，三地委到南平地区工作，四地委到闽侯地区工作，五地委到龙溪地区工作，六地委到福安地区工作。长江支队第三大队遵照这一指示，立即作出决定，武乡、襄垣、昔阳干部组成的一中队做接管南平县（今南平市）的工作。为了尽快进入工作状态，15日，由武乡、襄垣、昔阳干部组成的第一中队到达闽北重镇南平。根据第三大队改建的南平地委指示，第一中队与当地游击队、地下党干部会合，在原第一中队干部架子基础上，做了适当调整，正式组建了南平县及各区的领导班子。其成员为：县委书记秦定九；副书记周道纯（当地干部）；县长武彦荣，原在第三中队，任职时与原定县长李生旺互调；组织部部长翟万昌；宣传部部长李耀春；公安局局长李金全，原在大队直属中队，原定聂石柱任公安局局长，任职时调沙县任公安局局长；县大队教导员武冲天；县委秘书郝世文；县政府秘书王桂芳。一区（城关）区委副书记兼区长陈郭锁；二区（大凤）区委书记毕千毛，区长胡昌；三区（樟湖）区委书记兼区长岳健；四区（夏道）区委书记李恩举，区长李怀智；五区（西芹）区委书记秦继耀，区长刘忠汉；六区（王台）区委书记兼区长郑本善；七区（峡阳）区委书记李凌云，区长王靖一；八区（大横）区委书记郝兆文，区长王道祥。

刚刚解放的南平百废待兴，第一大问题是土匪横行。小小的南平县竟有大小土匪势力 45 股共 1200 多人，此外还有大刀会 3000 余人，遍及境内各个区乡，这群土匪抢劫民财、绑票抓人、偷袭政府、暗杀干部，仅 1949—1950 年两年时间里，共发生抢劫 6160 余起，杀害干部 189 人。因此新政权进驻后的首要任务就是发起剿匪运动。县委经过讨论研究，认为南平匪患猖獗的根本原因在于此前国民党的反动统治下民不聊生，有很多土匪是因无法生存方才落草为寇的。因此，县委通过实行"首恶必办，胁从不问，立功折罪"的政策，采取歼灭、瓦解、劝降等手段，彻底解决了匪患问题。剿匪斗争的胜利，为巩固人民政权，安定社会秩序和开展土改工作奠定了基础。

第二大问题是土地改革与减租减息。在南平，占总人口 50% 的贫雇农，土地占有不足 10%，而人口仅占 7.4% 的地主、富农，拥有土地却达 70% 以上。农民租种地主的土地，要将大量的粮食用来缴租，辛苦一年不得温饱。由于武乡是太行老根据地最早进行土改的区域之一，有着丰富的工作经验，县委书记秦定九，号召南平的县、区两级干部组成武工队，到全区大部分仍为国民党反动残余势力所盘踞的乡村开展工作，在农民群众中进行了广泛的宣传发动，组织农民向地主阶级展开减租反霸斗争。很快群众被动员起来，通过斗争，没收了地主的土地分配给了穷人，全县没收并分配土地 22.5 万亩，竹林 1.1 万亩，树木 781 万株。农民从经济上翻了身，思想觉悟也大大提高，通过土改，全县人民都拥护党、拥护政府，为南平的建设与各项工作发展铺平了道路。

第三大问题是发展经济。由于国民党反动派的长期高压统治与战乱的影响，长江支队第三大队接管南平时，这个素有"占溪山之雄，当水陆之会，负山阻水，为八闽襟喉"之美誉的古老重镇，已是满目疮痍、贫瘠萧条。第一中队并没有在这样的情况前退缩，县委书记秦定九对第一中队全体成员讲道："我们南下，不是为南下而南下；我们来福建，不是为来福建而来福建。我们的目标，是在党的领导下建设福建，建设一个像华北解放区那样的新福建。"在县委的动员下，南平的经济建设也进入了一个翻天覆地的时代。通过土改，发动农民组织起来，发展生产，从解放生产力走上发展生产力的道路。在此基础上，城镇接管国民党政府的官办企业，恢复大批私营企业，依靠工人阶级发展工业生产。在对当地的产业基础与工业历史进行调研后，县委成立了工商科，任命南下干部乔献祥担任科长，选择以造纸、纺织作为重点发展的主导产业。一方面，实施南平造纸厂工程——"一〇二工程"，另一方面，重点建设了南平纺织厂。1953 年南平县委领导班子抓住鹰厦铁路建设的时机，积极筹建大型发电厂，组织了"一〇三工程"，两年后，年发电 350 万千瓦的大型电厂正式运行。在南下干部接管南平的短短 10 年中，南平工业得到了大幅度的发展，造纸、纺织、电力成为南平三大经济支柱。从 1949 年 8 月长江支队第三大队第一中队接管南平县，到 1956 年 11 月南平县设南平市，短短 7 年，南平的经济发生了翻天覆地的变化，经济总量大幅度提高，1960 年 1 月南平县并入南平市。财政收入从 1953 年县财政开始独立预算时的 370.7 万元，到 1960 年的 2077.5 万元，7 年增长 5.6 倍。

武乡南下入闽的干部，从 1949 年 8 月接管南平到改革开放，三十多年中，南平经历了从县到市的发展变革，各级机构有过诸多的变动调整，但是，从武乡南下来到南平的干部一直是南平各级领导的骨干力量。其中，先后担任过南平县、市党政军主要领导的武乡籍干部有 12 人，担任过南平县、市各职能机构主要领导职务的武乡籍干部有 23 人。武乡籍干部长期担任南平（县、市）党委、政府的主要领导职务，从剿匪反霸、减租土改，到社会主义改造，从"大跃进"、公社化，"文革"时期的抓革命促生产，直至三中全会以后，各项工作转到以经济建设为中心的轨道上来，南平的发展，始终与武乡籍干部的努力息息相关。直至今日，在南平大街上多可以用武乡话与当地人无障碍交流，可见武乡在南平影响之大。

据 1949 年县委组织部统计，由县委组织部经办输送的干部达 5300 余人，若加上太行二中、太行三中、抗日军政大学、北方大学等学校毕业分配工作的武乡籍人在内，总计为中华民族的解放事业，武乡这个太行小县共输送出干部 6000 余人。在先后 5 次外调中，武乡将自己德才兼备的好干部支援了新区，为开辟和巩固新解放区作出了卓越的贡献，在武乡党的光荣历史上留下了灿烂的一页。

本章问题探索

1. 从南下的长江支队身上可以学到怎样的品质?

2. 今天物质生活宽裕了，还有必要坚持艰苦奋斗精神吗?

3. 从自身角度出发谈谈如何传承发扬太行精神?

第五编

基因传承

红色资源的保护和利用

本编导读

　　"阳坡坡热起来，树荫荫儿凉，朱老总和咱村民树下拉家常，宣传抗日建武装，参军参战打东洋。"一首慷慨激昂红色民歌，穿越时空而来，现在还在群众中传唱。歌声还在缓缓流淌，时间倏忽而逝，炮火硝烟徐徐从武乡上空散去，肩负着战争伤痛和昔日荣光的英雄城市——武乡，开始奋蹄直追、奋楫笃行、蹚出新路。近年来，武乡依托丰富的红色文化资源，几经整合，潜心打造，量身定制了一套适合老区的发展模式。如果说过去的武乡是一部红色历史题材的纪录片，是一部青春热血沸腾的抗战历史书，那么现在的武乡是一堂生动的爱国主义教育课，是一座没有围墙的抗战历史博物馆。2021年春天，一趟以"红色太行"为主题的高铁旅游列车从太原驶出，开往革命老区长治市武乡县。本编希望成为一趟载满红色资源的旅行专线，让读者在阅读的过程中，感受武乡在时间中沉淀的磅礴力量，体会武乡抗战精神中涌动的不竭动力，扬起奋勇向前、建设美丽武乡的旗帜。第一章，从革命遗址和文物的角度梳理武乡红色资源，概述武乡红色革命资源的保护情况。第二章，用武乡红色旅游的主线串起全域红色资源这一颗颗璀璨珍珠，重点讲解纪念馆、行浸式演艺、乡村旅游等武乡的红色文化特色成果。

第一章　廓清资源　加强保护

　　武乡县曾是国家扶贫开发重点县，位于太行深处，1610平方公里的国土面积上山岭纵横、田少地薄、基础较差、底子不厚等先天劣势使当地经济发展局限重重，到2014年全县精准识别建档立卡贫困人口时，仍有18787户55088人属于贫困范畴，且贫困发生率较高。但现如今行走在武乡老区大地，处处生机盎然，满目朝气蓬勃，一幅幅高质量脱贫的秀美画卷在山西省武乡县城乡大地徐徐展开。回望来时的路，武乡脱贫，绝非易事。在脱贫攻坚中，武乡县坚持新发展理念，锚定"创新"砥砺奋进，突破观念、产业之困，蹚出产业融合发展新路，牢牢抓住弘扬太行精神和传承八路军文化这条主线，坚持"文化引领、强基固本"，积极实施八路军文化园扩园、5A级景区创建和太行山影视文化创意产业区建设，对八路军总部王家峪、砖壁旧址和抗大一分校旧址实施了保护性开发，全力推进全域旅游发展。全县打造乡村旅游示范村，发展农家乐，直接带动贫困人口就业，人均增收近2000元。在总结革命老区借助红色品牌脱贫的"武乡实践"之前，让我们打开武乡红色资源宝库，将其中的珍品一一细数，再次感受抗战过程中涌现的英勇之志、血性之魂、团结之光。

第一节　细数武乡红色资源

　　党的十八大以来，党中央高度重视文化建设，2020 年出台的《中共中央关于制定国民经济和社会发展第十四个五年规划和二〇三五年远景目标的建议》中，明确提出到 2035 年我国将建成文化强国。2022 年山西省印发《山西省"十四五"文化和旅游产业融合发展规划》，强调"以改革创新提高山西文化软实力和影响力，发展全域旅游、品质旅游，加快推进新时代背景下的山西文化和旅游产业转型省级、改革创新，让文化自信更加坚定、人民生活更加幸福"。在新政策、新文件的指引下，武乡传承与发展红色资源拥有了崭新的契机。藉墨红色资源，绘就魅力老区，武乡正在利用自身优势，树起一块具有持久生命力的县域品牌，以此展示新武乡的蓬勃气象。

　　武乡是与井冈山、延安、西柏坡齐名的革命圣地。在这片土地上记录了中国共产党领导华北地区军民进行革命斗争、反击日本帝国主义侵略的泣血战史，同时也为武乡县留下了灿若繁星的红色文化遗址及文物资源。县域内拥有各类红色革命旧址 1768 处，包括县保及以上机构旧址 223 处。所以说，行走在武乡这座"没有围墙的八路军历史博物馆"，周围遍布都是太行精神的生动写照，随处都有红色遗址、遗迹、遗存。这些红色遗址是历史文化遗产，是珍贵的不可再生资源，是镌刻着红色历史的重要档案。本节以武乡红色资源的角度切入，有别于第二章及第四章概括式介绍，重点梳理现存旧址、档案文书及实体文物，有所取舍地选取了部分红色资源，客观描述旧址旧物今貌，力求补充读者对武乡红色遗存全景式认知。

革命旧址

本节关于"革命旧址"的定义，采用 2019 年 1 月国家文物局《革命旧址保护利用导则（试行）》中的表述，本节所称革命旧址为不可移动文物，是在中国人民长期革命斗争，特别是中国共产党领导下的新民主主义革命与社会主义革命历程中产生，着重反映革命文化的遗址、遗迹和纪念设施。武乡革命旧址的产生上限可追溯至 1924 年到 1927 年国民革命时期，下限延伸到中华人民共和国成立。细分武乡革命旧址类目，有党政军机关及其主要职能机构所在地；党的重要会议和重要政治、军事活动地；重要党史人物旧居、故居、活动地；文化教育机构、医疗卫生机构、金融机构、供给机构活动地；重要战役战斗遗址，革命烈士的纪念碑、亭；敌人制造惨案发生地；抗日军工企业住地和部分新中国成立后为纪念革命先烈或革命业绩而修建的馆、碑、亭等。武乡县革命旧址类别丰富，拥有各类红色革命旧址 1768 处，以重要历史事件和机构旧址最多，县保及以上机构旧址 223 处，是全国以八路军为核心的红色旧址数量最多的县，也是八路军总部机构及相关组织最为完整的时期。

主要机构旧址

武乡县以八路军总部旧址所在地闻名全国。抗战期间，八路军总司令部、八路军野战政治部、一二九师司令部、中共中央北方局等首脑机关曾长期在此工作、生活和战斗，除此之外，还有抗日军政大学、新华日报社、鲁迅艺术学校等多处文化教育机构及文化活动旧址，军事指挥中心及文化主阵地等重要机构，如此长达 500 多天的密集驻扎，使武乡在八年全面抗战史里占有重要一页。

八路军总部旧址

根据战时需要，八路军总部旧址几次迁移。追随八路军总部在武乡的足迹，他们曾驻于东村、马牧、义门、寨上村、砖壁、王家峪……

1937 年 11 月 14 日，八路军总部在朱德总司令、彭德怀副总司令的率领下，经榆社县城，首次转移至武乡。朱德总司令到达武乡东村后，了解到距驻地仅 2

华里的段村镇，党组织活动频繁，进步人士较多，刚刚组建了一支牺盟会游击队。朱总当晚赶到段村的大马厂（现武乡县城广场一带）接见了当地牺盟会游击队员、武乡青年抗日救国公学的师生，还有附近数十里为欢迎八路军到来的老百姓。朱德总司令在此作了激动人心的演讲，介绍了八路军在晋西北的战绩，阐述了当前的抗战形势。当晚八路军总部驻于丰州镇东村一所青砖四合楼院内，这是从前的财主段雨田家。据说，段雨田曾掌有多座院落，房屋在"土改"时分配给了多户村民居住，随着当地村民生活条件改善，村民拆除老式分配住房，只剩分配给魏玉良等户的院落基本保持原样。现存旧址坐北朝南，一进院布局，东西17米，南北11米，占地面积187平方米，现存正房5

间。政治部住段德堂家，政治部主任任弼时接见了当地抗日积极人士，充分了解武乡情况，为以后总部机关进驻武乡打下良好的基础。11月15日早晨，为靠近抗日第二战区的指挥中心，朱总司令率领八路军总部离开武乡，经沁县、安泽等地，向临汾方向转移。

　　1938年4月10日，由朱德总司令、彭德怀副总司令率八路军总部从沁县小东岭移驻武乡县城以西的马牧村。驻扎期间，曾召开了反日军在晋东南进行"九路围攻"军事部署会议，并组织文艺宣传队给马牧村群众进行了宣传演出。这次八路军总部驻于马牧村的旧址院落坐东北朝西南，一进两院布局，东西15米，南北20米，占地面积300平方米。14日凌晨，八路军总部为安全考虑，转移至武乡义门村。4月20日，总部移驻武乡寨上村，总部领导们分散居住在这个古堡式的村庄。

　　1939年7月至10月，1940年6月至11月，1942年5月至6月，八路军总部在朱德、彭德怀、左权等率领下，先后4次移驻砖壁村。如今的砖壁八路军总司令部旧址基本没有变化，古寺庙建筑群得到了比较好的保护，原先的旧址民居依然在使用。八路军总部驻扎于一组古寺庙群的原因耐人寻味，当时朱德总司令专门提出了"三不争"：不与老百姓争粮吃，不与老百姓争房住，不与老百姓争水喝。于是，八路军总部选择了寺庙，没有占用老百姓的民房。根据各部门职责不同，为方便工作联络，安排相应住房。旧址由一座建有玉皇庙、佛爷庙、奶奶庙、李家祠堂等三进院的古建筑群组成，坐北朝南，东西60.5米，南北27米，占地面积1633.5平方米，共有殿堂、祠堂、配房、戏台等建筑42间。建筑群经历岁月的洗礼，文昌阁倒塌后重建，龙王庙拆除，风神庙倒塌，但是红色精神屹立不倒。1953年，政务院就将八路军总司令部砖壁旧址颁布为全国第一批革命文物保护单位，1961年3月4日，国务院公布为第一批全国重点文物保护单位，1963年被列为国家级重点文物保护单位。改革开放以后，武乡县委、县政府加大对该旧址的保护力度，保护面积达3350平方米，建筑面积1010平方米。2005年被山西省委、省人民政府公布为山西爱国主义教育基地。

与砖壁村八路军总部旧址一同被确定为全国重点文物保护单位的是韩北镇八路军总部旧址王家峪纪念馆。1939年10月，八路军总部从砖壁村移驻王家峪，至1940年6月27日离开。总部旧址为并列三处民宅，坐北朝南，东西长78.8米，南北宽30米，占地面积2364平方米。现有建筑为按照抗战时期朱德、刘少奇、彭德怀、左权、刘伯承、邓小平、陈赓和陈锡联等八路军总部领导人生活和工作情况复原的旧居，保留"红星杨"、菜园和篮球场等。就是在这样不起眼的民居内，首脑机关运筹帷幄、决胜千里，指挥135次战斗。2001年8月20日、2005年7月29日，江泽民、胡锦涛先后前来王家峪，为老区人民送上党中央的亲切问候。1995年3月，八路军总部王家峪旧址被山西省委、省人民政府公布为山西省爱国主义教育基地。2014年8月，八路军总部王家峪旧址和纪念馆被国务院公布为第一批国家级抗战纪念设施、遗址。旧址内纪念馆于2017年6月被公布为第二批山西省党史教育基地。

文化机构下北漳村旧址

说抗战，数太行，

赫赫文村下北漳，

一校三会总运筹，

正义宣传艺术光。

各路精英齐参战，

组班结社逞豪强，

文人艺行显身手，

千秋功德美名扬。

……

这是今天的太行山区文艺人新编的唱词，唱的内容便是太行山文化战线下北漳村"一校三会"的概况。

1939年到1941年间，广大文化工作者以纸笔为武器，积极响应投入到民族解放的斗争中去的号召，他们从四面八方来到太行山，来到武乡县城东20公里处下北漳村。在此地先后成立了鲁迅艺术学校、中华全国文艺界抗敌协会晋东南分会、晋东南文化教育界抗日救国总会、中苏文化协会晋东南分会（简称"一校

◎ 前方鲁艺旧址

三会");鲁艺实验剧团、鲁艺木刻工作团、鲁艺文化工作团、作家战地访问团等抗日救国文化组织和爱国文化宣传团体曾长期在此活动;《文化哨》《文动》和《鲁艺校刊》等多种重要刊物在此编印出版,《新华日报(华北版)》的美编和美术副刊刻画编辑工作主要由驻在这里的美术家们完成。李伯钊、刘白羽、陈荒煤、阮章竞、杨朔、胡一川、罗工柳、彦涵等都曾在下北漳村生活、工作和战斗过。下北漳村在当时堪称"华北抗战前沿的文化中心""敌后文化抗战指挥所",被誉为"太行山红色文化圣地"。

暴忠秀是下北漳南段窑科人,当年"鲁艺"曾经驻扎在他家。80多年前,暴忠秀上二年级,同家人居住在院落上小正房,其余十几间房子均由"鲁艺"驻扎。据他回忆,正房是李伯钊校长工作室;下小正房是音乐系,为伊琳、常苏民等老师工作室;小东南房是戏剧表演系,为阮章竞、龙韵老师等工作室;东房、大南房为教室;西小南房为伙房;西北小房为工作人员宿舍。1980年8月1日,前方鲁艺下北漳旧址,被山西省武乡县公布为重点文物保护单位。经过县委、县政府及热心人士的共同努力,修葺一新的下北漳村"前方鲁艺"旧址对外开放,"为抗战吹响号角——中国共产党与抗战文化"展览同时展出。2021年8月,下北漳村前方鲁艺旧址被列为省级文物保护单位,主要展示前方鲁艺师生和其他抗战文化团体在此进行的文化抗战运动,以及抗战期间创作的兼具革命精神与文学艺术价值的各类文化作品。现在的下北漳村成为一个活的当代中国文艺和革命文艺史的光辉殿堂。

柳沟兵工厂遗址

武乡八路军总部柳沟兵工厂遗址位于蟠龙镇东南方柳沟村。在长约4公里的地域内,兵工厂先后在柳沟、窑申角、庄底、马兰头等6个村庄都办过厂。2009年,武乡八路军总部柳沟兵工厂遗址被山西省委、省政府公布为山西省爱国主义教育基地。2023年,山西省文物局同意长治市文物局关于柳沟兵工厂保护修缮工程勘察设计方案,不久,修缮后的柳沟兵工厂会重现抗战时期的光辉历史,展现磅礴奋进力量。

石圪垯中共中央北方局妇训班旧址

1939年八路军总部进驻武乡县王家峪后,中共中央北方局妇女干部培训班在石圪垤的一座小庙里开班，共举办两期。来自太行、晋西北、冀中、冀鲁豫等地的妇女干部参加了培训。位于时飨殿的旧址坐北朝南，一进院布局，东西 13 米，南北 27 米，占地面积 351 平方米，2013 年村委会积极筹措资金，进行复原修建。如今，妇训班纪念馆、学员居住旧址等都已修复。2021 年 6 月，石圪垤中共中央北方局妇训班旧址被全国妇联授予"全国妇女爱国主义教育基地"。它与八路军总部旧址砖壁、王家峪已形成红色旅游片区。2021 年 8 月，被山西省人民政府公布为省级文物保护单位。

主要会议旧址

南神山秘密会议遗址

1935 年农历三月二十四，南神山庙会正盛，武乡县地下党组织利用这一时机，在寺院脚下的密林中选定会址，召开了秘密会议，主要讨论了如何加强斗争和党的活动方式等问题。遗址位于武乡县上司乡南神山寺院脚下的树林中，这里浓荫遮天，山水为障，风光独特。旧时，这里寺庙林立，香火旺盛，声名远播。1999 年 11 月 12 日，南神山古建筑群被列长治市重点文物保护单位。

八路军总部反围攻军事会议旧址

1938 年 4 月初，3 万余日军分九路向八路军根据地袭来，准备对晋东南抗日根据地进行围剿。八路军看清日方企图，向东北方向转移，4 月 10 日到达武乡马牧村，次日召开反围攻军事部署会议。八路军总部反围攻军事会议旧址位于武乡县丰州镇马牧村老爷庙，旧址坐南朝北，东西 10 米，南北 11 米，占地面积 110 平方米，现存南殿 3 间。

晋东南各界"反汪拥蒋"大会下合会址

1939 年 12 月 30 日，汪精卫与日本侵略者签订了《日支新关系调整纲要》的卖国密约，全国人民群情激愤、同声谴责。1940 年 3 月 3 日，八路军总部、中共中央北方局、野战政治部在武乡下合村南墙根空地上召开了晋东南反汪拥蒋大会，共有 3 万余人参加。此地位于下合村南与襄垣县西营镇城底村北交界处，城墙年久无人保护，只剩下 20 米多长的印记。

重要人物故居、旧居、活动地和墓地

朱德总司令砖壁村旧居

朱德总司令旧居位于蟠龙镇砖壁村新窑院。旧居坐北朝南，一进院落布局，南北 17 米，东西 15 米，占地面积 255 平方米。现存正窑楼 3 眼，东、西房各 3 间，南房随大门 5 间（朱德总司令住该院上南房 2 间），保存完好。

史怀璧故居

◎ 史怀璧

史怀璧故居位于武乡县丰州镇史家垴村槐树院。故居坐北朝南，一进院布局，东西 17 米，南北 20 米，占地面积约 340 平方米，现存北窑 3 眼，东窑 3 眼，西楼 3 间，正南开大门。史怀璧，原名史进贤，武乡县丰州镇史家垴村人。在武乡师范学校时受革命影响，组织读书会。1933 年 4 月，调到武乡周报社任膳印，管理流通图书馆，开始革命活动。5 月，由李逸三介绍，加入中国共产党，并在武乡师范建立了共青团组织。8 月同李逸三、赵瑞璧、武三友、程登瀛等人正式创建了中共武乡县委，史怀璧担任县委副书记，领导武乡中共地下工作。

刘亚雄旧居

刘亚雄旧居位于武乡县西城村张彦河家。旧居坐西朝东，并列两院布局，南北 29 米，东西 11 米，占地面积 319 平方米。现存西窑 4 眼，正房、南房各 3 间，东房 9 间随大门。刘亚雄是敌后抗日民主根据地的第一位女专员。在敌人频繁"扫荡"的情况下，领导对敌斗争，同时发动群众，组织农业生产，实行减租减息活动，团结各阶层人士共同抗日，打击敌人，支援抗战，坚持武装斗争，为建设太行抗日根据地作出了积极贡献。

姜一故居

姜一故居位于武乡县大有乡李峪垴村。故居坐北朝南，一进院布局，东西 11 米，南北 21 米，占地面积 231 平方米，旧址房屋已重新修建，现有正房 3 间，东房 3 间，正南开大门。姜一，原名姜书祯，李峪垴人。1935 年秋天，参加党领

导的"抗债团"，同年 10 月加入中国共产党。

重要事件和重大战斗遗址、遗迹

关家垴歼灭战遗址

1940 年 10 月 30 日凌晨，关家垴歼灭战打响，给予敌人重创。遗址位于蟠龙镇关家垴村一带，东西长 5000 米，南北宽 600 米，分布面积 300 万平方米，是武乡潘洪河东岸一个制高点。

段村解放战斗遗址

1945 年 8 月 25 日，被日军侵占五年之久的段村，经过 8 月 25—27 日持续两天的激战，获得彻底解放。段村解放战斗遗迹，位于县城中心宝塔公园内，保护范围约 15000 平方米。

长乐村战斗遗址

1938 年 4 月 16 日，八路军一二九师主力及第一一五师一部，以绝对优势打击日军，彻底粉碎了日军"九路围攻"。1960 年 5 月 1 日，武乡县人民委员会在里庄村前竖立了文物保护标志。1980 年 8 月 1 日，此战斗遗址被公布为县重点文物保护单位。1995 年为纪念抗战胜利 50 周年和太行根据地创建 50 周年，在里庄村东侧修建了"长乐村战斗纪念碑"，碑身高 16.6 米，正面镌刻陆定一亲笔题词"长乐村战斗纪念碑"，碑阴有徐向前元帅题词"长乐村死难烈士永垂不朽"。长乐村战斗遗址位于武乡县城东 15 公里处丰州镇里庄村，东西长约 3 公里，南北宽约 1.5 公里。规定保护范围以里庄村前竖保护标志以东 6000 米，以西 3000 米，以北 6000 米。该战斗遗址于 2021 年 8 月被山西省人民政府公布为省级文物保护单位。

峪口惨案遗址

1938 年 3 月至 1944 年春天，峪口村曾多次遭受日军"扫荡"，最为惨烈的是 1941 年 4 月 10 日晚上的大屠杀，共杀害党员、干部、民兵、群众 102 人。日军将全村洗劫一空，物件损失不可计数。峪口惨案遗址位于大有乡峪口村，地处蟠武公路沿线，竖有"峪口村大屠杀纪念碑"。

近代以来兴建的纪念碑（塔、堂）等建（构）筑物

蟠龙围困战胜利纪念亭

1943年6月14日，日军侵占武乡东部重镇——蟠龙镇，妄图分割我抗日根据地。为打击敌方气焰，我太行三分区于1943年7月19日至20日，抽调6个团的兵力，经过两天激战对敌人重创。沿线军民也在"军民团结奋战，围困蟠龙敌人"的号召下，进行了8个月零14天的围困战斗，获得成功。为纪念此次胜利，在蟠龙村修建纪念亭，亭子位于蟠龙村东门上，纪念亭坐北朝南，底宽见方5米，高3米，呈四棱八角形，亭内树围困蟠龙敌人胜利纪念碑，碑文模糊。

> ### 知识 贴士
> ### 碑阳与碑阴
>
> 碑阳，即碑的正面，刻有正文。一般而言，碑文刻在碑阳。碑的反面称为碑阴。古人往往于碑阴刻碑的题名，或建碑的捐募者的姓名和钱款数字。也因碑文在碑阳中容纳不下，而接续刊入碑阴的，也有的碑阴只字不刻。

碑阳：三十二年春，武乡国特分子认贼作父，派郝竹亭前往潞安勾引敌人，进占蟠龙，企图变根据地为敌占区。六月十四日敌人以三十六师团小林大队指挥伪剿共军第一师赵瑞、段炳昌等为首纠集三个团，敌伪共三千余人占领了我蟠龙重镇。敌人与特务相互勾结，满以为在两个月内可以使武乡全面维持，达到控制武乡这个产粮区与煤铁产地的目的。但事实粉碎了敌人的梦想。八个半月来，由于我党政军民协力开展了一致的对敌斗争，坚持了长期围、逼敌人的方针，把敌人的计划完全打碎了。首先我们进行了有名的蟠武战役，并在蟠龙周围组成了强有力的围困部队。是年八月十七日晚，八路军在全县人民及民兵协力下，展开了强大的蟠武攻势战斗，整整持续了两天两夜，消灭了伪军三个营和敌军一个中队。但由于敌人三个大队的增援，没有把敌人全部消灭，只是给了敌人一个严重打击。另外自敌占蟠龙后，我正规军即结合营兵民兵组织了围困部队，他们一方面派遣飞行射击手、爆炸手主动到堡垒据点跟前去活

动，一方面机动顽强地打击出扰的敌人，使蟠龙十里以外的群众能安然进行生产，并且在我方武装掩护下，抢收了据点附近四十顷麦子，六十顷秋田。在蟠武线上，敌人经常遭受我军的伏击、我民兵的冷枪与爆炸。如地雷大王王来法埋了二十二个地雷，炸死二十八个敌人，使敌人感到非常害怕，不得不以一个团的兵力轮番地掩护蟠武线的运输。因为蟠龙是一无所有的，一切用具、粮食、弹药都得从段村运来，这样把蟠龙变成了敌人的一座坟墓，蟠武线变成了敌人的死亡线。敌人占蟠龙八个半月，所有的代价是敌伪死亡近两千人，伪军逃跑二百余人，向我集体投诚者四十余人，临逃之前还留下粮食两千余石。其次，我们对蟠武线据点及附近的群众进行了有组织的转移。为了安置这些群众，政府曾用尽了一切办法，如贷款组织运输、发救济粮来救济转移出来的群众，并指导蟠武线的所有群众适应野外生活，坚持生产。全县其他人民也发扬同舟共济的友爱精神，对转移出来的群众给了很大的帮助。由于广大群众具有顽强不屈的斗争意志，在敌人盘踞蟠龙的八个半月当中没有一名群众去投敌。在敌占蟠龙期间，只有极少数群众被俘。当年冬蟠龙周围五里以内是一片荒凉，十里以内稀无人烟，段村到蟠龙五十里的补给线上，虽有群众，但敌人一到即全部撤退。大人难见了，这样给了敌人极大的困难，敌人最大的苦恼就是没有群众修筑工事、碉堡，所有劳役都是伪军亲自干。天冷敌人无柴烧，每天让伪军到五里地以外扒老百姓的房子、割草，弄得伪军忙个不休。由于我们这种围困，把蟠龙造成了一个孤岛。当年八月以后，我们还开展了全县的反特务斗争，特务分子引狼入室，把敌人勾进蟠龙。敌占蟠龙后又到处配合敌人作为引线，奔袭包围我村庄，杀害我干部与群众，掠夺我财物、粮食，并破坏我们各项工作，给我们以很大的危害。由于我们进行了反特务斗争，斩断敌人爪牙，孤立了敌人，并且更加坚定了群众对敌斗争的意志与信心，使我们的胜利有了充分的保证。由于我党政军民同心协力地进行了围困敌人的艰苦斗争，终使敌人于三十三年二月廿八日狼狈逃窜了。这一胜利是我们全体党政军民努力的结果，也是我们与敌英勇斗争牺牲的指战员、民兵、干部与群众用鲜血换来的，这一胜利在抗战史上留下了光辉灿烂的一页，业绩将会与日月长存，永垂不朽。中华民国三十三年八月十八日立。

碑阴：围困蟠龙敌人英勇杀敌殉国烈士姓名列后（略）

八路军抗战纪念碑

"八路军抗战纪念碑"矗立在武乡县城西风景宜人的凤凰山巅，始建于2005年8月。碑身四棱形，白色大理石贴面，上书"八路军抗战纪念碑"八个镏金大字，高19.37米，寓意1937年抗日战争全面爆发。碑体两侧为谷穗与长枪的铜质图案，象征"八路军依靠小米加步枪"打败日本侵略者的传奇历程，整个建筑宏伟壮观，远眺像一柄利剑直刺蓝天，象征中华民族反抗侵略不屈不挠的民族精神，时刻警示人们要牢记那段悲壮的历史。碑后为长达30米的弧形浮雕墙，生动展现了八路军从誓师东渡到取得最后胜利这段波澜壮阔的抗战历史，浮雕背面刻有抗战时期883位血洒疆场的八路军团级以上干部的英名录。

武乡革命烈士纪念碑

武乡革命烈士纪念碑原矗立在武乡县城西凤凰山，始建于1972年。2001年，因八路军太行纪念馆二期改陈需要，经县委、县政府决定，迁建于武乡县城东关河水库东侧。纪念碑于2002年4月3日动工，同年6月1日迁建告竣，并于武

◎ 八路军抗战纪念碑

乡县解放 57 周年纪念日 8 月 25 日揭碑。碑高 16.3 米，钢筋、混凝土、大理石结构，占地面积 500 平方米。

八路军兵工英雄纪念碑

八路军兵工英雄纪念碑位于武乡县洪水镇显王村南面的山脚下，建于 2009 年 7 月。碑底长 5 米，宽 2 米，碑高 10 米。碑身正面刻有"八路军兵工英雄纪念碑"字样。

太行丰碑

矗立于县城东街"太行公园"中心广场，由花岗岩铸成八路军群像雕塑。碑底呈正方形，宽 30 米，高 3 米，碑身高达 10 米。

徐向前元帅纪念亭

矗立于西凤凰山巅，在八路军抗战纪念碑西侧，建于 2012 年，碑亭底长 3.75 米，宽 5.7 米，占地面积 21.4 平方米。六角亭内竖立着徐向前元帅的石刻半身像，碑高 1.38 米。1990 年 9 月 21 日，徐向前元帅与世长辞，遵照元帅生前遗嘱，将部分骨灰撒在了凤凰山上。

抗日英雄纪念碑

位于武乡县蟠龙村南的黄沙岗，碑高 10 米，碑底见方 8 米，碑周围砌有见方 25 米砖墙，正东建有大门，碑体坐西朝东，周围翠柏茂盛。

拓展 阅读

八路军烈士陵园

八路军烈士陵园位于山西省长治市武乡县丰州镇里庄村。2020 年 9 月 1 日国务院公布第三批国家级抗战纪念设施、遗址名录，武乡县八路军烈士陵园位于榜单之上。抗日战争时期，八路军总部曾先后五次进驻武乡，为了抗

◎ 八路军烈士陵园

击侵略者，很多八路军将士在太行山区浴血奋战、壮烈牺牲。因战事频繁，很多牺牲将士的遗体只能就地掩埋。2012 年，武乡县开展了寻找零散烈士遗骨工作，到现在为止，发现了 20 座墓群，2015 年开始进行集中安葬。武乡县自 2019 年以来，开展"寻找烈士后人"行动，为埋葬在武乡县八路军烈士陵园的武乡籍以外的八路军烈士寻找亲人。截至 2022 年 4 月，八路军烈士陵园共安葬八路军烈士 2323 名，其中武乡籍革命烈士 1067 名，非武乡籍烈士 608 名，武乡籍其他烈士 13 名，无名烈士 635 名，涉及全国 13 个省市区。

作为八路军总部所在地，武乡建设八路军烈士陵园，意在让后人铭记八路军抗战功绩。天地英雄气，千秋尚凛然。一寸山河一寸血，一抔热土一抔魂。在武乡这片红色热土上，21 万老区人民形成共识——祭奠为形，传承为根，清明祭英烈，传承才是最好的纪念。英雄长存，人民不会忘记，历史不会忘记。

档案文书

档案文书是文物重要组成部分，数量巨大，在文献学、历史学和文书学上都有极高价值。本部分涉及的"档案文书"具体指纸质史料，即以纸张为载体反映武乡地区抗战活动的历史资料，形式多样。如重要会议文件、档案、图书、报刊等；中共早期领导人或武乡革命人物的日记、手稿、自传、回忆录、信件等；反映军事活动的地图、作战电报、战场日记、指挥文书、会议纪要，以及民众生活中涉及的邮票、粮票、钱币等各种票据。产生的主体有中共政权、社会组织和个人。纸质档案真实记录了武乡军民在环境恶劣、硝烟弥漫、条件简陋的艰难困境中，走过抗战峥嵘岁月的经历。档案文书中蕴藏着丰富红色资源，利用武乡纸质文书、讲好武乡红色故事，激励全国各族人民继承优良传统，赓续红色血脉。

本节在浩瀚的武乡档案文书中选取五种加以介绍。

《新华日报（华北版）》（民国三十四年三月二十九日 星期四），文物产生主体为新华

> **知识 贴士**
>
> ## 士绅阶层
>
> 熟悉费孝通先生作品的读者们一定经常碰到"士绅"一词。"士"与"绅"原是两个有重叠但不完全相同的群体，可以宽泛地理解为士族和乡绅的结合体。费先生则给出了一个外延很广的定义：可以是退任的官僚，或是官僚的亲属，甚至可以是受过教育的地主，他们是在中国传统社会中占有一定地位、发挥一定功能的一个阶层。

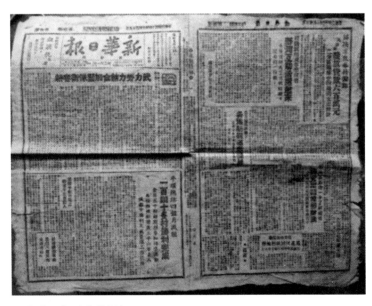

◎ 新华日报（华北版）

日报社，刊物出版单位为新华书店，产生时间为1945年，1张，长515毫米，宽410毫米，纸张厚0.19毫米，机器纸，印刷，保存情况基本完好。此报纸印发具体时间为1945年3月29日星期四，头版头条为"武力劳力结合加紧保卫春耕"，其他内容涉及农业生产、减租、战争、情报、欧洲战场局势等。

抗战时期有富绅奖励参战人士赠与田地。这样的文物产生主体为个人，保存情况一般。下北漳村暴文岚收藏有两张自家地契文书，其中之一反映富户李光第1942年奖励参加武乡独立营的暴二孩水浇地一亩的往事。当时的《新华日报（华北版）》曾刊发过类似事迹。从小练武的暴二孩曾在一二九师教授武艺，参加了武乡独立营，并将胞弟送进部队。士绅李光第为鼓励更多仁人志士走向战场、奋勇杀敌，慷慨解囊，并立下文约。两种不同阶级的人物都为了抗日这一同样的目标倾尽努力、精诚合作。文约具体内容如下：

立欢送园地文约人李光第。今因暴二孩踊跃参加武乡独立营，为国家民族解放驱逐日寇出中国，此人有这样牺牲奋斗精神，因此情愿将我自己祖业地（坐落在东滩园地）一亩，为了改善贫民抗属家庭之生活。四至开明：东至李姓，南至大道，西至李姓，北至水渠，出入水流、出道依旧往来，井口辘轴俱伙，同群众大会发表，情愿欢送与暴二孩承种，种地之日按赤契应分粮□整应时交纳，倘户内人有争差，有欢送人一面承当。恐口不凭，立此欢送文约为证。

公证人：暴兴治、李刘管

民国三十一年六月十八日立欢送园地文约人李光第

注意：此地欢送贫民抗属，按三大保证归（规）定退伍归家可成为自己永业，如有半路开小差或逃跑他处不能抗战到底，此地得归原主。

同民众人下北漳全体民众

烈士革命牺牲证明。如王占国烈士牺牲证明，一九五二年颁发此证，产生主体为中国人民解放军西南军区政治部，保存情况一般。王占国原名王中秀，武乡县窑上沟村人，自幼习武，武功高强，在共产党领导的"五抗"运动中被选为硬抗队员，专门对付反动透顶的劣绅土豪，他痛打被称为"活阎王"的下北漳地主李林春，大长穷人志气。证书内容为"王占国同志于 1939 年参加革命工作，在十八集团军前方总部……任排长，不幸于 1940 年 10 月 1 日在王井村光荣牺牲。除由我军祭英灵外，特怀哀悼之情敬报贵家属，望引荣节哀，持此证明书向山西省武乡县人民政府……光荣纪念证其家属得享受烈属优待为荷"。与之配套的档案文书还有"革命牺牲军人家属光荣纪念证"和武乡县民政局采集英烈信息表。抗日战争时期数千名八路军将士牺牲长眠于武乡。

政府公文。图为武乡县政府奉令修改减缩区数由，产生主体是武乡县政府，产生年份 1946 年 6 月 25 日，民字第廿八号，保存情况良好。上书"各区区长：奉二专署民财会第……号命令内开，为了适应新形势下巩固和平和加强建设的任务，需要整体照顾充实新旧机构，加强工作与地区的平衡，减轻人民负担……因此本县特派……形势具体研究现定如下……"主旨是三、七、八、九、十、十一这 6 个区因系新解放区和对敌斗争沿线，不进行调整。决定一区原有 26 个村与五区上广志、下广

◎ 政府公文

志、上黄岩、下黄岩、树辛、范家岭、郝家岭、西沟、下寨、三角坡 10 个村划归一区管辖。这是 1946 年武乡县政府机构改革的珍贵史料之一。

解放战争时期武乡上演过许多剧本，有《逼上梁山》《赤叶河》《兄妹开荒》《血泪仇》《王贵与李香香》等，保存情况均良好。《赤叶河》由现代诗人阮章竞创作，后改编成歌剧。故事发生于抗战时期，反映老解放区的贫苦农民受地主阶级剥削压迫，在党的领导下起来斗地主闹翻身的故事。歌剧《赤叶河》公演时，因剧情曲折，曲调动听，而引起巨大轰动，与《白毛女》并称解放区两大歌剧。1950 年，音乐家陈玛原将《赤叶河》改编成潮州方言歌剧，也产生强烈的影响。《王贵与李香香》原名《太阳会从西边出来吗？》，是著名诗人李季于 1946 年发表的一首叙事诗歌。《王贵与李香香》被誉为是中国版本的"罗密

◎ 武乡纸质文献

欧与朱丽叶",以二人的爱情故事为线索,展现了"三边"人民走上革命的历程。武乡秧歌光明剧团编演了秧歌剧《王贵与李香香》及《小二黑结婚》,闻名全国。

革命文物

革命文物记载了共产党光辉历史,被赋予不可动摇的历史地位。本节涉及的革命文物为实体物件,真实记录武乡抗战历史。革命文物包括当时八路军使用武器、生活用品、手工艺品、艺术人士创作的木刻版画等,它们背后的故事讲不完、道不尽。本节选取几种有代表性的文物,将文物背后的故事娓娓道来,希望读者以具象化的认识,理解那段历史,并从中汲取继续奋进的力量。

知识 > 贴士

革命文物,指能够反映1840年鸦片战争以来中华民族民主主义革命和社会主义革命的革命理想、革命精神和革命风范的文物。这是性质定义法定义的革命文物概念。从文化的理念、精神和行为三个层面,揭示革命文物不同于其他文物的本质属性。

牌匾:"为民谋利"牌匾

这块牌匾是 1945 年 8 月 25 日,革命老区武乡解放的那天,当地南上合村的全体干部群众赠予名扬游击队队长魏名扬同志的。魏名扬亲民爱民的行为,深深地感动了南上合的全体干部群众,老百姓自发组织,赠予魏名扬同志这块书写着"为民谋利"的牌匾。匾长 155 厘米,宽 50.8 厘米,牌匾为木质。

1993 年魏名扬因病住进了医院,临终前他交代子女四件事:死后丧葬从简;要让孩子们好好读书、好好的为党为人民服务;火化时候记得给他穿上军装,来世他还要当军人;骨灰送回老家枣烟村,他要永远守护在那里。1994 年 6 月 8 日,这位威震太行的抗日英雄与世长辞。他的亲密战友,抗日名将上将尤太忠为他书写挽联:"武出奇功威震太行留芳名,乡音未改德高亮节党风扬。"

生产工具:"连心碾"

连心碾

砂石碾,嘟辘辘转,

朱老总帮咱推碾杆;

◎ 为民谋利匾

碾米轧面讲抗战，

贴心话儿推下一碾盘。

这是流传在武（乡）东山区的一首抗日歌谣。

当年，在砖壁村朱总司令住房的窗户后，安着一盘大石碾。这是一盘普普通通的农家碾，但它却记录了朱总司令和人民群众心心相连的鱼水深情。每逢看见这盘朱德在砖壁村帮老乡推过的"连心碾"，都会想到一段动人往事……

初到砖壁的一天后晌，朱总司令处理过延安和华北各战场的来电，照例出去找老乡谈心。一出大门，见一个干瘦干瘦的老头，吃力地在窗后的碾子上碾谷面，他便赶忙走过去，到另一端碾杆上帮老人推起来。老头见一位八路军来帮他推碾，抬起头笑眯眯地说："八路同志，你们刚搬来，受累了，我一个人推能行！"朱总司令说："忙过了。我来试试你们太行山的石碾重不重。"说着两个人吱吱扭扭推起来，边推边拉呱："老乡，家里几口人？怎么你一个人来推这么大的石碾哟？""唉，除了我再没第二个人啦！"朱总司令听说杨老汉一个人住在大庙里，就趁碾完一遍，老人筛面的当儿，详细地打问起杨老汉的身世来。这杨五满原来是附近的烟里村人，祖宗三代都是上无片瓦，下无寸土的赤贫户，成年累月靠给地主扛长工、打短工过日子。后来在本村受不了财主的欺压，又来到砖壁村揽活。几年后，地主嫌他年老病多，干不了大活，就把他赶出黑大门。杨老汉走投无路，只好求人说情，在砖壁村守庙糊口。

听了杨五满的诉说，朱总司令得知他是一个基本群众。沉思了一会儿，又关切地望着杨老汉问道："老杨呀，你祖祖辈辈为啥都是穷苦人呢？"杨老汉仰望苍天说："自古道，穷富在天，怨俺命不好呗！"朱总司令耐心地启发杨五满说："不，穷富不在天。你家祖辈受穷困，是地主老财剥削造成的。"杨老汉不解地问道："啥叫剥削呀？"朱总司令说："你给地主扛长工，一年打多少粮食？"杨老汉答："最赖的年景也给人家打30石粮食。"朱总司令又问："财主给你们出多少粮食的工钱？"杨老汉答："咳！两三石呗。"朱总司令说："对呀，那二十七八石还不是装进地主的粮仓？"杨五满第一次懂得了什么叫"剥削"。他恍然大悟地说："啊呀，我扛了三四十年大活也盖不起房子，买不下土地，敢情都叫财主东家剥削光了！我看总得和他们算老账哩！"朱总司令又开导他说："现在日本鬼子侵略中国，到处杀人放火，咱要团结一切可以团结的力量，有钱出钱，有力出力，进行抗日，对地主老财要进行减租减息，施行合理负担；对长工要增加工资，改善生活。"杨老汉说："是呀。不抗日活不成啦！""对，不抗日活不成，要生存靠斗争。毛主席派我们来就是和你们一块抗日救国。只要老百姓和咱队伍拧成一股劲，和敌人开展游击战。"朱总司令比画了个打的手势，接着说："就一定能打垮小鬼子，叫老百姓过上好日子。""那敢情好，敢情好！"杨五满老汉入神地听着笑着，满脸皱纹不停地跳动。

打这以后，杨五满每逢碾米面啦，轧榆皮啦，总喜欢使朱总司令屋后这盘碾子，盼望能多听朱总司令讲些抗日救国，穷人翻身的革命道理。朱总司令工作之余，只要碰上老乡来碾米轧面，总要帮助推，顺便宣传毛主席关于人民战争的光辉思想，和建立敌后抗日民主根据地的道理。有时，朱总司令还把像杨五满这样的穷苦人请进自己的住房，边休息，边谈心，发动民众积极参加抗日工作。在朱总司令的亲切教诲下，杨五满的觉悟越来越高，他不仅向街坊邻居宣传八路军爱护老百姓，老百姓要支援八路军等道理，而且还主动搬到另一孔土窑洞里住，把玉皇庙所有庙堂打扫得干干净净，腾出来让总部机关办公用。他还经常叫上村里穷哥儿帮助部队垒火灶、铡马草、碾军粮。有时部队送一些粮食给他们作为报酬，老人总是不肯收。他感激地说："朱总司令带领八路军来帮咱们打日本，闹翻身，咱们帮助子弟兵干点事还不应该！"

没有多久，村上的人都知道了经常帮杨五满推碾子、拉家常的那位老八路，就是敬爱的朱总司令。大家都想见一见，听一听他讲革命道理。于是来新窑院推碾子的人，一天比一天多起来。朱总司令只要有空儿，总要一边帮老乡推碾子，一边了解村上生产、生活和民主建政、组织抗日团体等情况，帮助群众解决困难，鼓励他们积极生产，支援军队打鬼子。八路军总部离开砖壁后，村里的乡亲们每逢来新窑院推碾子的时候，无不以崇敬的心情念叨敬爱的朱总司令。有的人一边推碾子，一边用当地的秧歌唱道："手把碾杆望延安，太行山连着宝塔山。八路军和咱心连心，朱老总恩情唱不完。"

生活用品：铁水壶

这把水壶口径 8 厘米，高 34 厘米，重 500 克。1938 年 11 月，中共中央原北方局书记刘少奇调任中共中原局书记，中共中央决定副书记杨尚昆接任北方局书记一职，主持北方局的全面工作，北方局机关跟随八路军总部行动。中共中央北方局与八路军总部转战进入太行山区的潞城县境内。面对严峻的形势，杨尚昆于 7 月 15 日率北方局机关转移至武乡县烟里村，与

◎ 一把铁水壶

八路军总部驻地砖壁村隔沟相望。当时，中共中央北方局是保密机关，其名称只是对内，对外称为野政二梯队，杨尚昆就以野政二梯队主任的身份活动。所以，人们也不知道杨尚昆同志的正式职务，都叫他杨主任。这一段时间，杨尚昆同志工作特别忙。房东韩步霄见杨尚昆同志每天忙到深夜，一到晚上就用这把铁水壶给他烧一壶开水，送到他的办公室兼卧室。韩步霄还提醒杨尚昆同志，工作的时候记得多喝点开水，临睡的时候还可以用剩下的水烫烫脚。就这样，杨尚昆同志前后在韩步霄家住了一年半时间，一直使用这把铁水壶。

红色乐器：冲锋军号

1998 年在武乡县左会村申会保家中征集到一支呈喇叭花状、手柄弯曲为耳形、残缺不全、有点变形的军号。这是八路军总部特务团司号员崔振芳在黄崖洞保卫战中用过的军号。

1937 年，13 岁的崔振芳加入了八路军，14 岁被调到八路军总部特务团司号班

◎ 崔振芳在黄崖洞保卫战中用过的军号

学习司号通讯技术，16 岁加入了中国共产党，入党后在七连当司号员，当时七连就驻扎在黄崖洞。

1941 年 11 月，日本侵略军为了摧毁这座兵工厂，集结了 36 师团 5000 余重兵向黄崖洞扑来，在距八路军阵地 100 米左右时，司号员崔振芳吹响了军号。八路军战士凭借天险，把一颗颗手榴弹投向敌人，打退了敌人一次次疯狂的进攻。11 月 11 日，敌寇再次集中兵力，分三路向我军阵地发起攻击。崔振芳和卫世华两位小战士专门投掷手榴弹，重点把守进入黄崖洞的唯一通道。在卫世华身受重伤被送离前线后，崔振芳孤身战斗在陡崖上，坚持七天七夜，炸死炸伤敌军数百人。然而，当增援部队赶到时，精疲力竭、弹尽粮绝的崔振芳却被一块炮弹崩起的石块击中了喉咙，英勇牺牲，年仅 17 岁。

在八路军太行纪念馆，还有另外一支军号，背后也有一段故事。与烈士崔振芳不同的是，这把军号的主人是一位"日本八路"。这位"日本八路"名叫前田光繁，出身于日本京都的一个小手工业家庭。1937 年，他只身赴沈阳，进入为日本侵略中国东北服务的特殊机关——满铁公司工作。次年春天，他被派往河北邢台一个名叫"双庙"的小车站工作。一天清晨，尚在梦中的他被八路军俘虏，随后被送往八路军一二九师师部。因该师敌工科科长曾留学日本，在日常相处中，科长常常给他讲日军对中国百姓的残害，讲日本人民也是战争的受害者，讲中国共产党的追求，讲八路军的"三大纪律八项注意"……前田光繁渐渐认清了日本帝国主义的本质，决心从事反战工作。

前田光繁是第一个参加八路军的日本人，是"日本士兵觉醒联盟"的发起者，还是东北老航校的元老之一。他带着一把军号投入中国抗日战场，四方奔走进行战地宣传。2005 年 8 月，年近 90 岁的前田光繁专程来到山西，把珍藏了 65 年的军号捐赠给八路军太行纪念馆。他深情地说："我喝过武乡的水窖水，尝过武乡的苦苦菜，住过武乡的土窑洞，武乡就是我的第二故乡。"

布艺旗帜：反法西斯联盟旗

这是一面反法西斯联盟旗帜。丝绸质地，纵 60 厘米，横 62 厘米。旗面由 5 个同心圆与螺旋桨图案组成，颜色呈红、白、蓝、绿、黑 5 种，印有反法西斯联

日本与日本军国主义

2023年8月24日13时，日本福岛第一核电站公然启动核污水排海计划。日本，又因为核污水重新活跃在了中国民众眼前。对于这个国家，中国民众一直感情复杂，据调查，双方民众好感度在2020年至2021年持续恶化。

中国与日本隔海相望，自古以来，中国就是日本学习的对象。签订《马关条约》的第二年，第一批13名留学生抵达日本，开启了向日本取经的先河，一场"以日为师"的活动全面展开。留学生中既有孙中山、宋教仁、黄兴等革命家，也有章太炎、陈独秀、鲁迅等思想家，他们在很大程度上影响了中国近代史的走向。1915年大隈重信政府提出"二十一条"之后，激起了中国人前所未有的愤慨，是20多年后战争爆发的伏线。"二十一条"的要求非常苛刻，暴露了日本攫取在华特权的野心，给中国民众以极大的震动和冲击。将被迫签字的5月9日定为"国耻日"后，国内反日情绪日益高涨。从此留日学生急剧减少，中国社会舆论对日本充满敌意。

毛泽东曾亲笔为延安一所以日军战俘为主体的特殊学校——日本工农学校题词："中国人民与日本人民是一致的，只有一个敌人，就是日本军国主义与中国的民族败类！"操纵日本的军国主义思想甚嚣尘上，这是一种堪比邪教的极端民族主义。它起源于明治维新后所宣扬的武士道精神，在"一战"以后逐步癫狂，进入1931年完全演变成了法西斯主义。当时的天皇利用极端的民族主义给国民洗脑，让全国人民效忠于他，完全不顾个人生死，以战死沙场为荣，对其他国家的人充满仇恨。日本军国主义为了变中国为独占殖民地而发动的野蛮入侵，给中国人民带来前所未有的灾难，使中华民族濒临"亡国灭种"的境地。生死存亡之际，中国人民奋起自救，拼死抵抗，终于打败日本侵略者，彻底粉碎了日本军国主义的罪恶图谋。1945年8月15日，当日本宣布无条件投降的消息传来，《大公报》头版以震撼的特大号铅字和一个感叹号"日本投降矣！"作为标题予以报道，充分表达了中国人民历尽艰难险阻、终于扬眉吐气的苦涩欢欣。抗日战争的胜利，改写了近代百年中国抗击外来侵略屡战屡败、被迫割地赔款的耻辱历史，中华民族从此摆脱了被殖民奴役的厄运，中国人民在精神上受到极大鼓舞，民族自信心得到极大提高。

进入21世纪，国际格局日益转变，中日实力逐渐逆转，两国关系面临许多新的挑战。今日中国，必须警惕日本军国主义复燃。

盟国各国的国旗等。

1941年至1942年，是中国敌后战场处于严重困难的时期，原因是多方面的，主要是由于国际、国内形势发生了重大的变化。太平洋战争爆发后，侵华日军根据其大本营的战略意图，进一步加紧对抗日根据地的"扫荡"，建立所谓"大东亚战争的兵站基地"。日本侵略者要在广阔的太平洋战场上作战，需要有巩固的陆上基地。因此，它急谋结束在中国

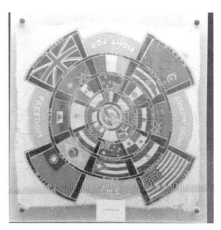

◎ 反法西斯联盟旗帜

的战争，把中国变为它南进的后方补给基地，达到"以战养战"的目的。于是，一方面继续加紧对国民党的诱降、逼降活动，一方面集中力量对共产党领导下的抗日根据地进行更加频繁、更加残酷的"扫荡"。华北各根据地军民在中共北方局和八路军总部部署下，对日军展开了一系列反"扫荡"作战。

1943年，在山西省武乡县胡峦岭反"扫荡"战斗中，国际反法西斯联盟支援我军，空投物资，山西省武乡县蟠龙村游击队长王振清捡到了这面"反法西斯联盟旗帜"，他一直珍藏在身边。1998年3月，由八路军太行纪念馆职工王霞征集回馆中。1999年5月，经国家一级文物专家鉴定组专家鉴定，被评为国家一级文物。

木刻版画：当敌人搜山时

1939年秋，彦涵从鲁艺木刻工作团调到武乡县大坪村的《新华日报（华北

版)》工作，开始为报刊创作插图。彦
涵迎来了自己的创作高峰，1939—
1943 年期间，他的木刻版画以八路
军同日军正面作战为主要题材。《当
敌人搜山的时候》表现的是抗战时期
敌人与解放区军民之间"扫荡"与
反"扫荡"、"蚕食"与反"蚕食"的
场景。1943 年，在一次反"扫荡"行
动中，彦涵领导的木刻工厂与敌人遭
遇。李思中、严熹、朱杰民、李广
思 4 名同志不幸牺牲。彦涵切肤之痛
地感受到了抗战的严酷性。他将自己
深厚的悲痛之情注入了木刻版画创作

◎ 木刻作品《当敌人搜山时》

中，切入木板的刻刀每一笔都流淌着对敌人的仇恨，对牺牲战友同志的哀悼。木
刻《不让敌人抢走粮食》是根据地人民反抗敌人"三光"政策的真实写照。画面
中激烈的斗争场景，令人惊心动魄。木刻《把她们藏起来》《侦察员》《来了亲人
八路军》等从不同的侧面表现出军民同仇敌忾的战斗生活。而木刻《不屈的人
们》、木刻连环画《狼牙山五壮士》表现出抗战人民宁死不屈、视死如归的民族
气节和大无畏精神。

第二节　保护与利用

　　武乡县是山西省的革命文物大县，抗战时期是八路军总部唯一一个先后五次进驻的地方，是抗战时期八路军总部、中共中央北方局和三大主力师所在地，是太行、太岳敌后抗日民主根据地的重要组成部分。武乡县现存大量不可移动革命文物，其中全国重点文物保护单位 7 处，山西省文物保护单位 16 处，市级文物保护单位 12 处，县级的文物保护单位 165 处，均是革命先辈留下的宝贵财富。

红色资源保护现状

　　武乡全域都分布着红色旧址，根据《武乡县革命遗址概览》，以乡镇行政辖区为分类标准，整理如下。

丰州	八路军总部东村旧址；八路军政治部东村旧址；中共武乡中区支部段村旧址；段村解放战斗遗址；八路军总部马牧旧址；八路军总部反围攻军事会议马牧会址；八路军总部直属政治处马牧旧址；八路军第一一五师三四四旅六八九团东胡家垴旧址；共青团武乡支部魏家窑旧址；鼙山工厂深泽滩旧址；鼙山工厂松庄旧址；纪登奎故居；史怀璧故居；武光汤故居；八路军太行纪念馆；八路军抗战纪念碑；武乡革命烈士纪念碑；太行丰碑；徐向前元帅纪念碑；中共武乡县委、县政府故县旧址；中共武乡县委故县旧址；中共武乡县委东关村旧址；中共武乡中心具委魏家庄旧址；中共武乡县第一次党代会会址郝家庄旧址；长乐村战斗遗址；武乡县城（今故县）遭劫惨案遗址

洪水	八路军第一二九师师部马堡旧址；八路军第一二九师三八五旅十四团马堡旧址；八路军第一二九师野战医院青草烟旧址；太行第三年军区武委会兵工厂戈北坪旧址；太行第三军分区武委会兵工厂羊圈旧址；八路军前方总指挥部卫生部左会旧址；八路军第一二九师野战医院左会旧址；左会村"圣人泉"；八路军抗日工事板山遗址；八路军抗日碉堡、地堡板山遗址；太行联中三队芝麻角旧址；八路军第一二九师三八六旅十六团芝麻角旧址；八路军第一二九师师部刘家嘴旧址；八路军总部兵工厂锻工部显王旧址；八路军兵工英雄纪念碑；八路军第一二九师师部中村旧址；太行第三地委中村旧址；太行第三中学义安旧址；抗日军政大学第六分校政治部义安旧址；抗日军政大学第六分校坪头旧址；八路军总部特务团寨坪旧址；太行第三专署洪水遗址；八路军第一二九师三八五旅熬垴旧址；太行第三军分区司令部熬垴旧址；太行第三地委熬垴旧址；八路军第一二九师三八五旅十三团上广志旧址；决死第三纵队八团上广志旧址；太行山剧团下广志旧址；八路军第一二九师三八五旅十四团下广志旧址
蟠龙	八路军总部砖壁旧址；朱德总司令砖壁旧居；中共中央北方局烟里旧址；八路军总部直属政治处烟里旧址；中共中央北方局党校烟里旧址；冀南银行总行烟里旧址；野战卫生部材料厂及制药所烟里旧址；华北《新华日报》印刷厂安乐庄旧址；野战卫生部材料厂及制药分厂安乐庄旧址；太行文化教育出版社安乐庄旧址；抗战建国学院（边区师范）安乐庄旧址；新华日报社油墨厂安乐庄旧址；华北《新华日报》、新华社华北总分社安乐庄旧址；八路军军法处南山头旧址；八路军抗日军政大学第一分校留守大队大陌旧址；关家垴歼灭战遗址；八路军第一二九师新十旅关家垴旧址；八路军第一二九师新十旅二十八团关家垴旧址；太行第三中学神南旧址；八路军总部石瓮旧址；决死第一纵队二十五团石瓮旧址；太行第三军分区炸弹所翻砂组上庄旧址；华北《新华日报》、新华社华北总分社上庄旧址；八路军供给部被服厂上庄旧址；中共中央北方局大塘旧址；八路军野战政治部大塘旧址；太行第三军分区修枪所马家岭旧址；八路军供给部被服厂南郊旧址；《胜利报》社石门旧址；中国人民抗日军政大学第二团石门旧址；决死第一纵队三十八团石门旧址；太行第三军分区炸弹所石门旧址；太行第三军分区修械所石门遗址；八路军前总卫生部野战医院石门旧址；八路军兵工厂柳沟遗址；太行农具合作社马岚头旧址；太行工业学校温庄旧址；八路军野战卫生部材料制器厂温庄旧址；八路军野战卫生部材料厂酒精分厂温庄旧址；八路军第一二九师师部石板旧

蟠龙	址；太行第三军分区炸弹厂石板旧址；冀南银行武乡县支行东沟旧址；中共武乡（东）县委、县政府东沟旧址；晋冀豫第二地委、太行第三地委东沟旧址；太行第三军分区司令部东沟旧址；中国人民抗日军政大学特科大队季家岭旧址；决死第一纵队三十八团东庄旧址；中国人民抗日军政大学政治部白家庄旧址；中国人民抗日军政大学总校蟠龙旧址；中共中央北方局党校上北漳旧址；围困蟠龙敌人胜利纪念亭；抗日英雄纪念碑；晋冀豫第二地委陌峪旧址；八路军第一二九师三八五旅十四团胡峦岭旧址；太行第三专署大道场旧址；中共武乡（东）县委、县政府大道场旧址；中共武乡（东）县委、县政府狼卧沟旧址；中共武乡（东）县委、县政府东坡旧址；刘亚雄旧居
韩北	八路军总部王家峪旧址；中共中央北方局王家峪旧址；朱总司令亲栽植的"红星杨"；八路军后勤部王家峪旧址；八路军第一二九师三八五旅十四团王家峪旧址；八路军野战政治部下合旧址；八路军第一二九师三八六旅七七二团下合旧址；八路军第一二九师三八六旅十七团下合旧址；八路军第一二九师三八五旅七六九团下合旧址；晋东南各界"反汪拥蒋"大会下合会址；八路军军法处下合遗址；八路军火星剧团西垴旧址；八路军总部直属政治处东枣林旧址；八路军总部特务团东枣林旧址；"日本士兵觉醒联盟"本部东枣林旧址；中共中央北方局妇女干部训练班石圪垤旧址；八路军第一二九师三八六旅旅部拐垴旧址；鲁艺木刻工作团（木刻工厂）拐垴旧址；八路军第一二九师师部西堡旧址；决死第三纵队九团西堡旧址；八路军总部供给部西堡旧址；八路军第一二九师三八六旅七七一团东堡旧址；中共晋冀豫区党委东堡旧址；李雪峰旧居；八路军总部供给部学校桥南旧址；太行山剧团桥南旧址；晋东南工艺研究所朝阳角旧址；八路军第一二九师三八六旅七七二团斗底旧址；八路军总部炮兵团前沟旧址；太行修枪所前沟遗址；八路军总部通讯科北上合旧址；八路军第一二九师三八六旅旅部韩壁旧址；华北财政经济学校韩壁旧址；韩壁突围战遗址；八路军总都特务团韩壁旧址；八路军野战卫生部土河坪旧址；八路军野战卫生部总医院土河坪旧址；八路军野战卫生学校土河坪旧址；杨裕民先生追悼会土河会址；武乡士绅座谈会土河会址；八路军野战卫生部总医院土河旧址；冀南银行总行好蚧庙旧址；华北《新华日报》、新华社华北总分社大坪旧址；华北《新华日报》印刷厂大坪旧址；冀南银行总行大坪旧址；八路军野战卫生部刀把嘴旧址；八路军卫生部材料厅刀把嘴旧址；八路军野战卫生部制药厂刀把嘴旧址；八路军野战卫生部总医院刀把嘴旧址

续表

监漳	鲁迅艺术学校下北漳旧址；中华文艺界抗敌协会晋东南分会下北漳遗址；太行第三专署观庄旧址；八路军第一二九师野战医院禄村旧址
大有	太行第三地委大有旧址；大有村爱国主义教育基地；八路军第一一五师三四四旅六八七团大有旧址；太行第三专署西中庄旧址；冀南银行第三分行西中庄旧址；武乡抗日县政府王庄沟旧址；中共武乡县委党校横岭旧址；峪口惨案遗址；李峪地雷战遗址；魏名扬故居；姜一故居
贾豁	八路军第一二九师师部宋家庄旧址；八路军第一二九师三八六旅旅部宋家庄旧址；平汉纵队第三团（新十旅二十九团）凤台坪旧址；八路军第一二九师三八六旅七七二团凤台坪旧址；八路军第一二九师三八五旅六七九团凤台坪旧址；八路军第一二九师三八六旅七七二团蕨蘽坪旧址；平汉纵队第五团（新十旅三十团）贾豁旧址；决死第三纵队七团贾豁旧址
上司	中共武乡东区支部窑头旧址；八路军第一二九师三八六旅七七一团窑头旧址；"南神山秘密会议"遗址；中共武乡（东）县委路南办事处漆树坡旧址；太行第三专署新华工厂圪老湾旧址；漆树坡窑洞保卫战遗址
石北	八路军总部义门旧址；八路军总部供给部义门旧址；决死第三纵队九团义门旧址；八路军第一二九师三八五旅旅部西黄岩旧址；中共武西办事处圪咀头旧址；中共武西县委、县政府楼则峪旧址；中共武西县委元则沟旧址
涌泉	八路军总部寨上旧址；八路军野战政治部寨上遗址；八路军第一二九师师部寨上旧址；八路军总部供给部寨上旧址；中共武西办事处蚂蚁迪旧址
故城	山交沟惨案遗址；北良侯村革命历史纪念碑；李逸三故居；王玉堂故居；决死第三纵队九团山交旧址；八路军第一一五师三四四旅旅部高仁旧址
分水岭	中共武西县委、县政府南家沟旧址；中共武西县委、县政府泉之头旧址；中共武西县委、县政府会同旧址；八路第一二九军师三八六旅十六团石盘旧址；八路军第一二九师三八五旅七六九团石盘旧址；晋冀豫边区游击纵队一部内义旧址；晋冀豫边区游击纵队一团内义旧址；晋冀豫边区游击纵队三团玉品旧址；武西兵工厂黄家山旧址；白晋铁路破袭战武乡段遗址；南关惨案遗址

2005年武乡县对境内所有的革命遗址和革命文物进行了全面系统的调查、征集、抢救、修复和保护，特别对红星杨、抗大旧址等28处文物古迹进行保护与

修缮，同时一批文物保护单位还规划和美化了周边环境，恢复了历史景观。

近年来红色资源保护进展

党的十八大以来，山西省革命文物保护利用工作取得了新进展。为不断加强革命文物工作顶层设计，省委、省政府两办印发《山西省革命文物保护利用工程实施方案》，省人大常委会颁布《山西省红色文化遗址保护利用条例》，为革命文物保护利用提供了法律保障。同时，山西省文物局制定了《红色文化遗址调查认定实施方案》，启动了红色文化遗址调查认定工作。武乡县按照中办、国办《关于实施革命文物保护利用工程（2018—2022年）的意见》和《山西省革命文物保护利用工程实施方案》进行部署，全力推进革命文物集中连片保护利用工程的实施。

首先，武乡县坚决扛牢革命文物保护利用的重大政治责任和历史使命，全面贯彻"保护为主、抢救第一、合理利用、加强管理"的工作方针，以打造全国最红革命文物纪念片区的发展思路，制定了武乡县革命文物保护利用"一线三区"架构。"一线"，即纵贯武乡东部的红色旅游线；"三区"，即以八路军总司令部王家峪旧址为中心的革命文物保护利用核心区、以八路军总部百团大战指挥部砖壁旧址为中心的革命文物密集区和以八路军太行纪念馆为中心的教育功能区。

其次，武乡县结合目前文物分布特点、保存状况、价值特征，2021年12月决定优先启动以八路军总司令部王家峪旧址为核心，整合周边下合村、上北漳村、下北漳村、石圪垤村4个村落的革命文物资源，建成主题鲜明、体系完整的革命文物保护利用核心片区，即王家峪"1+4"片区，全力推进革命文物集中连片保护利用建设。该片区红色资源最为集中，且体系完整、类型丰富、主题鲜明。以"八路军领导的敌后抗战"这一统一主题整合王家峪及周边四个村落的革命文物资源，进行整体保护、联合展示，并融合居住延续、社区服务、教学培训、文化创意、革命体验等多元利用途径，惠及老区人民的同时，让公众能够全方位、多角度地对革命历史有较为深刻的认知，产生真挚的情感共鸣。

再次，武乡县抢抓机遇建立了全省党性教育基地——太行干部学院，创建了全国青少年太行革命传统教育基地——太行少年军校，打造了八路军总部王家峪

近年王家峪八路军总司令部的保护开发进程

新中国成立以后，王家峪八路军总司令部得到了国家的高度重视。

1951年8月21日，杨秀峰率中央人民政府赴北方老根据地慰问团到王家峪慰问，带来了党中央对老区人民的关怀和毛泽东主席的亲笔题词"发扬革命传统，争取更大光荣"。1961年3月被国务院公布为全国重点文物保护单位。1964年复原旧址陈列，正式对外开放。1977年，政府部门组织对其进行了整体修缮，将土砌窑面换成砖面，把窑顶夯实，门窗则依原样重新做，尺寸样式一切照旧，其余该补漏的进行了补漏，有需要落架维修的进行了落架维修，并把省里发来的国务院统一制作的国家文物保护标志镶嵌在院外墙上醒目的地方。1959—1982年八路军总部王家峪旧址先后进行5次维修。1991年5月被共青团山西省委、山西省少工委公布为山西省青少年革命传统教育基地。1995年3月被山西省委、省人民政府公布为省级爱国主义教育基地。2001年8月20日，江泽民同志视察武乡，在王家峪八路军总部写下了"发扬老八路军光荣传统，为中华民族的伟大复兴而奋斗"的光辉题词。2005年7月29日，胡锦涛同志来到这里看望老八路、老民兵、老支前模范，激励老区人民继承光荣传统，弘扬民族精神。2009年5月25日，习近平同志专程来到武乡调研，提出要结合新的实际与时俱进地大力弘扬太行精神，坚定正确的理想信念，始终保持党对人民对事业的忠诚；坚持执政为民的立场，始终保持同人民群众的密切联系；锤炼坚韧不拔、百折不挠的品质，始终保持知难而进、奋发有为的精神状态；坚守党的政治本色，始终保持艰苦奋斗的优良作风。2015年7月被国家国防教育办公室公布为国家国防教育示范基地。2015年进行整体修缮，随后多次进行环境整治等。2016年，武乡县文物保护和旅游发展中心注册"王家峪纪念馆"公众号，实现总部旧址的数字化陈展。2018年10月被中国博物馆协会公布为国家三级博物馆。2020年，铺设消防水管。2021年11月，被山西省人民政府公布为第一批省级红色文化遗址。

旧址、关家垴战斗遗址、长乐村战斗遗址等 20 多处现场教学实践点，积极承接开展各类教育培训和红色研学活动，使革命文物在利用中真正鲜活起来。

资金来源方面，除上级的投资外，武乡县采取市场化方式，积极引进社会资本对片区进行开发，加强红色文物文化的保护与传承。并对产权进行合理处置。一种是进行购买。另一种方式是进行股份合作、产权置换，以各村村集体带头成立合作社或股份制公司，通过第三方的评估后参与入股合作，规定村集体占比和个人占比，规定产权使用权限。并整合农业、水利、交通、扶贫等专项资金，集中力量推进片区的综合治理。建立起革命旧址、博物馆、纪念馆与周边学校、党政机关、城乡社区的共建共享机制，形成覆盖武乡县全域的革命文物整体展示利用体系。

今天的武乡成功入选中国县域旅游发展潜力百强县、全国首批"中国红色地标"、第二批国家全域旅游示范区，有力助推了经济转型发展和乡村振兴。

问题探索

1.红色资源该如何分类？有无统一标准？保存红色资源的意义和价值有哪些？

2.日本侵略者给武乡乃至整个中国带来深重灾难。如今的国际形势下，如何正确看待中日关系？

3.山西全省留存的革命遗址达 3490 多处，近 500 处被列为各级文物保护单位，62 处成为红色旅游景点。在你游览过的山西境内其他红色旅游景点中，哪个给你印象深刻？

4.革命旧址、文书档案以及红色文物承载传达红色精神时，有哪些不同之处？

第二章 红色旅游 挖掘利用

　　在遥望武乡这片热土时，还会满含热泪。

　　一抹深沉的红色，是武乡文化的底色。武乡代表着"红色之根"，于八百里太行山上静静伫立，八十多年前的那段抗战历史，使其成为红色精神的孕育地。2020年11月18日，文化和旅游部公布了入围第二批国家全域旅游示范区公示名单，武乡县榜上有名。从一个国家级贫困县，一座太行山深处的小县城，一跃成为全省乃至全国有名的旅游目的地，武乡走出了一条"蜕变"之路，打造出了全域旅游示范区创建的"武乡样本"。文化是旅游之魂，旅游是文化之体，近年来武乡县紧跟山西省委提出的打造"太行、长城、黄河"三大旅游产业板块，依托红色文化，全域联动发展旅游产业，给这里的奇山秀水增添了无限风光。如今，红色旅游是一种与我们的时代紧密互动的艺术形式，一种独属于我们时代的叙事方式，红色旅游可以让武乡的魅力最大化，让游客实现了"当一天八路军、吃一餐小米饭、唱一首抗战歌、打一回游击战、观一场抗战剧"的愿望。

武乡红色旅游资源汇总表

类别	内涵	举例
重大事件、战斗的遗址、遗迹	曾发生过重大革命活动和革命事件的革命地点	板山防御工事遗址；关家垴战斗遗址；长乐村战斗纪念碑；李峪村地雷战遗址；漆树坡窑洞保卫战遗址
重要机构、会议遗迹	曾对中国革命事业的开展与发展起到过重要的领导指挥和宣传策划作用的机构或组织的办公遗址；曾经举办或召开过对于革命有重大意义或转折点意义的革命遗址	八路军总司令部旧址；百团大战总指挥部砖壁旧址；八路军总司令部义门旧址；八路军总司令部寨上旧址；八路军总司令部王家峪旧址；八路军总司令部马牧旧址；八路军总司令部砖壁旧址；八路军野战总政治部下合旧址；八路军总供给部旧址；八路军总卫生部旧址；中共中央北方局烟里旧址；中共中央北方局王家峪旧址；抗日军政大学党校蟠龙旧址；八路军兵工厂柳沟旧址；八路军兵工学校蟠龙旧址
革命烈士陵园	革命领导人、知名人士、革命烈士的合葬墓地	武乡八路军烈士陵园
主题公园	具有一个或多个特定文化旅游主题，为游客有偿提供休闲体验、文化娱乐产品或服务的园区	八路军文化园；八路军游击战体验园；《太行山》实景剧场
纪念馆	为纪念重要革命事件和人物而建的展馆	八路军太行纪念馆
名人故居	革命人物出生地或进行过重大革命活动的居所	朱德旧居、史怀璧故居

第一节　纪念馆

八路军太行纪念馆——"太行精神　光耀千秋"

题八路军太行纪念馆

陆定一

巍巍太行，八路之家。军民团结，保卫中华。小米步枪，精神可夸。抗日方毕，又战凶邪。

全国解放，缤纷彩霞。社会主义，前程无涯。回顾已往，功绩堪嘉。何坚不摧，信心有加。

◎ 八路军太行纪念馆

八路军太行纪念馆坐落于山西省武乡县城桥西的漳河侧畔，背倚凤凰山，1988年9月建成开放，邓小平同志题写馆名。步入八路军太行纪念馆，率先映入眼帘的就是"八路军将领组雕"。组雕于2009年9月26日落成，反映了抗战时期朱德、彭德怀、叶剑英、林彪、聂荣臻、罗荣桓、刘伯承、徐向前、贺龙、邓小平、左权共11位八路军将领的形象，是目前国内展示人物最多、体量最大的领袖群雕。该馆是一座系统展出八路军在太行山区创建抗日民主根据地史实的大型纪念性博物馆，也是集教育、科研、收藏、旅游观光于一体的综合性红色旅游景区。

1979年9月28日，邓小平、杨尚昆、浦安修一起审查陈列设计方案时，邓小平同志指出："不要单纯反映领导机关和领导人，要把所有的八路军将士和根据地人民同仇敌忾反击侵略者的壮举都反映进去，历史是人民书写的。"并当场题写了"八路军太行纪念馆"的馆名。根据邓小平的指示精神，该馆的展览指导思想是"全面反映、突出三个重点"，即：全面反映八路军和根据地史实，突出中共中央北方局、八路军总部和太行腹心基地。在此指导方案下，如今的纪念馆占地面积14.8万平方米，建筑面积1.9万平方米，展陈面积1.2万平方米，展线3300平方米。以抗战历史为背景，收集了众多抗战实物和照片，将历史镌刻，供后人铭记。主题展名为"八路军抗战史陈列"，通过丰富而翔实的图片资料和珍贵的文物展品，同时采用电声光等现代展示手段，大型景观、电动沙盘，以及雕塑、绘画等艺术品布展其中，全方位再现八路军抗战的光辉历程。馆区主要有八路军抗战史陈列馆、八路军将领馆、百团大战半景画馆、窑洞战模拟景观、八

知识 贴士

八路军太行纪念馆以时间顺序和斗争阶段共分为六个部分。第一部分展陈主题为"日本全面侵华八路军出师抗日"。第二部分展陈主题为"开展敌后游击战争创建抗日根据地"。第三部分展陈主题为"粉碎日军'扫荡'巩固和发展抗日根据地"。第四部分展陈主要讲述了八路军"战胜严重困难坚持敌后抗战"的光荣事迹。第五部分展陈主题为"进行局部反攻恢复和扩大抗日根据地"。第六部分展陈主题为"举行全面反攻夺取抗日战争最后胜利"。

路雄风碑林公园等参观景点组成。

文物藏品从质地来分，质地主要有纸质、铁质或铁木组合、竹木制品、棉麻纤维制品、皮革制品、铜质等类型。馆藏文物总数 8300 多件（套），其中三级以上珍贵文物 514 件（套），一级文物 111 件（套）。图书资料 2000 册左右，藏品主要由文献宣传品、武器、题词等构成。形成年代大致集中在 1931—1945 年，也有少量 1945 年以后藏品。入藏年代比较集中的是 1988 年、2005 年、2012 年、2013 年，分别为 430 件、2094 件、794 件、1443 件。藏品来源，以划拨、调拨、征集为主，其中征集、调拨所占比例比较大，通过山西省原博物馆拨交、民间征集和老将军、老八路以及兄弟纪念馆捐赠等方式获得较多。藏品划分标准，主要是参照年代、质地和功用（属性）等进行划分。重要藏品有《新华日报》铸字机、反法西斯联盟国国旗、英国记者乔治·何克用过的外文打字机等。展出文物数量多、等级高，在国内革命纪念馆陈列中罕见。文物陈列用的展架、展具量身定做，独具特色、细腻生动。开馆以来，党和国家领导人以及老一辈革命家曾到此视察指导。

好的红色展览的感人之处在于，一切炮火喧嚣、心灵激荡和感悟升华都在脑海和内心中完成。游览博物馆过后给人带来的延宕感，一如小说家奥康纳说的："好故事就是当它逃离你后，你还能不断地在其中看到越来越多的东西。"离开武乡，勾起脑海中想象的一幕幕抗日杀敌的影像、艰苦岁月里紧张有序的生活场景。留给青年人深深的感喟，能在有限的篇幅里给予青年人心灵震撼的讲述。希望青年人在感悟中国共产党人的精神谱系和光荣传统中传承红色基因。

☯ 第二节 八路军文化园和游击战体验园

　　打造中国红色旅游的第一品牌成为倾武乡全县之力亟待完成的目标之一。截至 2015 年，催生出"两园一剧"的规划——在八路军太行纪念馆周边，武乡县投资 5 亿多元实施了八路军文化园、游击战体验园等一批重点文化产业项目，并以县财政入股方式合作开发总投资 2 亿多元的《太行山》大型实景剧。曾经"两园一剧"是武乡的旅游名片，即八路军文化园、游击战体验园、大型实景剧《太行山》。如今《太行山》已"提质增效"，进化为大型行浸式实景演艺《太行山上》，以红色文化为魂，成为武乡红色文化旅游新地标。本节重点展现"两园"的魅力。

八路军文化园

　　从发展红色旅游的角度来说，纪念馆由于本身自带功能，静态展示的内容多，可供游客参与体验的内容少。现代游客的多元化需求，以及周边同类旅游产品的竞争，使武乡迫切需要在现有纪念馆的基础上，围绕八路军文化基点，完善和配套现八路军太行纪念馆旅游要素，八路军文化园因此应运而生。

　　八路军文化园是中国首个八路军文化主题公园，位于武乡县城太行西街，背倚凤凰山，与八路军太行纪念馆相邻，是全国唯一将展馆内静态展板用体验式的高科技手段，再现八路军抗战史实的大型主题公园。中央电视台新闻联播《共和国从这里走来》栏目充分肯定了武乡八路军文化园是全国最大的八路军文化主题公园，成为武乡革命老区在中央电视台最高规格节目中的首次亮相。园区以民族革命战争为主题背景，将革命文物与高科技手段相结合，生动再现了抗战时期八路军和人民群众在太行山上生活、生产、工作和娱乐的历史场景。园区主要由主题景观、常态演出以及拓展训练项目等七部分组成，为体验者提供了集教育、娱乐、休闲于一体的文化体验，在园区内"吃、住、行、游、购、娱"六要素一应俱全。

园区内有十个主要景点，分别是八路军文化广场、游客中心、胜利大道、八路军抗战胜利纪念坛、八路村、八路军文艺社、八路军大食堂、反"扫荡"情景剧场、飞板影院、坦克营地。八路军抗战胜利纪念坛位于园区中轴线上，由坛顶竖文化墙、标志碑、文化墙柱、文化墙构成，呈"八"字形展开。文化墙背面为"巍巍太行"铝板雕刻；正面采用铜雕形式，展现中国共产党领导下八路军坚持抗战的艰辛历程，依次反映六大主题："党的领导，统一战线""东渡黄河，转战太行""军民团结，浴血奋战""自力更生，艰苦奋斗""国际支援，共同抗战""举行反攻，抗战胜利"。文化墙标志碑石上放置"小米加步枪"图案，这样的组合直接形象地体现出"小米加步枪"这一著名的理念与战斗精神，这是打败日本侵略者最内核、最坚固的力量。园区内有固定演艺，在八路村可以免费观看九场不同枪战实景剧，剧目有《反扫荡》《太行游击队》等，《反扫荡》一剧用诙

◎ 八路军文化园

谐幽默的风格，讲述军民团结抗击日本军队的故事，观影人数场场爆满，观影的同时可以收获欢笑和红色教育。另外园区还有非遗鼓书、顶灯、武术、民俗等表演，来到八路军文化园，可尽享武乡的各种风俗表演。

游击战体验园

　　游击战体验园位于武乡县蟠龙镇砖壁村，该村地势独特，南、北、西三面临崖，东面靠山，倚山第次而建，具有易守难攻的优势，堪称天然的军事要地。游击战体验园以"八路军十大游击战法"为主题设计，主要由地雷战、地道战、追击战和麻雀战等战术以及勇士扣篮秀现场情景表演、军事对抗体验区、儿童军事体验区等景点和项目构成，依托砖壁村特有的自然景观以及丰富的抗战资源，利用机械、声、光、电等高科技手段，开发设计了不同战法的战斗体验项目，生动还原了革命战争的真实场面，使体验者在项目参与中更深刻地体会党在战略战术上的眼光和智慧。

　　第二编中已经详细讲述地雷战、地道战、追击战和麻雀战等战术。现在我们

◎ **游击战体验园**

来了解抗日战术与园区设计是如何巧妙结合的。

伏击战

当你坐上小火车，顺着轨道慢慢爬坡时，会看到两边假山里面有埋伏好的八路军，当敌人经过的时候，出其不意，一招制胜。假山两侧会响起枪声和升起烟雾，音效与道具非常配合，十分逼真。伏击战的特点就是通过侦察地形，总结敌方运动规律，确立伏击点和伏击圈，提前部署兵力。当敌人进入伏击圈后，利用地形多面围攻，"瓮中捉鳖"，予敌以重大杀伤。

围困战

吊上悬索，靠手和脚的力量，在类似于脚手架和狭小的平台上游走，巨大的"脚手架"是模拟的小城，用直观的方式演绎当年的围困战。敌军看到我们的八路军行踪，妄图发起攻击，但不承想这是我方提前设计好的"圈套"，落入陷阱的敌人只能坐以待毙。围困战是包围封锁固守之敌，切断其与外部联系，断绝物资供应，陷敌人于弹尽粮绝的困境，并结合政治攻势，逼迫其投降或为歼灭该敌创造条件。

追击战

该游戏准备了6条长度为32米的轨道，轨道上的战车是全人工动力驱动，手动把轨道车滑到终点后，下车拿枪，向敌人猛烈开炮。这个游戏就是模拟八路军追击并歼灭敌人的战斗场景。追歼退却之敌的战斗，是扩大成果、彻底歼灭敌人的决定性行动。

除此之外，园区内还有真人CS、儿童乐园等场地可供游乐。游击战体验园能向游客提供独具特色的亲身体验感，游客可以亲自参与到"打一场游击战"的角色扮演活动中，真正当一回抗日英雄，体验烽火年代那硝烟弥漫的战争场景。

◉ 第三节　大型实景剧《太行山上》

　　快到武乡县城时，山坡上出现一座八路军战士塑像，他一袭灰色军装，肩上背着一支步枪，日日夜夜守卫武乡、站岗放哨。雕塑旁的山坡上，刻着两个红色行书大字——亮剑。2005 年，广大观众从电视剧《亮剑》中认识八路军指挥员李云龙，从中熟知亮剑精神。李云龙的人物性格是从武乡抗战时期许多八路军特质中提炼而来，武乡本地人说，李云龙身上有许多指挥员的影子，他们都像李云龙，但又谁都不是。《亮剑》是武乡抗战故事影视化成功的案例，2021 年蛰伏已久，给人耳目一新奇特体验的行浸实景剧《太行山上》，又是武乡红色故事剧场化的典范。

　　抗日金曲《在太行山上》是一首激励全民族抗战，并被八路军朱德总司令称为八路军军魂的歌。2015 年，长篇电视剧《太行山上》在中央电视台播出，并获得第 30 届中国电视剧飞天奖重大革命历史题材优秀电视剧大奖。"太行山"对于长治、山西及中国，是一个重要的战争地标，许多与之相关的作品在命名时都会与"太行山"联系，是共和国不屈的脊梁。2021 年 6 月 30 日晚，行浸实景剧《太行山上》在长治市武乡县隆重首演。

　　当夜幕降临，太行的山水间，湖面泛着点点星光。突然从远处的山间闪出来几支火把，只见手持火把的八路军越来越多，不一会便汇聚成燎原之势。《太行山上》是山西文旅集团倾力打造的国内首部红色主题行浸式实景演艺，总投资过亿，特邀国内知名实景演艺导演丛明玲、张冬团队执导，将山水实景与多媒体技术以及高科技立体舞台装置结合，剧场内设目前国内最大的金属高清投影幕，最大的室外升降观众席。融合多种舞台元素的巧妙运用，实现顶级舞美创意，使观众在有限的观剧时空里，体验到无限的艺术魅力。再现了太行军民浴血奋战、共

◎《太行山上》

同抗日的历史画卷。这是一曲悲壮的英雄赞歌，这是一幅宏伟的历史画卷。

伴随着冲锋号的响起，在"一寸山河一寸血，七尺男儿当保家卫国""中华男儿宁可站着死，绝不跪着生"的铮铮誓言中，灯光所及，皆是奋不顾身的热血男儿。硝烟弥漫、金戈铁马、炮声隆隆中，舞台上的军民只管前进！前进！为了"红旗必须飘扬在高地上"。"妈妈，你别离开我！"舞台上，小叶子对连长妈妈的呼唤，让台下观众纷纷落泪。沉浸式剧情和配合得当的灯光、机械、音响、特效交相辉映。全剧演出时长 80 分钟，其中行浸式观演 40 分钟，分为太行、村庄、旗帜、土地四个篇章，还原出一幅幅强烈震撼的太行军民浴血奋战、共同抗日的抗战历史画卷。《太行山上》用星辰山川做背景，用龙湖水畔做舞台，充分展示了太行红色文化的独特魅力，歌颂了山西在抗战史上的丰功伟绩。演员们大多是 90 后、00 后，剧中他们经历了一场严酷的战争洗礼，但面向观众挥手送行时，他们稚嫩的脸庞和望向台下炯炯有神的目光，神情俨然当年的八路军。

气势磅礴、精彩绝伦的《太行山上》实景剧将以红色文化为魂，助力构建良好政治生态，凝聚党心民心，打造成全国红色文化旅游新地标和新名片。这部融体验、观赏、教育于一体的抗战题材实景演出，已成为武乡县红色旅游的扛鼎之作，不仅让武乡传承已久的抗战精神和红色文化得到一次提炼与升华，也为弘扬与传承"太行精神"提供了更好的平台；而且《太行山上》常态化演出，为山西的文旅融合高质量发展添翼助力，填补了山西红色旅游演艺的市场空白，为太行精神内涵解读提供了项目支撑，成为开展党史学习教育、主题党建教育的生动课堂和现场教学场地。真正让太行文化扎根、让灯光舞美有魂，让红色武乡"活"起来、"动"起来。

拓展 阅读

《在太行山上》的词作者——桂涛声

《在太行山上》是一首激励全民族抗战的、并被八路军朱德总司令称为八路军军魂的歌。歌曲传遍全国，其曲作者冼星海家喻户晓，而词作者桂涛声却鲜为人知。

桂涛声（1901—1982）原名桂翘然，字仰之，云南省曲靖市沾益县菱角乡卡郎村人，回族，曲靖早期共产党员，除著名歌曲《在太行山上》外，他创作的《歌八百壮士》《中国不会亡》《送棉衣》《点兵曲》等抗战歌曲传唱于前线和后方，鼓励了抗日将士杀敌保国的决心和勇气，讴歌了中华民族的伟大精神。其中《在太行山上》《歌八百壮士》被评为20世纪华人音乐经典著作奖。新中国成立后一直从事音乐教育工作，兼任上海市音乐家协会副主席。

生于20世纪初的桂涛声，少年失怙，同母亲生活在乌蒙山腹地的卡郎村读私塾。1919年，18岁的桂涛声以优异的成绩考入云南省立第三师范学校（今曲靖一中的前身）。在校期间，桂涛声和一批追求进步的同学经常在一起研讨《共产党宣言》《资本论》《共产主义ABC》《社会主义浅论》等马克思著作和进步书籍。1933年4月，他由香港转上海参加党的地下工作，在李公朴先生创办的上海读书生活出版社当编辑，不久被捕。不论是上海提篮桥监狱，还是苏州反省院，面对敌人的威逼利诱，桂涛声坚贞不屈，始终没有说过一句变节的话。后来在张冲先生的帮助下于1937年2月获释。

1937年"七七"事变抗日战争全面爆发后，爱国知识分子纷纷投入抗日救亡运动，出狱后与党组织失去联系的桂涛声，同周魏峙、柳堤等人在著名爱国人士李公朴先生带领下，奔赴山西进行抗日宣传。桂涛声在太行山耳闻目睹了八路军将士在朱德、彭德怀、左权、刘伯承、邓小平领导下的敌后艰苦卓绝的抗日战争。

南京沦陷后，此时平型关战役取得胜利。汉口文化界发动为八路军募捐棉衣。看到男女老幼踊跃捐资的感人情景，桂涛声伏案疾书，一首民歌形式的歌词《送棉衣》写出来并由著名作曲家洗星海谱曲，很快就在武汉街头巷尾传唱：秋风起，秋风凉，民族战士上战场／我们在后方，多做几件棉衣裳／帮助他们打胜仗，打胜仗／打胜仗，恢复失地保家乡……

上海淞沪会战3个月后，日军占领江湾、闸北、闵门等地，中国守军腹背受敌，为掩护主力撤退，军委会决定主力撤至苏州河以南，命88师262旅52团1营死守闸北，副团长谢晋元率领432名官兵，从10月27日凌晨到31日凌晨，坚守四昼夜，打退日军无数疯狂进攻，击毙日军200余人。谢晋元和他的战士被誉为"八百壮士"。"八百壮士"气壮山河，可歌可泣的事迹感染桂涛声像火一样燃烧的心，他当即写下了《歌八百壮士》。

中国不会亡，中国不会亡，你看那民族英雄谢团长／中国不会亡，中国不会亡，你看那八百壮士孤军奋守东战场／四方都是炮火，四方都是豺狼／宁愿死不退让，宁愿死不投降……

武汉《大公报》发表社论，认为中国不会亡，提得好！祖国正处在危急存亡之时，这口号甚得人心，唱出了四万万同胞的心声。这首歌由著名作曲家夏之秋作曲，在武汉演出获得极大成功，并发表在《战歌》杂志上，随着纪录片《八百壮士》的放映，作为主题曲的《歌八百壮士》在全国广泛传唱。

1938年7月，桂涛声再次来到山西太行山，此时的敌后战场已成为八路军打击日寇的主战场，继平型关大捷后，夜袭阳明堡机场、雁门关伏击战、七亘村两捷，等等，一次又一次打击了日寇。抗战斗争如火如荼，太行山军民浴血奋战深深打动深入前方的桂涛声。目睹了太行山的"千山万壑"后，又亲身感受到抗日军民才是真正的"铜壁铁墙"，经过认真酝酿和发酵的《在太行山上》从心底爆发，他把它写在香烟包装纸上。这首歌既能体现全民族抗战朝气蓬勃的战斗性，又有抗战军民豪迈大气的浪漫情怀，那一幕幕血与火的情景、那一幅幅生死离别的画面。化作长歌，在他的笔下流出：红日照遍了东方 / 自由之神在纵情歌唱 / 看吧！千山万壑，铜壁铁墙 / 抗日的烽火，燃烧在太行山上……

在为《在太行山上》谱曲的时候，冼星海已经为桂涛声的一首《送棉衣》谱过曲。六个月后，著名的革命同志、音乐爱好者冼星海、桂涛声再次携手合作，这首题为《在太行山上》的歌词，回汉口后交给了人民音乐家冼星海，作曲家被歌词恢宏的气魄，准确表达敌后抗日军民的爱国心声、革命的浪漫主义情怀所感动，连夜谱曲。在将客人送走之后，冼星海仍然被游击队的行动深深打动，他坐在钢琴前，思考着如何才能更精确地表达文字的本来含义，以及如何如火如荼地表达生活。

在武汉抗战大会上演唱这首歌后，极大地鼓舞了全国军民抗战的决心和勇气。远在太行山的朱德总司令听到这首歌曲后极为赞赏，他要求八路军总部机关全体人员都要会唱、唱好，朱老总还亲自把歌词抄录下来随身携带传唱。《在太行山上》的歌声风靡太行山区，游击队以它为队歌、八路军以它为军歌，妇孺老幼都会唱，到处都能听到"敌人从哪里进攻，我们就叫他在哪里灭亡"的吼声。歌声唱遍了华北、唱响了全中国，极大地鼓舞全国人民抗日的决心和勇气。

《在太行山上》后来成为电影《太行风云》主题歌。2005 年为庆祝中国人民抗日战争和世界反法西斯战争胜利 60 周年，中央电视台、八一电影制片厂联合摄制的电视连续剧《八路军》又将这首歌选为主题歌。当剧组在太行山区拍摄时，无论是在城市还是偏僻的小山村，男女老少都能哼唱那熟悉的歌词和旋律。那曲调已经融入民族的血脉[1]。

---

[1] 范利军：《〈在太行山上〉的词作者——桂涛声》，《云南日报》2015 年 9 月 20 日。

第四节 "乡村旅游+"

近年来，武乡县依托丰富的红色文化资源，创新实施红色资源运用引领乡村振兴示范项目，成为革命老区的发展新动能；大力发展"乡村旅游+"，打造独具特色的旅游村，让老区人民的生活发生了翻天覆地的变化。

首先，通过提升利用红色旅游专线公路，整合乡村片区沿线的八路军太行纪念馆、八路军总部旧址王家峪纪念馆等红色资源，实现武乡县红色资源的串联展示。其次，武乡县不断创新形式，让红色文化"活"起来。比如，打造以游客参与体验为重点的八路军文化园、游击战体验园等重点文化产业项目；同时找准红色旅游和乡村振兴的契合点，发展"乡村旅游+红色研学"等新业态，让更多红色元素可触摸、能感知，助力老区振兴发展。再次，打造乡村文化品牌。下北漳村、砖壁村、王家峪村、李峪村……一个个有着光荣革命传统的红色村落纷纷行动起来，提升乡村配套服务设施，开发革命传统体验、红色精神传承、绿色休闲观光等特色红色旅游产品，全县共开农家乐500余户，推动了革命老区人民的振兴，武乡县"乡村旅游+"知名度越来越高；在全县范围内挖掘丰州魏家窑、大有枣烟、贾豁古台等12个文化特色浓厚、自然韵味突出的乡村，通过整合特色文化资源、改善旅游服务设施等形式，为游客和市民提供全新乡村文化休闲体验，打造乡村文化旅游新业态；春有权店梅杏赏花节、上司梨花节、五村播种节，夏有古台农耕文化节、贾豁梅杏采摘节，秋有小米开镰节、郭家垴菊花节、蒋家庄村金秋文化节，冬有石北冰雪文化节……根据四季分明的节气特点，武乡县打造形成一批多姿多彩的旅游节事品牌，以此来"搅热"红色旅游市场，推动文旅融合发展。

乡村旅游 + 特产

在八路军总部曾驻扎的砖壁村、王家峪村，鼓励村民开办农家乐、杂粮店、特色手工艺精品店，现有民间手工艺、土特产等 6 大类 40 多个品种的旅游产品，采取线上线下相结合销售土特产的方式，村民人均年收入从 2010 年的 2640 元增加至如今的近 9000 元。王家峪村修建了乡村记忆馆、八路军大食堂、老式榨油坊等场馆，大力发展红色旅游。在八路军总部王家峪旧址工艺品展销中心，手工粗布千层底老布鞋、"红星杨"挂坠等小商品和杂粮产品琳琅满目。特别是村里妇女们一针一线缝制的八路军总部太行旧址、八路军将领等各种壁画、挂饰、披肩等红色旅游纪念品让游客赞叹不已。村里每年接待游客近 20 万人，村集体经济收入达 20 余万元。被红色文化带火的不只是李峪村，在八路军总部驻扎过的王家峪、砖壁村，村民们也加入了红色旅游产业的大军中。

乡村旅游 + 演艺

老百姓的文化娱乐生活也越来越丰富。在下北漳村，喜爱文艺的村民组建了多个艺术团体，自编红色情景剧，为乡村振兴营造了活跃的文化氛围。有声有色的文艺、旅游活动，吸引了更多村民加入进来。他们通过做演员、当老板等方式，参与到当地的红色旅游发展中。东胡家垴村村民任成堂在武乡县推出的红色实景剧中扮演一位老羊倌。每次演出，他和他的 30 多只羊"演员"要在剧场里的坡上坡下跑好多个来回，每年能跑出近 1 万元的演出收入。他说，借着红色旅游的火热劲儿，下关村 60% 的村民办起了农家乐，办得好的年收入达 8 万元。

乡村旅游 + 特色小镇

2023 年，武乡县大力发展乡村旅游，打造菊花、婚庆、小米、康养四个特色小镇，打造梅杏市级专业镇，加快建设"山西（武乡）小米乡村 e 镇"，实施一批集农业观光、农事体验、生态康养于一体的农旅项目。

以郭家垴村实施"菊花小镇"乡村生态旅游项目为例。2020 年以来，每年 9 月中旬，赶在菊花盛开期，郭家垴村举办菊花文化节，至今已举办三届。每到盛会，郭家垴村热闹非凡。菊花园里，菊农们身着盛装穿梭在花田中采摘花朵，来自各地的游客置身菊花丛中拍照留影，品菊花茶、赏菊花景，感受"采菊东篱下"的悠然时光。郭家垴以"菊花规范化栽培配套技术"为基础，采取"公司＋基地＋农户"的合作模式，打造集农旅、研学、游乐功能于一体的综合性乡村旅游示范区，是山西首个以菊花为主题的田园观光综合体。截至去年底，园区已发展规范化种植菊花 2400 余亩，辐射带动周边乡镇农户种植菊花，实现年产干菊花 200 吨的产能，产值 2000 万元。2023 年，国家药用菊花产业发展标准化示范区落户菊花小镇。该示范区是 2023 年武乡县重点农业项目，项目按照武乡县农业产业规划布局，高标准规划了集菊花种植、加工、科研、旅游体验于一体的现代农业＋旅游的农旅融合项目示范园区，是武乡县巩固脱贫攻坚成果、实施乡村振兴的"农业示范基地"。

乡村旅游＋庭院经济

丰州镇鼓励发展庭院经济，让方寸地拓成"聚宝盆"，让村民放心地在家门口打工。

院子里种的时令蔬菜，以往都是村民骑自行车在周边村叫卖出售，有了庭院经济，就有人上门来收；魏家窑村里正在全力打造婚庆主题产业园，项目启动后，将需求大量鲜花，发展庭院经济，组织村民种植花卉，盆栽鲜花，让土地资源能得到更高效的利用；另外，创新共享菜园玩法，在魏家窑村综合体验园，按每份 1 分地的标准分开，共 140 余份，种植分区、地块编号，责任到人、全程管护，认领人自己管理的一份地 188 元，由村里代管、认领人采摘的一份地 588 元。

第五节　红色研学和八路军文化旅游节

红色研学

翻开山西省武乡县的"红色版图"，红色研学成为武乡红色旅游版图中的重要组成部分。武乡建设了城乡互动现场教学点接待基地，已建成 5 个国家级、17 个省级爱国主义教育基地，2 个国家级、3 个省级国防教育示范基地。这些红色研学精品课堂、精品线路等，吸引更多人了解红色武乡，感受太行精神。

现如今武乡研学旅游平台较为成熟。武乡八路军太行纪念馆自 1988 年建成后，共有 300 多家单位在此设立爱国主义教育基地，其中包括 9 个国家级教育基地、18 个省级教育基地。近年来，当地也充分运用自身优势，先后与省内外 190 多家大中小学校达成合作协议，每年开展各类青少年红色文化教育活动超过 50 场，参与人次达 20 多万人。2010 年，省内 12 座高校与八路军太行纪念馆联合举办"太行精神进高校"巡演巡展活动。2021 年 6 月，八路军太行纪念馆举办"青春向党　致敬百年"红色主题团日活动，组织青年代表宣讲党史，重温入党誓词，聆听八路故事，多角度感受红色文化带来的触动。"八路军文化进高校""暑期学生社会实践活动""太行少年军校特训营""行走的课堂""百所高校上党行""小小八路军"……每逢寒暑假，许多大中小学生都会到八路军文化园开展红色研学活动，而这些成熟稳定的研学线路，拥有来自北京、扬州、邯郸、郑州以及省内多地的固定客源市场。据统计，太行少年军校自 2018 年 7 月建校以来，

拓展 阅读

红色研学旅游在全国是如何发展起来的?

2013年2月，国务院办公厅印发《国民旅游休闲纲要（2013—2020）》，提出了"逐步推行中小学研学旅行"的概念和设想。2014年，研学旅游首次有了明确定义，是指学生集体参加的有组织、有计划、有目的的校外参观体验实践活动。2016年12月，教育部联合国家发改委、旅游局等11个部门发布了《关于推进中小学研学旅行的意见》，指出研学旅游应纳入中小学教育体系，要加强研学基地的建设。在国家政策引领下，研学旅游开始进入公众视野，研学类旅游产品品种越来越丰富，研学基地建设也在如火如荼进行中。未来，研学旅游将成为青少年生活中非常重要的一部分。2018年，教育部公布的"全国中小学生研学实践教育基地、营地"名单中，就包含中国人民解放军海军南海舰队军史馆这类红色旅游基地，这充分说明了红色研学旅游潜力巨大，且影响深远。[1]

共接待来自全国各地约3.6万名中小学生开展红色文化研学实践活动。

下北漳村以"前方鲁艺"旧址和游客中心建设为载体，开发鲁艺木刻研学项目，创造红色味道文创产品，拓展红色旅游产业链条，全力打造了集特色住宿、特色餐饮、红色旅游、木刻体验四大功能于一体的综合性红色旅游区，让红色基因熠熠生辉。

八路军文化旅游节

节庆活动的成功举办对旅游品牌塑造起着重要作用。旅游品牌因节庆活动而提高知名度，节庆活动因旅游品牌而更具魅力，两者共融共生。提起国际摄影

---

[1] 王珺：《新媒体视角下提升红色研学旅游竞争力策略探究——以武乡县为例》，《晋城职业技术学院学报》2022年第3期。

节，大众首先想到平遥；说到风筝节，人们脑海中首先出现的城市一定是潍坊。这些城市的成功经验已经证明，节庆活动与品牌有着紧密的联系。说起八路军文化旅游节，脑海中一定会浮现武乡。武乡八路军文化旅游节成为山西重大节庆活动之一。在旅游品牌营销过程中，武乡通过大型节庆活动来带动品牌营销，同时也采取了多种整合营销手段，成功地塑造了八路军文化旅游品牌。

　　2011年至今，武乡县将文化与旅游相结合，已成功举办11届八路军文化旅游节，同时举办八路军文化研讨会，抢救性采访近百位八路军老将士……通过红色藏品展、抗战主题戏曲展、主题电影展、八路军文化学术座谈会等活动提升县域特色形象。相关活动丰富多彩，是八路军文化旅游品牌营销的重要手段，通过这些做法，将太行精神的内涵深挖，同时把历史留给太行山的文化遗产，通过创意转化为可感知、可体验、可触摸的文旅产品，继而来解读和弘扬太行精神。以八路军文化为主要内容的抗日根据地文化被列为山西省"文化强省"战略主打的七大品牌之一，并成为武乡与外界加强合作交流的重要平台，同时也是独具特色的节会品牌和对外名片。全国红办已将武乡列为与延安、西柏坡、井冈山齐名的四大红色革命圣地。

◎ 首届八路军文化节开幕

武乡有红色旅游资源，也拥有大量美丽的自然风光。如板山红叶、日出、云海、圣人泉、太行龙湖、崇城山、太行龙洞等自然风景区，特别是板山风光，中央电视台曾对板山的日出、云海、红叶、奇峰进行过实况直播。

如今的武乡大力发展特色农业、电商扶贫、红色旅游、生态扶贫"四大产业"，"四梁"架起脱贫攻坚"高速路"。全力强化基础保障、住房安全、资金投入、政策落地、就业技能、党建助力、内生动力、责任落实"八大支撑"，"八柱"撑起脱贫攻坚"硬脊梁"。武乡县依托丰富的红色文化资源，几经整合，潜心打造，"量身定制"式发展让老区风华正茂。中国共产党在武乡老区这片热土上波澜壮阔的历史画卷，铭刻着革命先辈彪炳千秋的丰功伟绩，记录着老区儿女同仇敌忾的动人篇章，具有较强的可读性、教育性与实用性，是广大党员干部和青少年学习党史，以史资政、以史育人的好教材。

从国家扶贫开发工作重点县，到如今全国知名的红色旅游目的地，一代代武乡儿女奋发图强、开拓创新，正谱写着全方位推进高质量发展、以红色文旅助力乡村振兴的崭新篇章。未来，武乡一定把《在太行山上》再唱响！

问题探索

1."小米加步枪"的形象已经深入人心，是指艰难困苦的抗日战争时期，我军生活条件和武器装备差。在红色文化中，你还知道哪些固定搭配有着特殊的象征意义？

2.课堂上还可以设计哪些游戏以增强学生对八路军军事智慧的深度体验？

3.如果你的外地朋友要来武乡游览红色景点，你会如何设计这一趟旅行？

4.如何理解武乡旅游"红、绿、古"三色资源俱全？